中国礼乐文化丛书

江南风俗与信仰

仲富兰 著

上海文艺出版社

江南风俗与信仰 |目录|

第一章 承载民俗信仰的江南传统
1. "江南"风俗的人文要素　3
　　(1) 关于"江南民俗"的人文表述　3
　　(2) 水是江南风俗中的核心要素　8
2. 江南民俗特征与人文气息　12
　　(1) 江南民俗的基本特征　12
　　(2) 物质基础与江南人文气息　19

第二章 江南民俗信仰的认识工具
1. 民俗信仰的内在结构　27
　　(1) 跨越时空的信仰共存　27
　　(2) "隐显互动"的内在结构　30
2. 对民俗信仰基本的价值判断　35
　　(1) 规范世道的基本价值　35
　　(2) 生命意识与精神平衡　37
　　(3) 娱乐与审美等功能　38
3. 祖先的馈赠与现实的意义　40

第三章　独具特色的江南农事信仰

1. 春神句芒与迎春开耕仪式　45
   - （1）江南的"句芒神"信仰　45
   - （2）立春与迎春开耕仪式　47
2. 对稻作农具的爱惜与敬畏　53
3. 护农保农的"猛将"信仰　61
   - （1）猛将信仰源远流长　61
   - （2）老上海的"猛将堂"　65
   - （3）"抬猛将"与驱蝗神信仰　66
4. 祀奉神灵的"迎神赛会"　67
   - （1）青苗会：共同的神灵崇拜　67
   - （2）乡村社会的一道妙丽风景　69
   - （3）水上庙会"网船会"　71

第四章　家庭人伦与家风信仰

1. 迎接新生儿的风俗　79
   - （1）对新生命诞生的期盼：催生风俗　79
   - （2）迎接新生命的欢愉：洗三和满月礼　82
   - （3）"百岁"与"抓周礼"　89
2. "教先从家始"的家族规范　93

（1）聚族而居的家族风俗　93
（2）"爱子有道"与传统"家规"　96
（3）维护家族关系的"家训""家法"　98
（4）研习"六艺"与技能培养　102

3. 礼润童心，养性立志　104
（1）"家有塾、党有庠、术有序、国有学"　104
（2）尊师重道与拜师礼俗　105

4. "成人礼"与"合卺礼"　109
（1）盼望生命早成大器的成人礼　109
（2）婚姻嫁娶与"合卺礼"　112

5. 敬老崇文与祝寿　117
（1）敬老崇文与尊老风尚　117
（2）祝寿、拜寿与寿诞礼　120
（3）"子孝父母安"与"六十六块肉"　126

第五章　祭祖拜宗与名贤崇拜

1. 清明节与祭祖文化内涵　131
（1）"追思先人，勿忘生者"　131
（2）家祭与祭祖拜宗　134
（3）"祭先烈""敬先贤""忆先人"　137

2. 尊奉先贤、名贤之风　141

　　（1）"乡先生没则祭之于社"　141

　　（2）"五百名贤祠"传递的信息　143

　　（3）差序格局下的祠堂与家庙　144

　　（4）"名贤之重于鼎台"　146

　　（5）治水英雄与名宦崇拜　148

3. 勠力同心的乡规民约　153

　　（1）乡邻共同信仰的象征　153

　　（2）"乡规民约"与晚清"乡治"　157

第六章　江南市镇的城隍信仰

1. "汉将功臣庙"与城隍信仰　163

　　（1）阻挡"霸王潮"发威的心理力量　163

　　（2）吴淞江沿岸的祭祀圈　166

2. 从"民间"到"国家"的城隍信仰　169

　　（1）庙宇遍布"老城厢"内外　169

　　（2）朱明王朝对"城隍"的升格　172

　　（3）"日益大众化"的"奉祀"与"庙市"　175

3. 上海的"一庙三城隍"　179

第七章　四时八节的年节信仰

1. 万紫千红的春季节俗　185
   - （1）春节：元旦贺年　185
   - （2）元宵：上元灯会　188
   - （3）清明：扫墓踏青　191
2. 映日荷花与夏日节令　195
   - （1）端午：端阳竞渡　195
   - （2）七夕：银汉乞巧　198
3. 银烛画屏与秋季节日　201
   - （1）中秋：举头赏月　201
   - （2）重阳：重九登高　205
4. 暮雪辕门与冬日风俗　208
   - （1）冬至：收成感恩　208
   - （2）腊八：腊月风和　211
   - （3）祭灶：祈福小年　213
   - （4）除夕：辞岁谢年　216

第八章　江南风俗中的动物信仰

1. 江南鸟崇拜及鹊鸦俗信　225
   - （1）从马桥"鸭形壶"说到鸟崇拜　225

(2) 神话中的"精卫鸟"与"重明鸟"　229

　　(3) 关于"鹊鸣兆吉"　230

2. 江南的龙、鹤文化信仰　232

　　(1) "舞龙"与金华"板凳龙"　232

　　(2) "华亭鹤唳"与古上海的养鹤风气　236

3. 江南地区的崇鱼习俗　241

　　(1) 中国以"鲤鱼跳龙门"为代表的崇鱼习俗之形成　241

　　(2) 江南的鱼脍传统和崇鱼习俗　243

第九章　花神信仰与植物崇拜

1. "花神诞"与花朝节风俗　249

　　(1) 花朝节　249

　　(2) 江南花朝节的游春活动与习俗　250

2. 花神信仰与民众的审美情趣　252

　　(1) 祭祀花神"赏红"时　252

　　(2) 花道：花神信仰的艺术　254

3. 棉花成为上海"市花"与桑蚕祭祀　257

　　(1) "棉花"的传播历史　257

　　(2) 棉花曾经是"上海市花"　259

　　(3) "蚕花"与"蚕花节"　262

4. 黄道婆信仰的浮沉起伏　265

第十章　民俗信仰中的佛教印记

1. "惠山泥人"与佛教文化　271
   （1）"善业泥"佛像与大阿福形象　271
   （2）"磨喝乐"与"沙孩儿"　274
2. 变文和人间佛教　278
   （1）佛教本生故事与"变文"　278
   （2）江南佛教的人间化　280
3. 沐浴与佛教文化传播　283
4. "家家阿弥陀，户户观世音"　285
   （1）绵延弥久的观音信仰　285
   （2）普陀山与观音信仰　288

第十一章　道教文化与民俗信仰

1. 传统文化孕育的本土宗教　293
   （1）"中国根柢全在道教"　293
   （2）道教丰富了江南民俗信仰　294
2. 江南春节与财神　298
   （1）围绕江南春节的道家文化因子　298

（2）"财神"形象的演化　300
3. "和合"二仙与"五瘟辟邪"　304
　　（1）"和合"二仙的影响力　304
　　（2）驱瘟辟邪"五瘟神"　306

第十二章　永不谢幕的游艺信仰

1. 叙事歌谣与江南吴歌　311
　　（1）蔚为传统的江南歌谣　311
　　（2）吴歌的人文价值　315
　　（3）田山歌、宣卷和莲花落　318
2. 游戏、游艺与竞技弄潮　322
　　（1）古老的游戏与游艺　322
　　（2）童嬉与游戏　324
　　（3）麻将的起源　326
　　（4）弄潮：手把红旗旗不湿　328
3. 民间音舞与吹拉弹唱　332
　　（1）人神共娱的江南音乐　332
　　（2）"花鼓灯"与"龙狮舞"　334
　　（3）道具制作中的江南之美　336

4. 地方社火与社戏 339

    （1）"乡傩"传统与社日祭祀 339

    （2）"社日儿童喜欲狂" 343

主要参考文献 345

后记 347

第一章

承载民俗信仰的江南传统

1. "江南"风俗的人文要素

(1) 关于"江南民俗"的人文表述

说起江南民俗,首要的问题就是对"江南"这一概念的厘清与定位。尽管唐宋以来数不清的学者,都对"江南"的地域概念作出了各种各样的阐释,但究竟何谓"江南",何谓"江南文化",至今并没有一个统一的、权威的说法。事实上,在漫长的中国历史发展进程中,"江南"一词的内涵一直比较模糊,众说歧出。以常备工具书《现代汉语词典》对"江南"的解释为例:"(1)长江下游以南的地区,就是江苏、安徽两省的南部和浙江省的北部。(2)泛指长江以南。"按照第一种解释,那么充满人文底蕴的南京和扬州就被排除在"江南"之外了,而事实上,南京和扬州都是江南城市中的翘楚;按照第二种解释,"泛指长江以南",那么广东、福建等都在长江以南,是否也要将粤闽之地都纳入江南的范畴?

"江南"地域概念上的模糊与混乱,首先是历史上行政地理的变更所致。江南,作为一个地区的名称,随着历史的发展而指代着不同地区。从春秋战国到秦汉时期,再到隋唐,由于统治者一直以中原地区为地理坐标的中心,所以唐代以前的江南,一般是指今湖北的江南部分和湖南、江西一带。唐代设置"江南道",所辖区域"东临海,西至蜀,南极岭,北带江"[1],因为辖区面积太大,难以管理,后来又分为"江南东道"(相当于今福建、苏南、上海、浙北等区域)、"江南西道"(大致指今湖北东南、湖南、江西、皖南等区域)。唐代置"江南道"的意义是很大的,成为定义现代"江南"含义的开端。唐肃宗乾元元年(758),江南东道被拆解为浙西、浙东、宣歙、福建四道;到了宋代,则置"江南东路"(辖区相当于今赣东北、皖南、南京一带)、"江南西路"(管辖着今江西大部和湖北东南地区)。

元朝至正十六年(1356),尚未取得政权的朱元璋在自己的割据之地建立了"江南行中书省",治所在应天府(今南京),管辖江苏、安徽一部分地区。洪武元年(1368),大明王朝开国,朱元璋定都南京,为了建一个大的首都直辖区,"江南行中书省"遂改称"中书省",除了江苏、安徽,甚至将浙江的一部分也都划了进来。到了清代情况又发生了变化,清顺治二年(1645),置"江南省",江南省不仅包括部分江南地区,还包括了大片的江北地区(淮北、苏北),管治着今江苏、安徽二省兼及江北各地;又置"江南布政使","领江、扬、淮、徐、通、海六属",这就形成后世狭义的江南的概念,原江南西道演化为今江西省,而江东地区则以南京为中心,主要包括苏、浙、皖部分地区。清代设两江总督署,辖江苏省(含上海)、安徽省、江西省。这说明,历史行政区划因朝代的兴废而划来划去,如同今日"长三角""珠三角""大湾区""环渤海"一类的名称一样,作为历史地理学名称的"江南",其地域的概念总是有点扑朔迷离。

---

[1] 吴泽炎等主编:《辞源》,商务印书馆,1979年,第1722页。

那么,古代典籍中的江南是一个什么概念呢?通过查考,对"江南"的表述也是说法多样,有一种多义阐释的倾向:

第一种说法出自《尔雅》。《尔雅》是中国最早的一部解释词义的书,堪称中国古代最早的词典,也被认为中国训诂学的开山之作。《尔雅》的说法是:"江南曰扬州",认为"扬州"是典型的江南;

第二种说法出自南朝梁萧统编著的《昭明文选》,它是中国现存最早的诗文总集。《文选》载南北朝时期诗人谢灵运诗:"采菱调易急,江南歌不缓。"吕延济注:"采菱,江南皆楚越歌曲也。"显然,这里的江南大抵是楚(今湖南湖北)越(今浙江)的概念;

第三种说法出自唐代大诗人李白的《五松山送殷淑》:"秀色发江左,风流奈若何。"王琦辑注云:"江左,江南也。"这里的"江南"又称为"江左"。明末清初散文家魏禧《日录杂说》云:"江东称江左,江西称江右,自江北论之,江东在左,江西在右耳。"北宋天禧四年(1020)分江南路为江南东路和江南西路。北宋时期,今天江西省的大部分区域属于江南西路,江西是中原人士南下移民开发的重点地区。自元朝之后,伴随着江西行省的设立,江西和江右都主要指今天的江西一带了。

古人对于"江南"的释义,除上述三种之外,可能还会有其他解释,但不论哪一种解释,显然与我们今天对"江南"的理解大相径庭。

现在,我们一般所指的江南,大体上有广义的江南和狭义的江南之区分:前者沿袭了唐代以来的看法,一般将江南理解成长江中下游一带,主要地区是现今的浙江、上海、江苏的中部与南部,江西、湖南、湖北的中部与南部,福建北部,安徽大部等;而后者则是指苏南和浙北地区,但具体范围并不很明确,这个概念大概从唐末开始,到明清时期成型。最明确的江南核心地带,是环太湖流域和钱塘江以南部分地区,指江苏、浙江的"八府一州",即江苏的苏州府、松江府、常州府、镇江府、江宁府、太仓州,浙江的杭州府、嘉兴府、湖州府。

历史上行政区划变动不居是一种常态。实际上关于"江南"一词的定义及其运用,自古及今,就从未统一过。

我以为,在中国历史上,不能将"江南"仅仅理解成一个地理概念,而应理解成一种文化概念。

唐代大诗人白居易,这个陕西渭南汉子与江南有着某种难解的情结。他那首脍炙人口的《忆江南》,表达了人们对江南的最普遍的看法。直到现在,中国人形容某个地方富庶时,用的词往往是"江南",如"塞上江南"、"塞外江南"、"赛江南"。这个功劳应该归功于白居易。

不独白居易,唐宋的第一流诗人和第一等画家都曾有游历江南的经历,留下了大量的关于江南山水、文采风流的吟咏与画作,正是这些创作,实际地建构和形成了江南文化。江南山水美丽而独特,江南风土人情独步华夏神州,但是如果没有唐宋以来一大批文人墨客的歌咏、描绘,就没有江南文化。他们异口同声地吟咏、描绘着江南风物,也异曲同工地向世人展示了江南之美的一个个文化视角:

中唐诗人张继一首《枫桥夜泊》,成为千古绝句:"月落乌啼霜满天,江枫渔火对愁眠。姑苏城外寒山寺,夜半钟声到客船。"短短四句诗,写尽了一个旅人对于苏州空灵夜色的描绘,诗人运思细密且具诗意的语言,构造出清幽寂远的意境:江畔秋夜渔火点点,羁旅客子卧闻静夜钟声。所有景物的挑选都独具慧眼:一静一动、一明一暗、江边岸上,景物的搭配与人物的心情达到了高度的默契与交融,共同形成了这个成为后世典范的艺术境界。

诗人韦庄是晚唐五代花间派中成就较高的词人,与温庭筠并称温韦。韦庄的词注重作者情感的抒发,如《菩萨蛮》:"人人尽说江南好,游人只合江南老。春水碧于天,画船听雨眠。 垆边人似月,皓腕凝霜雪。未老莫还乡,还乡须断肠。"他学习白居易、刘禹锡《忆江南》的写法,追忆往昔在江南的游历,把平生漂泊之感、饱经离乱之痛和思乡怀旧之情熔铸在一起。

北宋杰出的政治家王安石,他的《泊船瓜洲》同样脍炙人口,千古传诵:"京口瓜洲一水间,钟山只隔数重山。春风又绿江南岸,明月何时照我还?"这首著名的抒情小诗,抒发了诗人眺望江南、思念家园的深切感情,不仅借景抒情,情寓于景,情景交融,而且叙事也富有情致,一个"绿"字写活了春风下的江南美景。

宋代另一位天才作家和诗人苏轼,也曾在江南许多地方主政为官。苏轼在杭州为官,自比当年的白居易,疏浚西湖,用挖出的泥在西湖旁边筑了一道堤坝,就是现在著名的"苏堤",给西湖添加了浓墨重彩的一道美景——苏堤春晓。他从杭州卸任后,做了密州(即今山东诸城)太守,那年的元宵节,苏轼写下《蝶恋花·密州上元》,将江南钱塘(杭州)的热闹气氛与山东密州的节日气氛做了对比,明显地道出了词人对江南的怀念。苏轼给江南的山水赋予了那么多的灵性,流传下歌颂江南山水的千古绝唱。

分析这么多林林总总的唐宋诗人和大家对于江南的吟咏,就是想说明考察江南不仅需要一种地理上的诠释,更应从独特的文化视角来探析——中国人对江南的理解,脑海中铺展的关于江南的画卷,是与这些传颂千年的篇章不可分割的。

当然,江南也是带有政治色彩的,历史上有过两次中央王朝南迁,于江南承继大统。一次是西晋灭亡后东晋政权的建立,另一次是北宋灭亡,南宋政权的建立。作为偏安一隅的全国性政权,一方面,对于收复北方中原失地、统一华夏的渴望,给江南文化注入一种忠勇情怀,这种情怀可以从南宋许多志士仁人的诗文中得到充分的印证;另一方面,"偏安江左",达官显贵一味纵情声色,寻欢作乐,表现出醉生梦死、苟安怯懦的心理状态,对于江南文化也是有着深刻的影响。"山外青山楼外楼,西湖歌舞几时休?暖风熏得游人醉,直把杭州作汴州。"林升这首《题临安邸》就是对南宋统治者不思收复中原失地,只求苟且偏安的一种强烈抨击。

为什么不把这种政治性的因素,作为江南文化的核心要素来评述呢?因为,相对于中国数千年的文明史,南北分治的时期毕竟短暂,不能构成对江南文化历史积淀的核心要素,江南自身的秀美山川和人文意蕴,才是建构江南文化无穷魅力的核心成分,这就是自唐宋以来,那些林林总总的诗人画家、文坛巨子讴歌描绘江南的原因所在。"江南佳丽地,金陵帝王州"[1],"雨恨云愁,江南依旧称佳丽"[2]。可见,从文化上考察江南是一个极其重要的独特视角。

(2) 水是江南风俗中的核心要素

坊间有一句耳熟能详的老话——"江南是水做的"。这句俗语

---

[1] 南朝·谢朓《入朝曲》。
[2] 宋·王禹偁《点绛唇·感兴》。

指出了江南文化与水的关系。江南之胜,独在于水。水是江南的灵魂,河港、池塘、湖漾、沼泽,正所谓"一曲溪流一曲烟",河流纵横交汇,众多的港汊和河塘,形成了江南秀美的灵气和景致。

江南不仅河湖港汊纵横交错,水系甚为发达,而且水还是江南之所以成其为江南最可辨识的因素。水在江南拥有了全新的内涵,这便是水的人文化:受水的限制,江南一带出行多靠舟楫,于是盖屋建房时也巧妙地利用了水,形成了"小桥、流水、人家"的迷人景致。"三山万户巷盘曲,百桥千街水纵横。"江南诸多古镇的民居大抵傍水而建,众多人家沿河聚集,鳞次栉比的房屋都是乌瓦白墙,明净淡雅地参差错落于水道两岸,房屋多为一层、二层的砖木房,纵深递进,封闭内向,在布局上有进深小、占地少、结构紧凑的特点。

唐代大诗人杜荀鹤做过一首歌咏江南小桥的诗:"君到姑苏见,人家尽枕河。古宫闲地少,水巷小桥多。"唐代,仅苏州城内的桥就有"绿浪东西南北水,红栏三百九十桥"[1]之说。在浙江绍兴,城内外河网密布,大小河流现有长度10000多公里,桥梁10000余座。据清光绪年间绘制的《绍兴城衢路图》记载,绍兴城内有桥229座,而当时城市面积只有7.4平方公里。江南吴越之地的桥梁之多,据此窥见一斑。绍兴自古有水乡、桥乡之称。已故著名建筑大师陈从周教授曾有"万古名桥出越州"[2]的名句,准确地概括了绍兴地理风貌的特点。

有了桥,河流纵横的水乡也就形成了一个整体,深壑巨谷因溪

---

[1] 唐·白居易《正月三日闲行》诗。
[2] 陈从周《续越州吟》:"有水无山景不周,山重水复复何求。垂虹玉带门前事,万古名桥出越州。"

流奔泻而相见不相通的村庄能够互通往来,促进了生产发展和民众的生活,一座座桥梁又记录和展示着各个时期的历史与风尚,构成绍兴独特的文化风貌。河道穿街绕户,构成独特的水巷风貌,造就出典型的"小桥、流水、人家"的优美风光。人们居在水畔,行在水上,出门行路不是舟楫就是桥梁,生产、贸易、饮食等无不受此影响。

江南地处南温带,湿润多雨,特别是公历6、7月份,江南地区的梅雨季,细雨加上阴沉,这个气候特点导致了江南草木繁茂,自然风光绮丽迷人。特别是春雨,是历朝历代文人墨客、才子佳人们流连忘返而又最生心仪的景致了。烟雨江南、秦淮红楼、柳岸兰舟,那倩姿丽影,是才子佳人们品爱饮恨、玩风弄月的最好情韵。正是春雨的丰沛,使得江南春天不仅色彩丰富,生意盎然,而且氤氲、灵动、多变,魅力无穷。发生在江南的许多动人的故事几乎都与春雨有关,在中国最为著名的白娘子与许仙的爱情故事不就发生在春雨时节吗?

江南的春雨,其实除多情之外,还透着活力,透着和谐,更透着辛劳。"添得垂杨色更浓,飞烟卷雾弄轻风。展匀芳草茸茸绿,湿透妖桃薄薄红。润物有情如著意,催花无语自施工。一犁膏脉分春陇,只慰农桑望眼中。"宋代女诗人朱淑真的一首《膏雨》,把江南的春雨的多情、活力、和谐、辛劳写得真是细致入微。

水是万物之母,生命之源,是人类得以生存与进行文化创造的最宝贵的资源。早期农业生产需要大量的水进行灌溉,人类文明的起源大多都在大河流域。由于水对生命的重要意义以及它的独特性,在文学、神话、民俗和艺术等各个领域中,经常会出现带有特殊寓意的水的形象和借代。

构成江南主要属地的吴语片区,可以说,从史前时期开始直到近代,其民众更多地利用自然水源和人工水源,形成了一个以长江三角洲为中心的,包含今江、浙、沪、皖、赣的水网系统,它为养育江南地区的人民,促进经济社会发展,繁荣江南文化起到十分重要的积极作用。

无论是水乡之"水",还是水乡之"乡",都与中国传统文化和民众情感息息相关。数千年来,人们赋予"水"和"乡"的含义已远远超出其字面意义,实际上,"水乡"一词,已经糅合了人们特定的情感和乡愁,隐含着对一种理想文化的体认和呼唤——这种文化,有别于嘈杂纷乱的都市喧嚣,有别于辽阔粗犷的大漠孤烟,也有别于匆匆碌碌的市井生活——这是一种天人和谐的居住文化。人们对水乡的向往,对水乡的眷恋,其实是出于对这种居住文化的认同与追寻。人类惯于以自身作为万物的尺度,对环境的评判理所当然是从人类自身的感官认知、生活习性、文化模式、历史经验等因素出发。

人是文化的产物,人所欲求的水乡必然是为文化所限定的水乡,也就是说,江南水乡,只要它在人们的脑海里代表一定的意义,那它必然就具有人文的品格。水乡的完整含义,就是其地理意义与人文意义的有机结合。对江南水乡的强调,是为了突出水乡的人文内涵。不同的水乡,之所以显出不同的特色,在很大程度上就是因为文化的百花争艳、各有千秋。

2. 江南民俗特征与人文气息

在古代社会,人对自然环境、生态环境的依赖十分强烈,自然条件的不同,必然产生不同的文化特征。古代的江南之地,地理环境、气候条件大体相似,雨量充沛、气候潮湿、土地肥沃、河网纵横。这些与干旱少水、"春雨贵如油"的黄河流域的自然条件形成对比。江南民众在长期的历史过程中自然形成了民俗中的某些特征,这些特征之所以重要,是因为它深刻影响着江南民俗信仰的流变。

(1) 江南民俗的基本特征

饮食习惯:"饭稻羹鱼" 《汉书·地理志》里说"饭稻羹鱼",道出了江南吴越地区饮食的民俗特点。江南无论哪个城镇,人们的主食都以稻米为主,这是因为江南是中国稻作生产的起源地,中国稻作起源的中心。这里有大量的稻作遗存,民众也有"春种八谷,夏长而养,秋成而聚,冬蓄而藏"[1]的习俗。春秋时,吴越稻谷的

---

[1] 东汉·赵晔《吴越春秋》卷五。

产量已经很高,即使"十年不收于国,而民有三年之食"。在苏锡常、杭嘉湖乃至在宁绍平原,皆有天下"谷仓"之称。江南不仅盛产稻米,还生产粟、黍、麦、豆、蔬菜、水果等,反映了农业生产的发达和农业经济的繁荣,这就为江南地区饮食多样化提供了条件。

吴越以稻米为主食,副食是大量的水生动物及陆栖动物,《史记·货殖列传·正义》载:"楚越水乡,足螺鱼鳖,民多采捕积聚,鲍叠包裹,煮而食之。"《盐铁论·论菑篇》云:"越人美蠃蚌而简大牢"。"越人得髯蛇,以为上肴,中国得之而弃之无用。"[1]"东南之人食水产,……食水产者,龟、蛤、螺、蚌以为珍味,不觉其腥躁也"[2]。可见各种鱼类及螺、蚌、鳖、蛤、龟、蛇等都是江南民众喜爱的食物,这种习俗保留至今。

自古以来,渔民的生活就从来没有离开过一个"鱼"字。在吃鱼、食海鲜中所体现的习俗,真可谓五花八门。例如制食鱼鲞的习俗,剖晒鱼鲞,春秋时代就已开始。清康熙年间陈元龙《格致镜原》记载:吴王在海上作战时曾令兵士大量捕捉石首鱼充军食,吃剩剖晒后带回。"吴王归,思海中所食鱼,问所余,所司云:'并曝干'。王索之,其味美,因书"美"下着"鱼",是为鲞字。"鱼羹,是渔家海鲜饮食中一大风味食品。鱼、蟹之肉,皆可为主料做羹。有黄鱼羹、鲳鱼羹、鲈鱼羹和蟹肉羹等,正因为鱼羹是海岛渔家的家常菜肴,又比较容易显露烹饪者的技艺,因此从古至今,渔姑、渔嫂总是把做鱼羹和织渔网一样,作为自己必要要掌握的手艺。每逢年三十,渔岛上家家户户的食橱里,都有数碗或十数碗打成冻状的鲜鱼,这是渔家所特有的一

---

[1]《淮南子·精神训》。
[2]晋·张华《博物志》。

种海鲜饮食风俗,叫"年年有鱼(余)"。在旧岁、新年相交替的除夕之夜,每户渔家都要红烧一锅鲜黄鱼或鲜带鱼,盛满碗,一碗一碗存放于食橱中,由于春节前后海岛上气温较低,碗中鱼都会结冻,数天内不会变质,将上年留下的鱼,新年中一碗一碗慢慢地吃,寓有"年年有鱼(余)"之意,寄托了渔家人企盼年年丰收的美好愿望。

衣被天下:"桑麻遍野" 生活在太湖流域周边的江南先民的衣着原料是什么呢?主要是葛、丝和麻。"葛"是古代先民用来编织遮身御寒之衣的材料。从地理环境看,太湖周边地区"山林幽冥",葛的资源比较丰富,所以对葛的利用也较早。1972年,考古工作者在发掘吴县草鞋山新石器文化遗址中,出土了3块碳化纺织物残片,是迄今所知年代最早的纺织品实物,经鉴定其原料就是野生葛。吴县草鞋山新石器文化遗址属于马家浜文化,比仰韶文化的年代要早,这项考古发现,说明这一地区的先民,早在距今6000多年前,就知道用葛的纤维来织布了。

至于"丝"。我国是最早养蚕缫丝和发明丝织的国家,这个观点已经举世公认。商代的甲骨文中已经有"蚕""桑""丝""帛"等文字,表明当时的蚕桑丝织业发展已经相当普遍。殷墟出土的青铜器上常常发现有细密的平纹绢和菱形图案织物的印痕。在《史记》中也记载了"嫘祖始蚕"。相传嫘祖偶然发现了蚕在桑树上吃桑叶,而且蚕结成了茧,于是她把蚕茧摘下,抽出蚕丝,织成丝绸穿在身上,并传授养蚕抽丝的方法,被后人供为蚕神。

从周代起,栽桑养蚕业已经在我国南北各地蓬勃发展,丝绸已经成为当时统治阶级衣着的主要原料。养蚕织丝是妇女的主要生产活动。《诗经·豳风·七月》记载了那个时代妇女采桑养蚕、制衣作裳的生动场景。考古学者曾经在吴江梅堰袁家埭的良渚文化遗址内,发现一件带柄灰陶壶的腹下部,刻有5条头向一致的蚕纹,其形态与现代家养桑蚕酷似,也可证明良渚文化时期已有桑蚕。这一发现说明早在5000年前我国江南地区就已饲养桑蚕,并用蚕丝织出了世界上最早的丝织物。

太湖及其周围地区的江南先民,大约在距今7000年前,便已开始懂得对苎麻和苘麻的利用。如在浙江余姚河姆渡新石器时代早期的文化遗存中,就发现不少用麻搓成的绳索;其中大多数是用苎麻搓成的,还出土有完整的苎麻叶片。其中少数是用苘麻制作的,它的纤维截面,呈多角形,与现在的苘麻完全相同。这也是世界上迄今发现最早利用苎麻和苘麻的线索。

根据学界比较一致的意见,太湖流域是最先种植棉花的地区,乌泥泾(今属上海市徐汇区华泾镇)在江南棉花种植历史上有着无可代替的地位。元明之际,正是我国棉业由边疆向中原推进的大发展时期,也是国人衣被主要原料由棉花逐步取代丝麻的时代。直到明末,黄河流域的植棉面积和技艺已超过长江流域,但纺织技术却始终赶不上江南,甚至出现"北棉南贩""南布北贩"的加工贸易。

棉花与纺织业的革新与进步,推动着江南服饰习惯更新的步伐。生活在苏州吴县一带的农村妇女,至今依然保留着传统的民俗服饰。她们历来以乌黑的头发、硕大的发髻、众多的饰品,辅以精美的包头巾和服饰,显示出自己的心灵手巧和端庄秀美。其服饰的地方特色非常浓郁,传承性稳定,并随着季节的变化、年龄的差异和礼仪的需要,而有明显的差别。

江南水乡妇女服饰历史悠久,世代相传,相因成习,传承性很强。多少年来,经过劳动群众的筛选,一系列具有水乡特色的民俗服饰,适合水乡妇女的穿戴,尤其适宜于水乡生产劳动,实用价值较高,深受人们的喜爱。这些服饰在长期的发展中,不断地变化和更新,形成了具有水乡地区民族文化传统特色的审美观念,并保留着江南水乡妇女传统特色的民俗风格。

民居屋舍:"粉墙黛瓦" 江南原住民的住房很有特点。因江南之地潮湿的气候、多水的环境,防潮隔水就成为民居建设的首选考虑。早在原始社会,为了适应自然环境,这里的先民已经懂得模仿飞鸟在树上搭屋、筑巢,以遮风避雨,防水防潮,显示了与黄河流域北方文化的差异。在黄河流域,早期人类住房是地穴式居址,半坡遗址的地穴遗存就是证明。而河姆渡出土的却是大量的木质干栏式建筑构件。虽然在江南也曾发现过一些半地穴式地面建筑,但为数很少,而干栏式建筑架空于地面,不仅防潮防水,而且通风透气,所以为广大江南民众所采用,这样就形成了"南人巢居、北人穴居"的区别。

随着城市的建构和社会的发展进步,江南民居也呈现出新的风貌与特色,塑造和演变成极富韵味的江南水乡民居,在单体上以木构一、二层厅堂式的住宅为多,为适应江南的气候特点,住宅布局多穿堂、天井、院落。构造为瓦顶、空斗墙、观音兜山脊或马头墙,形成高低错落、粉墙黛瓦、庭院深邃的建筑群体风貌。水乡多河的环境出现了水巷、小桥、驳岸、踏渡、码头、石板路、水墙门、过街楼等富有水乡特色的建筑物,组成了相辅相成的水乡居住环境。

一些富绅商贾在许多水乡古镇中留下了不少精美的院宅。这些水乡民居大都营建于封建社会,封建伦理、儒学传统、风水习俗都直接影响着这些民居的经营布局、房舍安排等。如厅堂的主次、前后的序位、主客的区分、主仆的隔离、男女的差别等在设计上都

粉墙黛瓦的徽州民居。

普通民众出行,最常见的小船。图为1980年代摇进绍兴的乌篷船。

有独到的手法,这是江南水乡民居的人文因素在意识形态上的反映。江南水乡民居的面貌总体呈现出:平房楼房相间,山墙各式各样,形成小巷和水巷驳岸上那种高低起伏、错落有致的景观,建筑造型轻巧简洁,虚实有致,色彩淡雅,因地制宜,临河贴水,空间轮廓柔和而富有美感。因此,常被人称之为"粉墙黛瓦"、"小桥流水人家"。

百姓出行:"舟楫代步" 江南各地,河湖港汊,河网密布的水文化编织了一条永不停息的运输线,造就了作为吴越故地发达的航运业与造船业。从江南地区大的格局来看,它不外乎以太湖为腹心,运河为通道,长江为走廊,大海为依托,同水相依为命,与船相托为伴。江南的交通工具以舟楫为主,江南民众"以舟代步"则是很自然的习俗。《越绝书》上记载越王勾践的一席话:越民能"以船为车,以楫为马,往若飘风,去则难从。"可见当时用船已较普及,而驾技已趋高超。《淮南子》中还说:"胡人便于马,越人便于舟",这些记载反映了江南人出行具有与中原不同的风格。历史上,江南民众善造舟、善用舟,江南水军在水面上的能战善打,作为一个传统习俗一直保持下来。从吴越水军到三国孙吴卫温的船队,从唐高僧鉴真的东渡到明郑和的七下西洋,再到近代大型造船工业的出现,都可以看出江南造船技术的先进。

从远古时代的独木舟到春秋战国的战船,从小巧玲珑的"乌篷船"到皇帝御用的"大龙船",江南各地日复一日、年复一年地造船、划船,创造了千姿百态的船文化。仅明代江苏官营船场承造的不同用途、不同型号的大小船只就有:大小黄船(供御用的为大黄船,专作进贡用的为小黄船)、各式粮船(用于海运的叫遮洋船,用于内河漕运的叫线船)、各式战船(包括三板、划船、巡座船、印巡船、巡沙船、九江式哨船、安庆式哨船、轻浅利便船)、渡船(包括水驿、渡船、便民船、小划船、桥船),另外还有用于浚治河道的黄船,装运物资的柳船、号船、运苇船、大小舢板船、宣楼船、洪湖营巡船、宝船、金水河渔船、平船、楼船等。江南造船对木料、桐油、黄麻、铁钉、桅、篷、锚、绳以及船上各种用具都有具体规定。江南的造船技术为河运、漕运和海运提供了强大的物质保证,它在当时世界的造船领域里也占有重要的地位。

在现代交通工具出现之前,船是当时江南之乡的主要交通工具。由于自古水网密布,河流众多,家家面河,户户临水,出门就是河,抬脚得用船,四乡八镇,远远近近都可以用舟船往来,大小船只在河面上穿梭往复,一派繁忙的舟运景象。当时作为贯通城乡交流,载人的"公共交通船"叫"埠船";主要用作货运的运输船叫"航船",它们共同承担着城乡间的交通运输任务。有一部分是"白篷",有一部分是"乌篷",乌篷船与白篷船的区别,只是篷色的不同而已。船身窄,船篷低,一般可容三到四人。船底铺以木板,板上铺席,可坐可卧,轻巧便捷,安稳适逸,坐在船上有优哉游哉的感觉,呼吸好像会变得缓慢,游客晃晃悠悠地别有一番滋味,难怪许多诗人会在乘船时诗意盎然。

"饭稻羹鱼"、"桑麻遍野"、"粉墙黛瓦"、"舟楫代步",这十六个字可以概括江南风土与生活习俗的一些最基本的特征,正是这些基本的特征,才派生出其他的一些习俗和文化心态方面的信仰来。

(2) 物质基础与江南人文气息

江南的城市,从层级来说,从都城、省城到府城、县城以至市镇,可谓级级皆具;从城市功能或性质来分,既有作为传统的政治经济文化综合型城市的南京,有典型的工商业城市苏州、杭州,也有一大批因商品经济而兴起和发展的市镇,可谓种类齐全。以其数量多、规模大、类型全、联系密而构成明清时期全国特有的庞大城市群体。在这些城市中活跃着一群又一群士大夫群体,他们注重书卷,生活细腻精致,有一种日常生活审美化的趋向。明清以来由于资本主义萌芽和城市的繁荣,江南飘散出传统悠远、苏松富邑的人文气息,成为日后形成的江南文化的一抹亮色。

  魏晋南北朝时,门阀贵族清谈成风,佛道的普遍传播,造成了中华文化的大融合。隋唐以降,由于中原频繁出现战乱,大量北人南迁,经济文化重心逐渐南移。宋代以宣扬儒学为主的府学和学风比较自由的书院,在江南许多城市大量涌现。例如文化古城苏州,民风习俗崇经好文,温文尔雅,苏州成为当时人文发展最为先进的地区之一,不仅缙绅士大夫摘章染翰,"闾阎田亩之民山歌野唱亦成音节"[1]。"家家礼乐,人人诗书",这样的描述多少有点夸张,但却反映出这样的信息:江南一带的人们,无论贵贱贫富,都在勉力于学,读书风气盛行。苏州人受历代游于苏或居于苏的文人墨客和官宦家风的影响,精神生活崇尚读诗书赏字画,民间收藏书籍、骨董成风,明清以来追求高雅精神享受成为了社会风尚。"吴人滑稽,谈言微中,善谐之恢,又多闲情韵事。如饮酒则严觞政,试茶则斗茶具,手谈则讲弈谱,钻必求宣款,砚必贵端溪,图章必求冰石,装璜卷轴必仿宣和。旁及种菊艺兰,能谙物性燥湿寒暖之

---

[1] 明·林世远、王鏊纂《姑苏志·风俗》。

宜。"[1]再看越文化故地的绍兴,历史上的名人,从虞舜夏禹、越国君臣,到光复群雄、辛亥英杰,思想家、史学家、文学家、艺术家、科学家、教育家可谓人数众多,群贤辈出。

明清江南的城市物质丰厚,山水秀丽,历代文人雅士荟萃,思想文化流派迭出,戏曲和俗文学发达,形成了吴人婉约细腻、好学善思、机智灵活的思维方式,崇尚礼仪、重节俗、好游历、讲究生活细节的传统文化风尚。明代万历年间,与张居正同时为官并遭到排挤的张瀚,遭弹劾辞归故里后把平生所见所闻著录成《松窗梦语》八卷,张瀚写道:"自昔吴俗习奢华,乐奇异,人情皆观赴焉,吴制服而华,以为非是弗文也;吴制器而美,以为非是弗珍也。四方重吴服而吴益工于服;四方贵吴器,而吴益工于器。是吴俗之侈者愈侈,而四方之观赴于吴者,又安能挽而之俭也。"

近现代著名的民俗学大师胡朴安先生曾经分析江南士大夫文人的生活方式,他说:"因士类显名于历代,而人尚文;因僧徒倡法于群山,而人尚佛。泰伯逊天下,季札辞通国,德之所化者远矣。更历汉、晋以来,风俗清美,俗多祠宇。山泽多藏育,风土清且嘉。泰伯导仁风,仲雍扬其波。郊无旷土,多勤少俭。君子尚礼,庸庶淳庞。当赵宋时,俗益丕变,有胡安定、范文正之遗风焉。及后礼义渐摩,而前辈名德,以身率先,又皆以文章振动。今后生文祠,动师古昔,而不梏于专经之陋。矜名节,重清议,下至布衣韦带之士,皆能摛章染墨,其俗甚美。"[2]

无论从地缘角度,还是从人文角度,江南独特的风土人情,绵

---

[1] 清·姜顺蛟、叶长扬修,施谦纂《乾隆吴县志》。
[2] 胡朴安《中华全国风俗志》第一册。

延千百年依然保持着自己的独特个性。好学善思、机智灵活的思维方式,以及江南人善于适应时代潮流,识时务、巧于融会贯通的生活方式,这一切都给今天江南各个城市的民俗文化以多方面的滋养。上海之所以开放兼容,以敢为天下先的创新精神,形成海纳百川的态势,源头就在于江南文化是上海民情风俗的底色。江南接纳了以长江黄河流域的荆楚文化、巴蜀文化、徽派文化、齐鲁文化、秦晋文化等为主的多种文化,通过长时期的互相交流、相互融合,进一步彰显出江南风土人情的无穷魅力。

不论以何种形式出现的江南民俗信仰,在漫长的社会历史过程中,所形成的价值观念、行为规范、精神信仰、心理态势、思想意识和民间惯习等文化特质,陈陈相因,年年相袭,好像也有一只"无形的手"在操纵和调节着,其程式和礼仪几乎也是一个模子套出来的。这就有必要对民俗信仰背后的文化因素进行分析和研究。

从纵向来分析,古代社会由于生产力的低下、自然灾害的频繁,先民们不可能对此作出科学合理的解释,于是,人们通过巫术娱神,实现在幻想中去征服自然。大量地通过身份特殊的巫觋神秘的化妆、奇妙的舞蹈、梦幻般的演唱,借以实现人们消灾求福、征服自然的愿望。与其说是娱神,毋宁说是娱人,这种最初的巫术活动,乃是后世群众性娱乐活动的一支萌芽。

从横向来观察,民俗信仰,是一个由多种因素互相联系而构成的完整体系。某种具体的风俗事象总会受到某一价值体系或思想体系的支配。这种特有的价值体系、思想体系是被这一社会的成员作为约束其行为的标准而共同遵守的,因此它便成为江南民俗信仰中带有支配力的共同倾向。

世界上万千的民俗信仰都是根据一定的条件产生并长期联系

而生成。大量的民俗文化事象,它既表现为一定物质的、有形的、可直接触摸到的具体的实物,同时,它又表现为观念的、无形的、只能意会和理解的抽象形式。可以说,民俗信仰是划归于人类文化深层结构层面的,它是古今贯通的,因为它既是每个个体在社会生活中长期实际生活的积累,也有此地民众群体世代相传的积淀,基于这种积淀在人们精神世界形成了一定的观念态势,人们总是自觉或者不自觉的沿袭这条步履艰难的轨迹行进。

第二章

江南民俗信仰的认识工具

1. 民俗信仰的内在结构

(1) 跨越时空的信仰共存

　　风俗是什么？它既不是纯粹的物质，也不是纯粹的精神，它是物质与精神之间的一种中介。2003年，联合国教科文组织经过协调世界上很多国家的意见，最终写成了一个名词——intangible cultural heritage，直译就是无形的文化遗产，我们翻译成"非物质文化遗产"，也就是中国人说的"民俗"，现在中国人都简称"非遗"。非遗是什么呢？它不是物质，但又离不开物质，实际上这就是风俗的特性，人们相沿积久而成的生活习惯和生活模式，离不开物质，但又包含着精神方面的东西。"凡民函五常之性，而其刚柔缓急，音声不同，系水土之风气，故谓之风；好恶取舍，动静亡常，随君上之情欲，故谓之俗。"[1]其意是说，由自然条件不同而形成的习尚叫做"风"，由社会环境不同而形成的习尚叫做"俗"。风俗与人类的关系，作为民俗学研究的一个基本问题，是非常重要的理论基

---

[1]《汉书》卷二八《地理志下》。

础。我坚持风俗是人类伴生物的观点,就是基于这个理论支点。它不仅关系到对于人文本质的认识,还关系到怎样理解民俗信仰,关系到将民俗学研究带进一个更为广阔的视野,揭示以风土事象为研究对象的民俗学的系统本质。

每个人从娘胎出世,从哇哇啼哭的那一刻开始,就接受着这个世界的各种风俗文化的熏陶。人不是单个人所固有的抽象物,每个生活中具体的人,都是作为生物的人和作为文化的人的统一体。人的文化生命基因,是由以风俗为核心的第二生命系统构建。这种与有形物质的生物生命相异的独特的生命元素,虽然是无形的,却融化在人的生命过程中,并不经意地流露在人们的生活中。不同种族的风俗构成人类不同种群、族群,并作为区别异类的根本标志,成为表现和鉴别民族或地域族群的自身特征,成为展示和衡量人类多样性、复杂性的重要标尺,一种与人类生物生命基因同样重要的文化生命基因。人的文化生命存在,是以民俗信仰为内核的文化基因作基础的。

所以,我对于"风俗"的定义是:风俗文化是沟通民众物质生活和精神生活,反映民间社区和集体的人群意愿,并主要通过人作为载体进行世代相沿和传承的生生不息的文化现象。[1] 风俗,或者书面表达为"民俗",本质上是一种带有鲜明特点的、沟通传统与现实、物质生活和精神生活的文化现象。作为人类社会生生不息的永恒伴生物,它既不是"古老文化的遗留物",也不是"文化较低的民族或保留于文明民族中的无学问阶级里的东西,"[2] 大量事实

---

[1] 仲富兰:《中国民俗文化学导论》,浙江人民出版社,1998年版,第30—31页。
[2] [英]查·索·博尔尼(班尼)(C. S. Burne):《民俗学手册》,上海文艺出版社,1995年版。

证明,风俗是人类的一种基础文化,具有一定特色的风俗、习惯、心态、制度等,是一个外延相当广泛、反映民间文化最一般的概念。

那么,风俗与信仰又是什么关系呢?打个通俗的比喻,好比是一枚铜钱的两面,他们互为依存、互为表征、互为存在。这是因为风俗的内容极为广泛,种类也异常繁多,大体上可以概括为心理、行为和语言三个方面。心理方面的风俗主要是指以信仰为核心,包括各种禁忌在内的反映在人们心理上的习尚,也称心意民俗、无形风俗,如古代社会里的自然崇拜、图腾崇拜、祖先崇拜等,就是民俗信仰的具体内容;行为方面的风俗主要是指与民俗信仰密切关联而表现在诸如祭祀、婚仪、祈禳等仪式和岁时节日、纪念、游艺等活动上的习尚,也称有形风俗;语言方面的风俗主要是指以语言为手段表现人们的思想感情和意愿要求的传承性艺术,如神话、传说、谜语、谚语、歌谣、说唱等。

为什么说民俗信仰是风俗与信仰的一体两面呢?这是因为,早期的人类思维,多取形象、直觉和类比象征的方式,因此,在认识世界和解释世界时,常常处于一种物我混一的状态。人们往往把科学与迷信、理性与感情、心理世界与物理世界,以及自然现象、社会现象与人的生理现象彼此交叉,混为一同,并且任凭自己丰富而神奇的幻想去"解释"或"说明"。比如说,人们总认为,在这个茫茫世界的背后,总是有一种神秘的力量主宰着,它叫神、上帝或是别的什么名字。人类童年的思维,如同小孩子的思维一样,常常是"推己及物",即以人类自己的心理与性情感受来解释外部世界。他们企图通过一些简单象征或类比模仿的活动,来和想象中的人格化的自然或超自然神秘力量"虚幻"的"交感",祈求它们的帮助或驱赶恶灵,以换得生产、生活的平安与发展。民俗信仰,其实就是这样产生和发展起来的。另一方面,不论已经昌明的或尚属原始的科学,它并不能预测自然事件中偶然的遭遇,不能完全支配机遇,也不能消灭意外,不能使人类的工作都适合于实际的需要以及得到可靠的成效。像这类归于命运、归于机遇、归于侥幸和意外的社会因素,可以说是科学所无能为力的一个领域。

在这样一个人类的聪明与智慧、人类的科学与技术无法达到人们需求的领域内,一般的芸芸众生对它的解释,只能是借助超自然的力量,或者是将它们含混不清地纠缠在一起。在人类早期生活中,诸如接生、起名、成年仪式,或建筑住宅、缔结或解除婚姻、送葬安灵,乃至解决纠纷,或解决人生的各种疑难问题,都离不开民俗信仰。

三十多年前,我在《中国民俗文化学导论》中指出过,风俗与信仰不是人们所理解的那种浅表层的文化,它是一种精神与物质"隐显互动的复合形态",即一方面它裸露着的各种表象,显示出各种风俗与信仰的多样性与丰富性,而且这种表象经常纠缠在一起;另一方面,它的内涵又是相当沉稳地隐蔽着,令人难识其"庐山真面目",而且这隐蔽着的内涵又是相对静止、缓慢变化的。这样,它就不可避免的形成一种相互矛盾又相互依存的命题。

(2)"隐显互动"的内在结构

任何一个风俗事象,都不是无缘无故发生的,哪怕是像坊间百姓平常流传的所谓"左眼跳是福,右眼跳是祸",以及将吃剩的药渣倒在四岔路口之类的俗信,它虽然表现在日常琐细的生活之中,但都无可避免的包含着人们的精神意识。古代卜者针对欲决的疑难,因数定象,观象系辞,用其象辞而判断吉凶。其中尤以数字的意象符号充当沟通天(神意或自然法则)人(人的意向行为)的媒介。"数"是深不可测的神意和天机的体现;"象"是圣人"观物取象"、"立象尽意"的成果;"辞"指卦爻辞,既可言"象",亦可言"变","各指其所之",具有很强的象征意味,是有别于日常语言的"微言"。从三者关系看,"数"是"象"的前提,是天意对"象"的限定;"辞"是对"象"的阐释和解读,又受到"象"的限定;而吉凶的判断,全靠"观象系辞"。为什么中国民俗文化中对于数字的禁忌那样普遍?为什么命相一类的书籍汗牛充栋?为什么社会进步了,算命看相的活动比比皆是,甚至有越演越烈之势?这说明意象符号系统,至今运转于当代文化生活之中,仍然保持着自己的生命活力。

每一个具体的人的诞生都会有具体的出身时间,时间的概念都是以不同的数字来计算的。所谓"生辰八字"在很大程度上是一种表示时间的数字代号,用一个人的出生时间,配上阴阳五行和四时节气,实际上是中国人的时间信仰,在中国起源很早,但是直到五代宋初的命学大师徐子平确立了"四柱算命法","八字算命"的体系才算正式确立。

数字的象征意义,在于说明中国人向来把"人"当做宇宙具体而微的缩影,因此有"人身——小天地"、"人与四时合序"等说法。既然自然界的万物——虫鱼鸟兽、木石风水等,都因为时间(四季节气)及阴阳五行的运行而有兴衰荣枯,因此古人认为,若能找出这些因素对一个人的影响,就同样可以预知这个人一生兴衰荣枯的历程。只是,四时在变化,人也一直在成长,要以人生哪一个"定点"的时间作为衡量一生的参考,着实令人费心。写《论衡》的汉代学者王充曾提出他的想法,认为一个人的一生,早在父母交合、卵子受精时就决定了。这样说来,似乎应该以"受孕"那一刻的宇宙运行状态对胎儿的影响,作为论断他将来一生的依据。只可惜这在具体实践上有许多问题,如早产、晚产等,因此退而求其次,改以人脱离母胎之时,也就是出生的时刻,作为定点,所以衍生成了现在所用的"生辰八字",记录的方式就是"天干"和"地支"的结合。

自古至今,民间都有对这类事物的崇拜信仰,因为这些自然物在很大程度上能够影响人们的生活和生存。如果这些自然物象与生活无关,人们是不会对其崇拜和敬祀的,这实际上反映了人们对大自然的某种依赖关系。在人们"得利"、"获福"于自然物时,他们会产生感激、满足之情;当人们"受害"、"罹难"于自然物时,他们会产生惊慌、恐惧之情。这些都促使人们视这些无生命的自然物视为有意志和有意识的,并且具有着远比人类要强大得多的神秘力量。举凡农事、畜牧、行业、行旅、征伐、争讼、婚媾、教化等等,在多方面的交往过程中,人人都找到了自己适当的社会存在的位置和方式,亦即把自己纳入了某种风俗与信仰的框架之中。如行业是人们的社会分工所造成的。人们的社会存在与社会发展决定了人们必须付出一定的劳动。但劳动的形式可以是多种多样的。那些相互独立而又相互依从的不同类型的社会劳动就是所谓的行业分工。行业分工规定了人们的各种不同的职业身份。同行业人由于利害关系的一致性,往往形成某种独特的职业风貌和职业特征,从而以某种特有的风俗形态存在于社会之中。

由是观之,对于每一种具体的民俗事象来说,其物质的与非物质的互动意义,反映了它们的相倚相涉、相类相感。任何一个风俗事象,都不可能脱离这个文化的背景。

实际上，人的情感、知觉、血气是能被刺激而产生或显现的。孔颖达疏《乐记》"心物交感论"，谓"物来感己心，遂应之念虑兴动"。此为"心知"；而所谓"外化"，指除了自身以外的整个世界，包括所有事物和人际关系，所有的那些你都能与之协调以及包容的事物。例如民间常有关于"禁忌"一类的习俗，《广韵》上说："忌，讳也。""入境而问禁，入国而问俗，入门而问讳。"它属于风俗惯习中较为低级的社会控制形式。书面语言常常是"禁忌"，口头用语中较多的则是用"忌讳"。所谓"禁忌"，或者说"忌讳"，一方面指的是这样一类事物，即"神圣的"或者"不洁的"、"危险的"一类事物；另一方面又是指这样一种禁制，即言行上被"禁止"或者心理上被"抑制"的一类行为控制模式。它在人们的心理活动中得到了统一：一般说来，"禁忌"是属于风俗惯习中的一类观念。它与法律制度意义上的"禁止"和道德规范意义上的"不许"都有着十分明显的区别。在风俗习惯中，"禁忌"一类的禁制是建立在共同的信仰基础之上的。禁忌一旦形成之后，就具有了"不可抗拒的约束力量"，并且它还将依靠社会的、宗教的、宗法的权威意识以强制的方式传承下去。

有人说过中国文化在很大程度上是"象"文化，象征的"象"是从大象的"象"演化而来，对此，韩非子曾经说过："人希见生象也，而得死象之骨，案其图以想其生也。故诸人之所意想者，皆谓之象。"[1]就是说，在人们见不到活象的时候，可以借助于大象骨架的形状去想象它栩栩如生的神态。作为思维的结果，象是想出来的"象"，而作为思维的形式，就是表征。表征有两个因素：一是作为表示象征

---

[1]《韩非子·解老》，上海古籍出版社，1992年版，第484页。

物的直观表征;二是表达某种象征的意义。比如上海地区的人们在过春节时喝的"青橄榄茶",称之为"元宝茶",便是取其橄榄的形状像金元宝,而元宝的本意又与发财联系在了一起。

　　风俗与信仰中的思维与表征,具有直观、生动、意境无穷的长处,但它的短处恰恰也在这里。思维的起点不是严格确定的概念和判断,而是可以引起丰富联想的直观表象;再说它不受形式逻辑的严格制约,它的思维过程常常是跳跃性、多向性和随机性,更何况,它要求人们得意忘象、得意忘言,因而它的结论不能克服模糊性、歧义性和不可证伪性。这些弊病较多地出现在中国风俗文化发展的整个过程中。

2. 对民俗信仰基本的价值判断

说到江南民俗信仰的多元特性,不仅在共时性上相互补充和相互丰富,还在历时性上表现在不同历史阶段的信仰共存。繁华都市与古朴乡村的共存,在江南各地的地域空间内共存着不同性质的民俗信仰,多元性与复合性、地域性与阶层性、神秘性与实用性、稳定性与变异性等等,都是反复起作用的因素。例如,在江南的历史长河中,民众在生产过程中,逐渐形成了一系列具有地域特色的农事信仰习俗。这些习俗往往蒙上了一层神话的色彩,然而,细细探究,你又会觉得这些民俗信仰,又或多或少地含有某些科学的因子和合理的成分。无论存在多么驳杂,民俗学者的任务,就是要努力阐释民俗信仰的现代价值与功能。

说起民俗信仰的价值功能,可以从宏观与微观两个方面来认识。

(1) 规范世道的基本价值

从宏观方面来认识,风俗与信仰的基本价值在于:规范世道。

民俗不是法律,但它总是以一种社会惯习的力量出现。成文法律无论规定得多么细致,都不过是社会行为中需要强制执行的一小部分,民俗信仰就像一只看不见的手,无声地支配和调节着亿万人的行为,从衣食住行到社会交往,从生产消费到精神信仰,人们都自觉或不自觉地遵从这种惯习的力量,甚至在遵从时感到这是天经地义,很少对它发生怀疑。

社会规范可以分为四个层次:第一层是法律;第二层是纪律,包括一些规章制度;第三层是道德和伦理;第四层就是民俗信仰。民俗信仰之所以强有力的支配着人们的行为,乃是因为我们并没有意识到它的存在,既然意识不到,对它的抵制和反抗也就无从谈起。有人把法律、法令等称为"硬控制",而将这种与法律对应的传统规范的力量叫"软控制",殊不知这所谓"软控制"的力量,就是民俗信仰的力量,在某种意义上它要比其他社会控制的力量,要有力得多,也厉害得多。西方哲人培根曾言:"人的思考取决于动机,语言取决于学问和知识,而他们的行动,则多半取决于习惯。"[1]人类学者和民俗学者在做田野调查时发现,改革开放之前,在一些少数民族聚居区,尽管生产力发展水平相对滞后,生活水平也亟待改善和提高,但在那些村寨里,少有盗窃、抢劫、杀人一类有悖于社会秩序和群体安定的事件,社会相对稳定。这是什么原因呢?就是因为有村民们默认的乡规民约和遵守风俗与信仰的习惯。这些民俗信仰,规范着人们的思想和行为,使人们有所畏惧,从而维护了社会的稳定和发展,尽管是很缓慢的。民俗信仰对小至村寨、大至民族和国家的凝聚力的加强,可以起到积极的整合与促进作用。

---

[1]《培根随笔选》,三联书店,1983年版,第63页。

其实，即使物质再富有，社会再发达，民俗信仰乃至各类仪式并没有、也不可能退出历史舞台。千百年来，祖先留给我们的民俗信仰，在群体中有很深的根，它是与社会共进共退的伴生物，只要有人类社会存在，不论它是什么性质的社会，也不论它处于什么发展阶段上，民俗信仰的文化价值功能是不可低估的。它是一个国家文化自信的基础与前提。

（2）生命意识与精神平衡

民俗信仰也时时处处在提醒人们：你从哪里来？要到哪里去？你的归宿在何方？热爱生命，赞美生命，追求生命的永恒，这是民俗信仰不断张扬的大旗。虽然中国人宗教意识相对淡薄，江南各地的民众都比较注重世俗生活，讲究经世致用，但中国人生命意识的张扬并不比其他民族逊色。

在科学和文明还很不发达的旧时代，人们对于土地始终有着某种神秘的感觉。在定居某个地方之后，人们由对土地的信仰发展成为崇拜。江南地区盛行"土地爷""土地公""土地神"的信仰。土地神掌管的土地，又是有区域性的，因而有"一方土地"之说，这也体现了人们对土地的信仰，土地是中国农民赖以生存的信心和信念。民俗信仰对于每一个人而言，它向人们展现的不仅是纯粹的和广袤的原野，更多的还是作为精神家园的那一片"乡土情愫"。这个"乡土情愫"的背后，正是原始自然的生命意识。我们赞美生命意识，赞美人性中的一切美好，并将它作为调节个人身心的良方之一。

世道需要规范,同样,人心也需要平衡。人降临到这个世界上,第一位的任务是求生存。但人毕竟不是动物,在生存需求得到满足之后,他(她)又会有享受和发展的需求。人的精神一旦发展到一定的高度,就不会再满足于仅仅在这个世界上做一个匆匆过客,必然渴望在自己走过的土地上留下自己的痕迹。民俗信仰的调节功能,就是当人们面对精神需求的实现或是无法实现之时,起到一种"平衡器"的功能。为什么人类在自己生活、繁衍的进程中,要人为地产生或规定一些"不可接触的"或"神圣的"禁规戒律来束缚自己,或者说是限制自己的自由的生活呢?说到底,乃是一种精神上自我暗示、自我平衡的做法。

(3) 娱乐与审美等功能

如果民俗信仰失去了娱乐和审美的因素,生活就将变得暗淡无光,没有了色彩。从原始人的石球抛掷到当代社会还在流行的赛龙舟,民间的老游戏和竞技活动是世俗生活的重要内容。娱乐在社会大众的生活中占有重要的位置。尤其是青少年正是处于一个人成长的"花季",娱乐游戏既适应儿童的天性,能够健全他们的心理,增强他们的体魄,又有助于与成年人之间的联系和沟通。它更是人们休息和消费闲暇时光的积极的生动活泼的生活方式。在欢乐的游戏活动中,成人或儿童的情性自由抒发,这有利于人们潜在的心理能量的发掘,增强人们生活的自信,享受人生的快乐。

民间娱乐的诸多内容,常常起源于带有神秘色彩的祭祀、崇拜或者庄严的民间宗教活动,随着社会的发展、人类的进步,其游戏功能逐步加强,神秘色彩逐渐弱化乃至就纯粹变成了娱乐,这是其他文化类型难以替代的。

民俗中的娱乐,在调节社会个体的身心方面,有着风俗文化其他事象难以替代的功能;民俗中所呈现的美学范式,则足以造成震撼人心的力量。在审美方面,民俗信仰具有其他传播形式无法比拟的优势。审美活动不单是人们对美的外部形态的感知,还包括由感知到想象、理解,乃至再创造的过程。精神的本原是物质。民众在创造历史的发展进程中,同时也在生产和制造大量具体的物品,或者说产品。各行各业的能工巧匠,可以称得上是绘声绘色的"民俗造物大师",他们不仅创造了具体的物质产品,同时也创造了美。民俗信仰对于人的身心调节的过程中,也悄悄地把审美的标准和价值观念以及同物质的存在联系在一起,制约着实用功能的总体构架,从而保证人的"悦目"和"怡神"需求得到满足。原有的民俗的(包括宗教的)、道德的或其他过时的信仰,包含一些神秘兮兮的成分,今天已经逐渐消失,而保留下来的,不过是审美的形式外壳以及审美的内涵。如果说"悦目"是民俗物品直接唤起人们的审美感受,那么"怡神",则是民俗信仰在审美方面所追求的精神境界的表现,也是一般工艺品与民俗艺术或者民俗物品的区别所在。

3. 祖先的馈赠与现实的意义

人类作为一种社会历史存在物,其活动可以划分为物质性的和精神性的两个方面。对人而言,没有单纯的物质活动,也没有单纯的精神活动;人们的物质活动总是自觉的、有目的的活动,而人们的精神活动也总是借助了一定的过程才能实现,人们只能在相对的意义上把人类生活划分为物质生活过程和精神生活过程两个方面。由于人类生活的这种整体性,我们对于精神生活的规定便只能从精神生活在人类生活总体中的地位或作用,从与物质生活的对比中去进行。

例如中国人的爱国情,这是祖先"尊亲敬祖"古老传统的延续。对生于斯、长于斯的故乡和辛勤哺育自己的亲人的眷恋、感恩,是人类最自然、最纯真的感情活动。中国人安土重迁,敬宗拜祖,江南地区很早就进入了生活相对稳定的农耕社会,"国"与"家"的观念紧密相连,而"家"与"祖"又一脉相承。所以爱国、爱乡、爱家、尊亲、敬祖等观念层层相扣,通过传统社会的宗法制度、里社制度等组织形式胶着在一起,在历史上稳定地发挥着民族凝聚力和向心力的作用。

在当前我国多元文化条件下,各地域的经济发展状况尽管呈现出不平衡性和发展的差异性,但在当今发达的传媒条件下,各地人民互相交流,信息交流的频度在加快,人们的思想观念、生活习惯已经具有了相对的趋同性。民俗信仰被赋予了更深的政治含义,组成了文化中国的一个重要方面。例如,每年两岸及港澳地区或分头、或联合举办大规模的民间祭祖、祀神活动,以此来加强彼此的血脉联系。民俗信仰的相互渗透、借鉴、交流,其势必然,在所难免。人们选择一个理想世界作为现实生活所趋向的目标,是现实世界意义化的过程。这个过程所展现的民风世相、人间真情、民俗信仰、道德准则、民间艺术生活等,是不能游离于民俗研究视野之外的。

自从1980年代改革开放以来,随着民俗信仰环境的宽松,在广大农村,民俗信仰成为非常活跃的现象,发挥着一定的积极作用。农民喜闻乐见且耳熟能详的民俗、民间文化,丰富着老百姓的精神文化生活。可以看到,人们更在意民俗信仰对人们的精神慰藉方面的作用,是一种心理、情感作用,并不是西方所谓的"宗教信仰"。人们常说的"平时不烧香,临时抱佛脚",就是我国民俗信仰中的一种"仰而不信"或"信而不仰"的现象。我们要重视发挥这种信仰的功用,因势利导,发挥其积极作用。

但是,由于在我国的文化传统中,农业自然经济形式、血缘经济关系等基础因素还大量地在农村保留着,因而在封建的政治、经济制度被推翻以后,民俗信仰的地位和作用并没有退出人们的精神生活和社会生活:民俗信仰中有少部内容会把某些精神的价值不恰当地放在高于一切的地位,轻视实践的效果与物质的功利;民俗信仰中有少部内容会用道德评价取代认识评价进而否定经济效益的评价;民俗信仰中有少部内容会以情理的关系与尺度影响甚至替代法理的关系与尺度等等。重"义"轻利,存"理"去欲这类由传统民俗文化造成的心理定式,还在顽强地显示其作用。

随着经济、文化交流日益广泛,民俗信仰的流播加大,民俗信仰的区域的空间张力愈来愈强。民俗信仰从产生之初,就带有浓厚的地域色彩。不同的地理环境、人文氛围、经济基础、生活习俗往往孕育出不同的信仰内容与仪式活动。有学者认为,是中国的地理区隔与地方传统两个因素,造成了民间信仰的这一特点。但是,我们可以发现,现在各地很多民俗信仰活动,名虽不一,但有比较严重的同质化现象。在这种情形下,民俗信仰就消解了其区域性、民族性,消弭了其独特性。

"祖宗虽远,祭祀不可不诚;子孙虽愚,经书不可不读。"[1]我们要将"民俗信仰"视为中国传统文化中的丰厚文化资源,转化为实现中华民族伟大复兴的文化力量,如民俗信仰所宣传的忠孝节义、行善积德、安分守己、和睦相处、和气生财、不要以势欺人等等,无疑有利于社会稳定;挖掘乡土文化土地记忆,民间村社组织开始介入社会慈善公益事业,修建祠堂、殿宇,美化环境;积极弘扬民俗信仰中"善"的力量,积极参与建桥、铺路、助学、扶贫济困、支援灾区、抚养孤儿,资助出版经书、收埋无主骸骨等活动,积极应对突发的自然灾害,参与各项公益事业。虽然还不能说是从根本上解决社会问题,但至少有利于社会风气的改善和社会矛盾的缓解。如果加以积极引导,民俗信仰所发挥的社会作用不可低估。同时,它是维系当地人民群众共同生活的一种世界观、价值观,有利于在社会主义新农村建设中形成地方特色、民族特色。

---

[1] 清·朱柏庐《朱子家训》。

第三章 独具特色的江南农事信仰

1. 春神句芒与迎春开耕仪式

(1) 江南的"句芒神"信仰

中国古代神话中的春神是谁呢？答曰：句芒。两千多年来，春神句芒不仅存录于文献中，而且出现在农家的迎春仪式里。句芒的形象是人面鸟身，执规矩，主春事，是春神，也是草木神和生命之神。关于春神句芒的身世，古文献中有太多记载。《山海经》描述了句芒的形象："东方句芒，鸟身人面，乘两龙。"两晋风水大师郭璞注："木神也，方面素服。"这就是芒神为人首鸟身、骑龙的形象。相传句芒鸟身人面，居住在东方的大白皋部族，原本是一个以鸟为图腾信仰的部族，而句芒神就是该部族的图腾神。"帝太皞神句芒司之"[1]，可理解为太皞与神句芒共同司春。太皞或为主神，句芒或为其下属之神。这也与传说中太皞主管东方，句芒为草木神、生命神的说法相吻合。

《吕氏春秋》上说："其帝太皞，其神句芒。"高诱注："太皞，伏羲

---

[1]《尚书·洪范》。

氏,以木德王天下之号,死祀于东方,为木德之帝。句芒,少皞氏之裔子曰重,佐木德之帝,死为木官之神。"

《礼记》上说"孟春之月其帝太皞,其神句芒,余春月皆然",又说:"其帝大皞,其神句芒。"郑玄注曰:"句芒,少皞氏之子,曰重,为木官。"朱熹注曰:"大皞伏牺,木德之君。句芒,少皞氏之子,曰重,木官之臣。圣神继天立极,先有功德于民,故后王于春祀之。"

《墨子》里的记载更有意思,说了句芒与郑穆公相遇的故事——郑穆公看见有神祇进入祖庙的大门,朝左面行走,鸟的身子,脸是正方形的,素白的服饰。郑穆公吓得转身就逃。神安慰他说:"不要害怕,上帝因你有德行,给你报偿,派我赐你十九年的寿命,令你的国家昌盛,多子多孙,你可千万不要丢失掉这个国度!"郑穆公叩头作礼问:"请教大神的名号?"神答道:"我即句芒。"这则神话被墨子用来证明鬼神的存在,也显示出句芒干预人类事务的良苦用心。

墨子说的这则神话,能够赐予秦穆公寿命十九年,看来句芒除了掌管植物、动物之外,还掌管人的寿命,可见权力很大。作为古代汉族神话中的天神,太阳升起的那片地方也归句芒管,难怪唐代诗人李商隐作《赠句芒神》发出这样的感叹:"佳期不定春期赊,春物夭阏兴咨嗟。愿得句芒索青女,不教容易损年华。"

立春,"立,始建也。春气始而建立也"[1],是二十四节气中的第一个节气,在江南是一个非常重要的节俗。立春祭祀句芒神,江南各地如遇正月初一与立春同日,就称"全春"。明清官府也会于立春先一日以彩仗迎春,祭芒神、土牛,举行试耕仪式,祈求丰收。

---

[1] 明·王象晋编纂《群芳谱》。

农民家家户户要做春盘、春饼,饮春酒,谓接春、闹春,祈祝新年五谷丰登。

(2)立春与迎春开耕仪式

祭祀句芒神的风俗一直延续到清末民初,垂两千年。明清两代,堪称立春文化的盛行期,迎春、送春、打春、咬春、踏春、邀春、讨春,可以说,没有一个节气的叫法像立春这样多姿多彩,清代称立春的贺节习俗为"拜春",其迎春的礼仪形式称为"行春"。

"一年之计在于春,莫待秋到空余恨。"从立春开始,江南生活的自然景象开始有了新鲜势头的变化,白昼渐长,草木蓄势新生……农耕时代的江南,无论乡村还是市镇,立春之日很热闹,一般人家都要高挂"春幡"。"幡"有时也写作"旛",其实就是小旗子,起源于汉代迎春礼中所立的"青旛",唐代出现了簪戴和悬挂用的小春幡。"春已归来,看美人头上,袅袅春幡"[1],说的就是簪在女子头上的春幡。

春幡也用于悬挂。立春之日,士大夫之家,剪彩为小幡,或缀于花枝之下,或悬于佳人之头。农家小院里的大门上都要贴上用红纸书写的对联,内容大致是"瑞雪丰年,八方献瑞""春风得意,六合同春"或"一门欢笑春风暖,四季祥和淑景新"等,院内屋内墙上也贴满"迎春""宜春"以及"福"字。"剪绮裁红妙春色,宫梅殿柳识

---

[1] 南宋·辛弃疾《汉宫春·立春日》。

天情。瑶筐彩燕先呈瑞,金缕晨鸡未学鸣。"[1]这首古诗写的就是春色满院,欢乐迎春的情景。

由于上古社会立春有官民同庆的惯例,所以历朝历代京城里的皇帝都很重视,明清时期,皇帝都会去北京的先农坛祭祀先农,亲身示范耕地的仪式。皇帝在京城里亲耕示范,各级地方大员也都要象征性地照例做做样子。于是,明清时,立春前一天,江南各府县的长官,都要以彩仗迎春,走出官衙,到社坛祭芒神、打土牛,然后下田扶一下犁把,举行试耕仪式,以示劝农,重视农事。迎春仪式结束后,县衙里会雇一名乞丐,饰以官服,令乞丐坐在翻过来的八仙桌上,由兵卒抬着,跟在一帮官员后,称为"春官"。有一句俗谚叫"叫花子做春官,也有这一天"。

江南吴地,立春时节,"东风淡荡兴遍赊,翠袖青裙笑语哗。村女亦知春色好,鬓边斜插小桃花。"[2]立春之日,女子鬓角边插一支小桃花,也算是唐宋遗俗的保留,有的女孩还要剪彩为燕,称为"春鸡";贴羽为蝶,称为"春蛾";缠绒为杖,称为"春杆",戴在头上,十分好看。有些妇女会用绢制作小娃娃,名为"春娃",佩戴在孩童身上;有的地区缝制小布袋,内装豆、谷等杂粮,挂在耕牛角上,取意六畜兴旺,五谷丰登,一年四季,平安吉祥。

立春是农耕民族的盛大节日,许多基层村社在立春日都会举办各种名目的"迎春会",找个十多岁的少年化妆成一个官老爷,身着纸做的官帽靴,骑在牛背上,前往祭祀坛,沿途敲锣打鼓,放鞭炮以迎春天到来,祈祷保佑来年丰收。

---

[1] 唐·崔日用《奉和立春游苑迎春应制》。
[2] 清光绪《续刊上海竹枝词》。

清代康熙年间的御制耕织全图（系列之二）

第三章 独具特色的江南农事信仰　49

"敲锣打鼓鞭春牛"。立春日一清早,前有知府正堂的全副仪仗开道,后面则是花团锦簇的种种杂戏,再后面是县衙里的一大帮僚属队伍,浩浩荡荡到城东门外去"迎芒神",读祭文,上礼品,迎来春牛。春牛进城时,万人空巷,鼓乐喧天,潮水般涌上街头"迎春",争相以手摸春牛。官府还会安排俳优伶官,现在的说法叫艺人,出演"观音朝山""昭君出塞""西施采莲"等小戏,以酬春神,保佑一年风调雨顺。

　　"鞭春牛"曾是江南吴地重要的立春习俗之一。现在的人也许会匪夷所思,好好的春牛,为什么要鞭打?年轻人更是不知"打春牛"为何物。翻开江南各地的地方志书,"鞭春牛"的记载比比皆是。一般在立春前,用泥塑一牛,称为春牛。"鞭春牛"前,县衙的长官会提前沐浴,换上素服,不坐轿子不骑马,步行到郊外,聚集乡民,设桌上供,磕头烧香。立春当天,男人们都争抢着要摸一摸春牛,"摸摸春牛脚,赚钱赚得着"。大家相信,摸了春牛一年里就会吉祥如意。妇女们则抱着小娃娃,绕春牛转三圈,据说此举能防病。而县官或当地有声望的长者会用鞭子象征性地打春牛三下,意味着一年的农事开始,然后村民一拥而上,将泥牛打得稀巴烂,大家抢着这些泥巴,高兴而回,洒在自家的农田里,这叫"抢春",预示着一年"五谷丰登"。

　　鞭春牛又叫鞭土牛,意在送寒气、促春耕——"古者迎春与出土原是二事,迎春以迎阳气,出土牛以送阴气。迎春在立春之日。"[1]"出土牛以送寒意"[2]。"鞭春牛"的"鞭"还意味着鞭

---

[1] 清·褚人获《坚瓠集·续集》。
[2]《周礼·月令》。

去春牛的懒惰,迎来一年的好收成。清代的上海人还变着法子做春牛,堪称那个年代的"文创":用竹木做支架,纸糊的春牛肚子里装着五谷,在"鞭春牛"的前一天,举鞭狠打,牛倒了,纸烂了,五谷四流,时有竹枝词吟道:"正月十三三月十,江村看罢又槐塘。争奇斗异做春事,人海人山奔若狂。"[1]唐代卢肇,为官清廉,关心民间疾苦,后来被朝廷贬到地方做小官。他上任那天,恰好是立春,地方官正率领乡绅百姓在郊外举行迎春仪式。卢肇看到迎"句芒神"的人们正在用劲鞭打泥塑的春牛,提笔写下"不得职田饥欲死,儿侬何事打春牛"[2]的名句。

立春日有吃春饼、春卷和春盘的习俗。东晋时期,以新鲜清爽的蔬菜为主体的春盘就开始流行,《岁时广记》卷八引《摭遗》记载:"东晋李鄂立春日,命以芦菔、芹芽为菜盘相馈贶,江淮人多效之。"芦菔即萝卜。这便是春盘的起源。张家种萝卜,就用萝卜做,李家种芹菜就用芹菜做。将春饼装在盘子里,互相赠送,这叫"送春盘"。"春盘"也叫"五辛盘"。古人在立春之日,以蔬菜、水果、饼饵盛于盘中,馈赠亲友。晋代《风土记》中说:"元日造五辛盘。"原注"五辛,所以发五脏气,即大蒜、小蒜、韭菜、芸苔、胡荽是也"。明、清时,在春饼与生菜外,还得吃萝卜。因为萝卜味辣,通气润肺,也许是古人"咬得草根断,则百事可做"的教训的传承。

吃春饼,南北习俗略有不同,北方人立春吃春饼,就是用面粉烙制或蒸制的薄饼,包卷着芹菜、韭菜等新鲜蔬菜和肉,这叫"咬春",据说会使农苗兴旺、六畜茁壮。江南吴地,更愿意吃春卷。清

---

[1] 清·吴梅颠《徽城竹枝词》。
[2] 唐·卢肇《谪连州书春牛榜子》。

代上海就有立春吃春卷的习俗了。春卷与春饼,虽然厚薄不同,但吃法相似,都是卷上各种蔬菜和肉一起吃。老上海人吃得讲究,用烙熟的圆形薄面皮卷裹馅心,馅儿是已经炒熟的菜肴肉糜,加入自己喜欢的调料,放入春卷皮,卷得像个小枕头的形状,然后下油锅炸至金黄色浮起而成,馅心可荤可素,可咸可甜。

由于炸熟的春卷色泽金黄,犹如一根根金条,所以清末上海开埠后,在立春日的餐桌上摆上一盘春卷,含有"黄金万两"的寓意,很对一般市民胃口。

2. 对稻作农具的爱惜与敬畏

明代苏州才子唐寅作过一幅《江南农事图》,现藏台北故宫博物院。画心右上款识:"四月江南农事兴,沤麻浸谷有常程。莫言娇细全无事,一夜缲车响到明。唐寅画。"画心左上方有乾隆皇帝后添的题诗:"山村水郭听吴歌,最是江南佳胜多。不必楼台烟雨里,却看桑柘晚春过。秧针插遍青千顷,茧簇堆来白几窠。吟罢七言双桨荡,同予乐处在人和。"唐寅是苏州人,对家乡风物从来不吝笔墨,不论稼穑、采莲、渔隐,还是听泉、观瀑、行旅、访友,都着意刻画,富于生机,弥漫着一缕浓厚的江南乡村自然生活气息。

在长期艰辛的生产劳动中,江南农人发展出普遍的对农具的崇拜,将感情寄予其中,因为要依靠手中的农具维持生计,如浸种催芽用的筠笼、筠篮;深耕熟田时用的江东犁、锄头、铁搭、耙、耖、碌碡;灌溉中耕时用的拷桶、龙骨车、牵车、踏车、牛车、风车、耘爪、耘荡;积肥和施肥时用的泥罱、牵耙、粪桶、粪勺、绞草秆、捞草网;收刈用的镰刀、稻桶(掼桶)、稻床、竹席、荞杆;脱粒清选时在打谷场用的杈、梯、锨、稻耙、谷筛、簸箕、笞帚、连枷、风扇车;加工稻米时用的舂碓、脚踏碓;砻磨;捻磨、牵磨、推磨;贮藏运输时候用的仓、廪、扁担、木盆、篮筐;以及劳动时保护人身的竹马甲、竹膊笼、

第三章 独具特色的江南农事信仰

秧马。有一首歌谣几乎囊括了所有的农具：

犁杖耙耱锨锄镰，叉刮锸锤斧夯铲。
绳索套项驴安眼，驮笼驮架马骑鞍。
桶笼箱筐加水担，升斗口袋和褡裢。
刃镰麦耙苤麦秆，杈杖扫帚推刮板。
扬场晒籽用木锨，石槽铡刀碾子碾。
锅碗瓢盆瓮坛罐，壶杯钵匙筷碟盘。
刀擦杖刷与风函，尺镜针锥钳镊剪。
桌椅板凳床柜案，簸箕面渠箩笸篮。
麦耧秋耩播希望，板锄露锄抢得欢。
手头家具样样全，人勤春早仓囷满。

这些稻作农具除了发挥劳动工具的作用之外，已深深融入江南农民的生产生活、精神信仰。千万不要小看了一把锄头，几千年农耕文明的历史长河中，锄头是农具中的最为常用的农具，既可用它除草、作垄、耕垦、盖土，也能用它中耕、碎土、挖穴、收获，不论水田旱地，统统都用得着。有农谚说："锄头早下地，庄稼身里肥。"还有"入伏天不离锄，锄头咣咣响，庄稼长三长"的说法。说的是人勤春来早，种庄稼讲究一个"早"字，趁墒早播种，出苗早锄地。特别是江南进入伏天之后，雨水丰沛，一场接一场的透雨下过之后，草与庄稼争着长，野草的蔓生对于庄稼的生长有害，锄头就是荒草的克星。锄掉丛生蔓延的杂草，庄稼才能独享肥力和水分，农人的年景才会好起来。一把看似寻常的锄头，关乎一季庄稼的丰歉，也关乎一家老小的口中食和盘中餐。

唐伯虎《江南农事图》

江南农民在使用农具过程中,发展出对农具的爱惜、敬畏之情,甚至视其为沟通天地人神的象征,这些都是传统农耕文化传承和发展的形式与载体。大量的农具在反复使用的过程中,常常成为农业生产经验的传递物。有些农具则具有俗信与经验杂糅、信仰与神秘性交融的特征。这些由农业生产经验总结而来的俗信,具有原始民俗信仰的特征,实际上是人们反复尝试后对生产经验的积累和总结。

由于长期进行稻作生产,人们不是消极地将农具视为简单的"物",而是赋予它一定的灵性。如在除夕春节期间,许多乡村都有"画米囤"的习俗。所谓"画米囤",就是在除夕夜,用石灰在门口晒场和道路上画圆圈,并题写上"白米千百石",喻示白米满囤。清人记载:"农家除夕,闭门守岁时,竞以石灰画圈于地,圈中大书吉语,以祈丰稔;又画米囤、元宝于场,以祈年谷;画弓、矢、戈、矛之形,以禳灾辟祟,谓之'画米囤'。"[1]江苏常熟人许青浮在《画米囤诗》中也写道:"爆竹声中分岁罢,呼儿扫净空庭下。紫心帚细石灰浓,长绳倒拽周遭画。画得团团米囤圆,满庭小圈复大圈。圈中致祝无穷事,第一先书有年字。尽教禾黍多穰穰,千斯仓与万斯箱。明年米囤大且长,塞破屋子堆上场。"[2]苏州地区在米囤中心绘制古钱,写上"田禾茂盛"、"五谷丰登"等祝辞;常州地区则用手蘸石灰往墙上打手印[3];无锡等地的农人,还要用石灰在门前、厕前等地

---

[1] 清·袁景澜撰,甘兰经、吴琴校点:《吴郡岁华纪丽》,江苏古籍出版社,1998年版,第331—332页。
[2] 同上,第332—336页。
[3] 江苏省地方志编纂委员会编:《江苏省志·民俗志》,江苏古籍出版社,2002年,第364页。

画出一道道界限,以示财产得到安全保护,叫做"封门"、"封坑",有竹枝词记述:"森然画戟列村居,饯腊家家祓饰余。封户撒灰同守岁,一声爆竹一年除。"[1]此外,苏州等许多地方的人家此夜要在厨房水缸中存满水,并要埋炭墼于炉不使熄灭,放在卧室内,叫做"种火"。而在无锡,水照例是要挑满的,灶下的薪柴乃至炉火却都要出空,用以防火,这叫做"穷灶仓富水缸"。还有的地方直接用酒壶洒圈。

除了"画米囤",江南吴地还有"烧火盆""照田蚕""打灰堆"等农家习俗,用祈祝的方式来表达对来年的希望。当然,祈望终究是企盼,到底能否实现还很难说,于是急切的人们希望能有一种快捷的方式来预知未来的事情,这就产生了民俗信仰中各种占卜术的应运而生。从所占卜的范围而言,"卜岁"是其中很重要的习俗。"岁朝或次日,束薪于长竿为高炬,视火色赤白,以占水旱。"[2]此外,在江南的苏州和杭州,几乎都有过一项特别的除夕占岁习俗——"镜听",也可以算是"卜岁"风俗之一种。"镜听"分"响卜"和"耳卜",具体做法是在除夕夜祭祀灶神,然后怀揣一面镜子到街上暗暗地听别人说话,据说可以占卜一年的吉凶休咎。这一习俗很可能是源于先秦的隐语及汉代的谶纬迷信,而"听"的时候必须用镜,则是因为古人认为镜子有洞见一切、真实无隐的特点。

稻作农具是重要的生产工具,在江南人的眼中具有生命与灵性,在岁时节日期间,从选秧、育秧、栽秧、祈雨、耘田、除虫到收割、归仓、过年,每一阶段都形成了一定仪式,并产生相应的祭祀祈祝。

---

[1] 清·秦颂石《锡山风土竹枝词》。
[2] 清·顾禄《清嘉录》引方鹏《昆山志》。

农家过节,给稻作农具也过节。如,杭州地区,在腊月二十八、二十九日,将红纸条贴在锄头、扁担、风车、犁耙、箩筐、扫帚等常用的农具上面,并在每个农具上挂一副元宝锭,称之为"挂红"。[1]此外,还要在稻作器具上贴一些写有吉祥字语的红纸,贴字绘图,在米囤上插一些柏枝、万年青等,表达对于稻谷丰收、谷米富足的美好愿望。

这样,各式农具也丰富了江南岁时节俗的活动对象与内容。如,正月初十是石头的生日,根据民间传说,正月初十是地的生日,也是石头的生日,人们把初十和石头联系在一起,大概就是因为"十"与"石"谐音的缘故。这一天,磨、碾、碓等石制用具都忌动用,称"石不动"或"十不动",须烧香祭拜石质器具,抬"石头神"[2]。浙江地区,元宵节时有"妇女农家请门臼(曰)姑及簸箕神,以卜诸事休咎"的习俗[3]。浙江嘉兴市平湖县有"打田番"的习俗,"'立春'前一日看迎春。届日,祭芒神,鞭土牛,家造春饼,进春酒……土人拜三木椎或铁叉踏歌,曰'打田番'。"[4]

在江南农时节俗中,流传许多反映农业生产的谚语,是为农谚,如"小满动三车",这"三车"分别指的是水车、油车和丝车,《吴郡岁华纪丽》也记载:"小满节届……插秧之人挈水灌田,桔槔盈路,救旱备涝,忙踏水车。"[5]因为小满节气时,气温慢慢升高,农田中的庄稼这个时候亟需水的滋养,如果降雨较少,就要及时给农

---

[1] 姜彬:《稻作文化与江南民俗》,上海文艺出版社,1996年版,第604页。
[2] 王文全:《中国传统节日趣谈》,内蒙古人民出版社,2006年版,第16页。
[3] 清·杜冠英、胥寿荣修,吕鸿焘纂:光绪《玉环厅志》卷十四《岁时民俗》。
[4] 清·光绪《平湖县志》卷十五《岁时民俗》。
[5] 清·袁景澜撰,甘兰经、吴琴校点:《吴郡岁华纪丽》,江苏古籍出版社,1998年版,第150页。

田灌溉。旧时农村灌溉没有那么多设备，就得通过人力去踩踏水车，然后把低处的水送到高处的农田里去。至于"油车"，说明小满节气时，油菜也要开始收割了。而收割油菜之后，在地里晾晒几天就要及时舂打，然后再把油茶籽晾晒干了之后，拖去榨油坊压榨成为香喷喷的菜籽油，就需要动油车。所谓"丝车"，江南地区有许多蚕农，他们常常是田里的农活与养蚕两不误，而小满时节，蚕宝宝已经长大了，即将开始结茧。所以对于养蚕人家来说，也意味着摇动丝车缫丝的农活也就开始了。

到农历五月芒种时，江南地区家家插秧，就有了"雨打梅头，无水洗犁头"以及"黄梅寒，井底干"的谚语。六月六日是"天贶节"。这一天要"曝书晾衣，涤器具，农家晒蓑笠"[1]。七月，水稻生长尤其需要雨水，于是江苏武进地区就有"七夕不洗车，八月依旧车"的谚语，意思是如果七夕这天不下雨，就会秋旱，八月要继续戽水，"戽水"，就是汲水灌田。杜牧在其诗中也写道："最恨明朝洗车雨，不教回脚渡天河。"[2]七月十五中元日为稻谷收获、农具荞杆的生日，有谚语"雨落中元水满川，定然割稻用箩竿"。七月二十日则为稻箩的生日，可以根据这一天的晴雨情况预测稻子收割的天气情况。八月初八是八字娘娘生日，吴中妇女在这天要将装满草锭的小竹箩用金纸糊好，对合封固，称作"金饭箩"[3]，"稻箩"即"饭箩"、"米箩"，这是保证江南吴地人民丰衣足食，饭箩充盈，生活富足的美好寓意。

总之，江南稻作农具民俗遗产是农耕文明长久积淀的成果，是

---

[1]《吴县志》卷八十《岁时民俗》，新公司铅印本，1933年版。
[2] 唐·杜牧《七夕》。
[3] 姜彬：《稻作文化与江南民俗》，上海文艺出版社，1996年版。

江南稻作农业文化的重要组成部分。稻作农具民俗及与之相关的各种民俗活动和民俗规范,在一定程度上规范着人们的稻作生产活动的行为方式,同时也维系着这一地区人们对稻作生产方式的内在精神认同,使这一地区的人们产生了特定的共同文化心理,具有不可替代的非物质文化遗产价值。

3. 护农保农的"猛将"信仰

(1) 猛将信仰源远流长

吴方言,包括上海话,都有"闹猛"之说,意思是"热闹"。"闹猛"一词,使用频率很高。如今在上海方言里有一个俚语就叫"轧闹猛",准确地说,它的含义就是社会学上说的"从众效应",越是人多的地方,越是喜欢去扎堆,"爱围观"。在互联网充分发达的态势下,这种习俗如今也在发生流变,变成一种关注与"吸引眼球"和公众注意力的社会现象。

"轧闹猛"源于江南的猛将信仰。历史上江南各地"抬猛将"仪式及大大小小奉祀"猛将"庙极多,真可谓村村供奉,寨寨立祠。与其他民间信仰神的祭祀不同,猛将在民众心目中是一位可亲可敬的神。人们祭祀他,又同他一起娱乐、游戏。苏州东山人供奉的"猛将",是一位年轻的"神灵",眉清目秀,鼻正口方,不像别的神灵那么威严可怕。对其他神灵的祭祀,大抵是恭敬有加的,唯独对"猛将"可以抬着(或背着)他跑、跳,同他开玩笑,甚至把他跌得粉碎。近世有人撰竹枝词诗描述道:"元宵过后昇刘王,也似人间拜

第三章 独具特色的江南农事信仰　　61

客忙。钲鼓喧天光烛夜,队灯衔接里余长。"[1]民众以祭祀猛将为乐,这位"老爷"也绝不会发怒。据说猛将可以祛除不祥、保蚕花茂盛,所以猛将也就成为苏州东山一带供奉得最为普遍的"神",成为当地人们企望丰收的寄托。

每年春节初一至十五,是"抬猛将"活动最热闹的时光。农历初一大早,村民们便把猛将抬出来游巡村过街,称为贺年。是日"大纛摩天,金鼓动地,威仪极盛",每到一村,定要在村场上环行一圈,放一阵鞭炮,说一番吉利话,谓之"打机叉"。年初六,猛将又要出巡湖滨,称"冲湖嘴"。苏州《藏书镇志》记载了1927年的民间赛会的盛况:

赛会有毗村三十六骑开道马,由潘春生掌路程图导向。随后乐队吹打,一班八人,有胡琴、竹笛、唢呐、铴锣等乐器。接着有南竹坞、撩桥等村号称七十二匹黄马蹬子,然后是仰家村一带的十六乘纯白銮驾马,七段头五乘纯色护驾马,马队壮观,浩浩荡荡。其中有十匹枣红马,骑者一式装束,手持虎头行牌。

最热闹的要数正月初九的"抢会"了,这一天,各村的村民都要将杏黄色的大旗在空中一招,各村参加"抢会"的人就立即背起小猛将神像疾冲而上,这时"万头攒动,脚步雷鸣,人声鼎沸,势如潮涌",不管头破血流,椅裂神踣,都要去争第一,争到第一的,就将会里的大猛将像抬着绕山前山后巡行一周,最后把大神像供奉在自

---

[1] 清·沈云曾《盛湖竹枝词》。

苏南与上海的吴地,乡村农民自发举行"抬猛将"的迎神活动,虔诚地纪念"刘猛将"和对来年风调雨顺、农作物丰收的期盼。

第三章 独具特色的江南农事信仰

己村上,这是全村的光荣。

不独在苏州,"抬猛将"的活动在江南各地几乎都有。在上海松江、崇明等地,祭祀猛将庙的迎神赛会都要抬出"猛将老爷"游行。始建于明万历年间(1573—1620)上海浦东的庆云寺,原本就是一座猛将堂,后废圮。仅浦东川沙地区就有十一座猛将庙,旧时上海的长人乡,就有三座猛将庙[1]。关于这位猛将,对江南吴地风俗颇有研究的清人顾禄这样写道:"三农竭脂膏,不惜脱布袴。但愿明神喜,生恐明神怒。借问此何神,尔农独畏怖。农云刘猛将,所司非细故。神怒蝗虫飞,神喜甘雨澍。斯神实有功,田祖同呵护。报赛亦人情,胡为乎中路。灾祥在一心,尔农宁不悟。"[2]顾禄《清嘉录》有专条记载:"十三日,官府致祭刘猛将军之辰,游人骈集于吉祥庵,庵中燃铜烛二,大如杯棬,半月始灭,俗呼'大蜡烛'……国朝雍正十二年,诏有司,岁冬至后第三戊日及正月十三日致祭。"《苏州府志》也有类似记载,但"猛将"究竟是何方神圣?顾禄也没有说清楚。

这位"猛将"究竟是谁呢?史书上众说歧出,有说他叫"刘承忠",元末官军指挥使,曾经"江淮蝗旱,督兵逐捕……土人祀之。"[3]也有说他叫"刘锜",是南宋景定年间(1260—1264)的一位"扬威侯,天曹猛将之神"。民国《吴县志》信采此说:"景定间,因瓦塔而创,初名扬威侯,加封吉祥王,故庙名吉祥庵。"也有记载说"猛将名锐,乃锜之弟,尝为先锋,陷敌前"。此外,《宋史》所记的"刘锐",是个文职官员,死于元兵之难,宋理宗诏立庙祭祀。更有

---

[1] 民国《川沙县志》卷十二。
[2] 清·顾禄《神弦曲》。
[3] 清·康熙《畿辅通志》。

记载说猛将是宋代出使金国、不屈而死的"刘锜",还有说是"刘漫堂""刘宰"……可见要寻找刘猛将的原型,实在已不可考。在漫长的演变过程中,既然这位将军被推上了神坛,其真实身份反倒不再重要了。

(2) 老上海的"猛将堂"

明清时期,苏沪地区的许多地方都建有祭祀"驱蝗正神"——刘猛将的"猛将堂"。民间祭祀猛将的活动主要在春节,从农历正月初一开始,可延续到元宵节后,它同春节期间农村的庆祝和娱乐活动结合在一起,成为声势浩大的民俗信仰活动。上海中心城区留下了不少"猛将庙"祭祀的遗迹,如在虹口区吴淞路海宁路口,附近民居的弄堂口的横梁上,一直保留有"猛将衖"的字样。据有关史书介绍,上海的猛将庙原在上海城厢陈士安桥街上,后迁往城隍庙正殿之西,相传正月十三为刘猛将忌日,每到这一天,民间要进行隆重的祭祀活动。大约在1900年代,上海社会有人组织在城隍庙举行"三巡会"时,不小心引发了一场大火。人们不忍心猛将庙被毁,火灾后重建了一座猛将庙,不过不叫"庙",而称为"堂"了,地址也从老城厢内迁到北面租界内的吴淞路。1918年出版的上海地图中,吴淞路海宁路口还特地标出一条"猛将衖",衖(xiàng)古同"巷",也是"弄"的异体字。上世纪二三十年代,虹口海宁路吴淞路这一代有"小东京"之称,人来人往,很是热闹,"猛将堂"也随之热闹起来;租界内一个名叫"花会"的组织涉足赌博业,将上海话中的"梦奖"与"猛将"谐音,以吸引市民。热衷赌博的市民往往依此到猛将堂拈香拜神,希望自己"梦奖"成真,最后"花会"的组织也搬进了猛将弄内。"轧闹猛"也就成为一种赶热闹的都市习俗而存在,进而成为上海话中的俚语。

(3)"抬猛将"与驱蝗神信仰

驱蝗神信仰是古代江南社会重要的民间信仰之一,这里的民众一般都信奉猛将神,因为他是稻田的保护者,农田的守护神。每当农历正月十三日,人们认为是猛将的诞辰日,当天就要举行"抬猛将"活动仪式,以此祈求平安和丰收。

清代,因为民间有广泛的信众作为社会基础,加之地方官员的大力推动,使得刘猛将信仰最终突破民俗信仰而进入官方祀典。清代官府甚至将刘猛将的神格作为"驱蝗正神"。但是在吴方言区的民间信仰中,它不止于驱蝗,或者说主要不是驱蝗。人们将刘猛将视为一位颇具特色的地方神,农民祈求他驱除庄稼的病虫害;渔民祈求他保佑捕鱼平安丰收;蚕农则祈求他保佑蚕花茂盛。刘猛将还具有保境安民、保家卫国的神格,据说在抗日战争时期,浦东民间还有祈求猛将显灵惩罚日本鬼子的传说,在《猛将神歌》中有他"杀退倭寇"的说法。在川沙合庆猛将堂附近共有海潮寺、杜浦亭庙等六座建于明、清时期的佛教寺庙,且信众较多,因此,1992年经当时的川沙县人民政府批准,将六所寺庙集中起来,并于1994年在猛将堂旧址上重建寺庙,命名为"庆云寺",当时占地十亩左右。

4. 祀奉神灵的"迎神赛会"

(1) 青苗会：共同的神灵崇拜

江南的"青苗会"，实际上是个统称，属于民间社会的敬神活动，一般以乡村为单位，乡民挑选吉日、敲锣打鼓，举办祭祀活动。日期可以在每年农历四五月间举行，也可以在每年九十月间举办，由村社的乡老、乡贤、族尊主持，以保护青苗、祈求丰收为主题，祭祀迎神，盛极繁嚣。因为是乡村社会自发举办的迎神、送神祭祀活动，氛围显得比较宽松。这种迎神赛会属于草根文化，在明清时代，它就一直经历着与官方庙堂文化的对视、抗衡、交缠和互动，并且愈演愈盛，从中展露出强韧的民间力量。

民间的"青苗会"等迎神赛会，一般也没有固定的祭祀模式和严格的祭祀程序，而是采取了方便易行、灵活多变的祭祀方式。江苏吴县每年二月十九日有观音山香市，届时"三春士女，联袂进香，香市极盛"。苏州每至清明节时，虎丘山"清明赛会最盛，十乡城内外土谷神咸集，游人群聚山塘"。走会的队伍"牵画舫而陆行，装台阁而陈戏。箫鼓悠扬，旌旗璀璨"。当神像经过门户的时候，"士女迎拜,谓之接会"。会队行经处,"观者填溢衢巷,臂倚肩凭,袂云汗雨,不可胜计"。袁景澜诗中这样描绘:"东风绣陌吹香尘,莺花艳集苏台春。冶游士女空巷出,山塘寒食看迎神。"[1]

进香路上,"画船六柱,箫管迭奏",路两侧有"茶篷、酒肆、饼炉、香铺,赶趁春场"。人们纵兴游乐,直至"日暮霞生",才"归者纷沓"。归返的人群"臻臻簇簇,联络十里,笑语盈路,众情熙熙,无不各随其乐"。[2]进香亦是一场盛大的春游。

祭祀仪式开始之前要向神灵敬酒、焚香,拜祭木人等,并有鼓乐进行伴奏,且迎神活动需巫师吟唱迎神曲、舞迎神之舞。这一习俗一直沿袭至今,反映了农业神在江南民众心目中的重要位置。祭祀地点有的在山村,有的在湖边,有的则在田间地头。当庄稼初长成或快要成熟时,田间会举行简单的祭祀社神活动,祈求神仙保佑获得丰收。有的乡村祭祀活动在寺庙附近,"日落风生庙门外,几人连踏竹歌还"[3];有的祭祀活动则在城隍庙举行。而沿海、沿湖、靠近江河流域的居民举行"青苗会",则将祭祀活动的场所放在水上、水边,水面上五彩缤纷的舟船与之互相呼应,"铜鼓赛神来,满庭幡盖裴回"。[4]

祭祀活动时间也呈现多样化,不受时间与空间条件的硬性规定,显得比较自由和随意。祭祀时间的差异与各地不同的习俗有很大的关系。为了祈求来年的丰收,有的祭祀活动在春暖花开的二月举行;有的则在每年六七月间;有的祭祀活动在稻谷成熟、收获的

---

[1]清·袁景澜《山塘观清明赛会》。
[2]清·袁景澜《观支硎山香市记》。
[3]唐·刘禹锡《阳山庙观赛神》。
[4]唐·温庭筠《河渎神·河上望丛祠》。

季节举行;更有甚者,有的祭祀活动干脆放在夜间点着火把举行。

祭祀的神灵呈现出"泛神论"的倾向。很多地方会与祭祀猛将的活动结合举行。例如苏州的乡村是结合新春佳节,从农历正月初一开始,延续到元宵节前后。苏州东山、西山的一些乡村,正月初一清早,村民们就抬着猛将像巡游村寨"贺年"。猛将的仪仗以杏黄大纛(旗)为引导,敲锣打鼓。每到一村,先绕村场游行一周,放鞭炮。拿着猛将的"帖子",与该村的猛将"互访",实际上是各村村民互相祝贺,互道吉祥。正月十三,即刘猛将生日这天,他们在猛将庙中点燃巨烛,称"满算"。正月十五元宵节,各村上灯。猛将堂前立一大竹竿,挂"塔灯"(一串吊起来的大灯笼)。至此,春节"青苗会"祭猛将的活动结束。江南吴地也有秋季"青苗会"或"青苗社"祭祀猛将的活动,在农历七月半(即中元节)前后,会期一般为三天。村民们抬着刘猛将等乡村神灵巡行田间,游行时锣鼓喧天,并且要在田间插上五色彩旗。农家在田里插五彩三角纸旗,称作"猛将令箭",表示猛将下令驱除害虫,实际的作用是驱赶啄食稻实的麻雀等飞鸟。最后"送驾回宫",活动结束。庄稼收获后,青苗会即自行解散,来年又重建。

不受时空限制的迎神赛会牵挽起大众的情感和行为冲动,集体行为的聚合形成多端共振,既娱神又娱人,既实现了心灵的寄托和慰藉,又激扬了大众的生命意识,因而越来越演化为人们生活中的妙丽风景。

(2) 乡村社会的一道妙丽风景

在晚清的动乱年代,盗贼成灾,抢粮毁青之事常发生,因此,各地农民也有将"青苗会"演变成"护青会"的——保护庄稼不受侵害。

江南水网纵横,渔民在这个时节,将青苗会的祭祀活动与祭祀水神结合起来。例如江苏泰州的渔民举办"青苗会"则是出于对水神、土地神的共同敬意,三月初三的早晨,渔民们事先在船舱里准备好祭祀供品,祭台上摆有猪头、鸡、鱼、水果、面食等供品。然后先去指定的水面上去祭祀水神。祈求水神保佑之后,还会去特定的寺庙参加青苗会。

青苗会办会的程序,大致是先要搭个会台,台上用香框子当匾,上写"青苗盛会"。一切准备就绪后开坛。点上高香,敬上供品,请众神仙,并唱小曲娱神、迎神。然后是迎门。由一人敲锣,一人拎着石灰水桶,抬着香火到各家拜会,当然每拜一家,也会收到份子钱,还在"随礼"的人家门口墙上,书写"太平",并在字上画上大圆圈,再到牛栏猪圈鸡窝鸭舍前用神刀一斫,驱邪逐疫。

紧接着,后面还有"盖戳子"[1]"抢黄元""牛过绳""插小旗儿"等仪式。最后再回到寺庙,向诸神祷祝一番,在神像面前喷神水,敲打锣鼓送神归去。

丰盛年景要办迎神赛会,遇到大灾的年景也要举办,一般组织者在此之前,都要斋戒沐浴,专门"求课"、"问卦",选择吉日后,用黄纸写公告称:"谨择于某月某日适逢某某大帝圣驾出巡",下款是"通镇公白"。出会时间有一天,也有三天两晚,各行各业顺序组成一粮二草三青货……整体统一游行。行街队伍中还有化装《打渔

---

[1] 所谓"盖戳子",就是在大人小孩后面盖大印,可得神灵保佑,人太平,远离疾患。

杀家》《水漫金山》等戏剧人物的造型,跟在队伍中间。大规模的赛会中,抬神轿、香亭、台阁、悠秋、大棚子和扛旗伞执事所需要的人力,一部分是身强力壮的搬运工人,除此还有四村八邻与镇上的壮汉,他们虽是自愿服务,但也适当给予报酬。出会中,虔诚的男性青壮年还连续几天,化装成"白无常"扫街清道。黑白无常,亦称无常,是汉族民间文化中的一对神祇,也是最有名的鬼差。

出会的日子要行街,使赛会进入高潮。有几个选出来的壮汉抬着绿呢大轿,被祭祀的神像就坐在轿子上,从庙里请出来,再经过街市行街巡视,最后再送回庙宇,行进过程中,乡间有名望的绅士在各处摆香案跪拜迎接,各家各户都备好茶水接待。神灵回到庙里,众多善男信女也冲进庙内,抢着烧香,求神保佑,消灾降福。在江苏无锡,清人刘继增有这样一首《竹枝词》描绘惠山的庙会:"暮春天气袷衣轻,各庙齐将盛会迎。茶客到来无坐地,家家门外搭松棚。"

江南民众长期的农耕生活,由乡村社会开始的祭祀活动逐渐演变为与乡民生活内容密切相关的节日习俗。在这些习俗中既有前代的继承,也有一代人自发产生的一些习惯,许多民间神灵祭祀的集会,后来逐渐演变成大型的群众活动。在约定的时节里,转化成各种形式的庙会,民众除了进行祭拜神灵的活动,同时在这种大型集会上也进行着其他经济交换活动。早期的庙会就是这样形成的。

(3) 水上庙会"网船会"

江南多水,古代出行主要靠舟船。三国时期,刘备在去东吴招亲,迎娶孙尚香时,曾对孙权说过一句名言:北人善骑马,南人善驾船。古代江南人出行,主要依靠水路交通,江南河湖港汊,四通八达,南宋迁都到江南水乡临安城,城中城外更是河湖密布,水网纵横,从战国开始吴国就修了邗沟,后来更出名的京杭大运河,沟通南北,整合了南北的水资源。

当然,江南的舟船并不仅仅是一种交通工具,它可以汇聚为祭祀神灵的水上庙会。水乡的庙会是水载起来的。如在江苏泰州的姜堰区,宋代就起源了一种"溱潼会船"的风俗活动,这项活动,可追溯到南宋。相传南宋时期,岳飞率领的军队与金兵大战于溱湖,当地百姓拥戴岳家军子弟兵,在清明节撑船祭奠死将士,久而久之,便成一种水乡习俗。又有传说,明代开国皇帝朱元璋登基后,清明节要祭扫祖坟,因为打了好些年仗,百姓流离失所,他的父母死于何处,坟墓又在什么地方?一时无处寻寻。军师刘基,就是那个大名鼎鼎的明代开国元勋刘伯温,帮朱元璋想出一个寻找祖坟的办法。按民间风俗,每年清明节这天,家家户户都要给自家的祖坟添土、烧钱化纸,表示祭祀。凡未留下烧化痕迹之无主坟中,必有皇上先人坟墓。朱元璋即依法乘船来江淮一带寻访,并添夫加篙,加速船行。朱元璋寻孤坟诚心,感动了江淮一带的老百姓,一方传一方,一直传到姜堰里下河一带,老百姓就在清明节第二天,撑会船祭孤坟,蔚成风俗。还有一种传说,与明代抗倭斗争有关。明朝嘉靖年间,倭寇侵入里下河神童关一带骚扰,朝廷派官兵抵抗,官兵又动员周围村庄的民众助战。于是各庄的青壮农民,纷纷组织船队前去杀敌。每条船上数十人,各执一根竹篙,行船赶路时,大家一齐撑船,到达战地,又以篙子当武器,与倭寇搏斗。由于竹篙下面的篙钻是个铁头子,容易拔泥,行动不快,他们就扒掉篙

晚清点石斋画报上刊登嘉兴网船会情景。

拍摄于1915年,上海嘉定举办迎神赛会的热闹场面。

第三章 独具特色的江南农事信仰 73

钻,因此撑会船的篙子一律不带篙钻。

"溱潼会船"今日已经演变为颇具规模的"中国溱潼会船节",列为国家级非物质文化遗产。

在太湖周边,也有水上祭祀的传说故事。苏州市盛泽和浙江嘉兴的王江泾镇有个湖叫莲泗荡,湖畔有一座名闻遐迩的刘王庙,是江南最负盛名的刘猛将庙。传说元朝末年刘承忠带领嘉兴民众扑灭了蝗虫,但是田地已经荒芜,百姓没了口粮,于是他又带领大家到湖里捕鱼捉虾,谁知突然风雨交加,人仰船翻,刘承忠就此溺死在莲泗荡里。渔民们感念他的恩德,为他建庙塑像祭祀,祈求水上平安。由于刘王神十分灵验,故而信众如同"滚雪球"般的越来越多,尤其是太湖一带的渔民在每年的清明节前后都会驾着"网船"(一种小渔船),聚集到莲泗荡,举行刘王庙会,俗称"网船会"。清代光绪年间上海出版的《点石斋画报》,专门有过"网船会"的记载:"嘉兴北乡莲泗荡普佑上天王刘猛将庙,为网船帮香火主,亦犹泛海者之崇奉天后也,浮家泛宅之流,平日烧香许愿来往如梭,以故该庙香烟独盛。八月十三日为刘王诞期,远近赴会者扁舟巨舰不下四五千艘,自王江泾长虹桥至庙前十余里内排泊如鳞,是日奉神登舟挨荡巡行,午后回宫。"

"网船会"是清代江南一带规模最大的水上庙会。清末民初时,江南各地相继建立了供奉刘王的社团,如上海新公门、太湖兴隆社、嘉兴南六房、苏州北六房等。这些社团大多以姓氏家族为一个聚落,少则十几户,多则几十、上百户人家;每年的"网船会"由这些社团协商组织。苏州的盛泽与王江泾是近邻,因此盛泽的渔民无一例外都会参与"网船会"。

渔民们终年水上漂泊,以船为家,平时难得见上一面,趁着每年"网船会"的机会,可以相互联络,走亲访友,尽情娱乐,共同欢度这难得的水上盛会。改革开放以后,绝迹已久的"网船会"又重新恢复,近年来更是列入国家级非物质文化遗产名录。

江南林林总总的"迎神赛会",多姿多彩的祭祀活动,反映了江南农业经济生活的多样化。无论是田神崇拜,还是水神崇拜,都与人们从事的生产活动密切相关。农耕生活的艰辛是不言而喻的,渔民的水上作业更是充满了不确定性,祀神赛会的举办,为乡间或村民生活的凡庸和沉闷,增添了乐趣和生机。在这种类似狂欢的迎神赛会中,人们不仅了却了信仰需求,还营造了一个自我的世界。在这个世界中,草根群体摆脱了日常社会中官方权威的威赫以及传统礼法的捆绑,构建了一种平民式的自由、平等、欢畅、开放的文化秩序和社会关系。在这种秩序关系中,人们凌越了原有的循规蹈矩的生活模式,以及为此而受到的精神挤压,寻找自我而快意的生命欲望,因而往往恣纵得出格越线,并由此体验到深刻的欢愉和生活的光彩。

第四章

家庭人伦与家风信仰

1. 迎接新生儿的风俗

世界上大多数民族,都有比较丰富的生命信仰与生命礼仪。这种生命礼仪贯穿人生的整个过程。它从一个新生命的诞生开始,至生命的逝去。诞生礼是人生的第一道礼仪,对于刚出生的新生儿来说,给父母带来的是新鲜、喜悦与兴奋。十月怀胎,一朝分娩,婴儿的啼哭声终结了父母忐忑的心情,骄傲地宣布着一个全新生命的诞生。沉浸在喜悦之中的人们为了表达对新生命的爱意、对新生命的祝福,就以各种"接子礼"仪式来为孩子祈福。

(1) 对新生命诞生的期盼:催生风俗

祈子风俗,有多种方式。

一是向主管生育之神灵(如送子观音、送子娘娘等)求子。已婚女子特别是久婚不育者,带着香烛、纸蜡、祭献礼物,到神前默祷,求神赐子。有的则到娘娘庙像前去"取花":带上小三牲菜碗,金银纸钱等,由一老妇人陪同。在娘娘像前祭献跪拜、祷告;然后拔圣杯,看是否可取花,如不能便一直跪下去,直到终于得到拔圣杯。祈子者跪着撩起衣襟,由陪同老妇将娘娘头上的花或神座前他人还来的花,放入她的衣襟中,并说,此法可以让她多生子,生了后,再来拜生胎妈做干母。此为主要的祈子法。

二是借吃某种食物祈子,如喜蛋、瓜等。早在女子怀孕之前,尤其在婚嫁之时,就有一系列生活俗礼围绕着未出生的生命开始启动了。例如年轻女子出嫁,娘家要在陪嫁中备一只红漆马桶,曰"子孙桶",揭开红漆马桶盖,放在马桶里的是红枣、花生、桂圆、橘子等物;有些地方,子孙桶里有五个熟红皮鸡蛋。嫁妆送至男家,那些久不生育的女人就会讨要红蛋吃。据说,一吃此蛋,很快就会有喜。然后由男孩在马桶里撒尿。新马桶由男孩撒第一泡尿,预兆新婚夫妇将"早生贵子"。

在新生儿洗三时,亲友都来添盆,洗儿盆里放着红蛋,不孕女人吃了,同样可以很快受孕。还有的地方,在三月初三这一天,无子嗣的人家,买一南瓜,当日将整瓜入锅煮烂,午时置于桌上,夫妻并肩而坐,同时举箸,尽量饱食,不久即可得子,江南各地大都有食瓜祈子的风俗。

三是以偷瓜、送瓜、偷灯、拴娃娃等方法祈子。

除此之外,最能够直接从视觉上表达求子意愿的,当是各种陪嫁绣品,丰富多彩的图案喻示了人们对繁衍后代的心理寄托与愿望。新婚的陪嫁被面或帐沿,往往绣有一个可爱男童骑在麒麟身上,一手持莲,一手抱笙,暗喻"连生贵子"之意。民间普遍认为,求拜麒麟可生育得子。麒麟为仁兽,是吉祥的象征,能为人带来子嗣。故在新人陪嫁的嫁妆中,被面、帐沿,甚或新人的肚兜衣饰,都绣有"麒麟送子"的图案。如果女子结婚一两年不育,男家亲朋在阴历正月十六的晚上,扎糊一纸婴儿,并用玻璃灯绘"麒麟送子"的图样,敲着锣放着鞭炮送到不孕女子的床榻前。女主人用糖茶招待男方亲朋,客人喝过茶后将茶碗倒扣,认为这样就可以生男孩了。

江南妇女生育,从"有喜"即怀孕开始,就有一系列的孕妇禁忌,以利"生产"。这一系列禁忌主要包括孕妇的生活禁忌、饮食禁忌、药物禁忌、心理禁忌,目的是帮助孕妇顺利完成十月怀胎、一朝分娩的历程。由于妊娠期的女子被认为是不吉之人,因此民间最忌孕妇参与红白喜事,孕妇也不能参加出殡、丧礼,这些禁忌,除了指影响别人外,主要是认为对胎儿不利。一些从事民间技艺生产的行业作业时也忌孕妇进入,不论行业的禁忌有多么五花八门,相同的一条就是忌讳孕妇参加或者被孕妇看见,这被认为会对诸般工艺生产有不利影响。孕妇也忌进入生子人家,俗信孕妇出入生子人家,会给小儿带来灾厄和疾病。这些禁忌和规矩,既有行业的传统习惯,也有对有身孕女子的保护。饮食方面,不能吃猪肝、鸡肝,否则会导致产后无奶或少奶。还有一些诗礼世家,更教育女儿、媳妇在孕期内"目不视恶色,耳不听恶声,口不出恶言",实行古人所谓的"胎教"。

产妇临盆前,娘家要备好新生婴儿的衣帽,包括俗称"被窝帽"的软帽和"和尚衣",就是无领、无纽扣、以绳带连系的小人衣,此外还要准备包裙、口涎围、小鞋袜、尿布、红枣、红糖、鸡蛋等物品,于月初一或十五送至婿家,俗称"催生"。按照江南许多地方的习俗,送"催生"物品时,在路上还需戴伞遮天,不能说一句话。据说"催生"衣物,有神灵护送,报日后平安,故不让天色人语惊扰神灵,以图安康、吉利。

旧时医药条件不发达,民间认为孕妇难产不是病理所致,而是鬼神作祟,一般要拜祭催生娘娘,同时要施行各种催生巫术。形式有:其一驱赶产鬼。产鬼最怕雨伞,把雨伞放在门后辟邪,产鬼就不敢出来了[1]。其二施行催生巫术。人们相信语言的魔力,有利于产儿降生,如"天催催,地催催,催生女,快落地,麒麟左降生,凤凰右降生,降生凡间如安程,十二生相而前迎来,生落水,生落地,快生落地,吾奉十二婆祖敕命,火急如律令。"[2]其三使用偏方。李时珍《本草纲目》中列举了许多催生偏方,如"妇人难产,数日不出,桃仁一个劈开,一片书'可'字,一片书'出'字,还合吞之即生。"《本草纲目》中的这些所谓偏方,实际上是一种模仿或交感巫术,人们期望用超自然的手段去促使产妇顺利安全地生下婴儿。这些催生巫术传之久远,如今一般都已不复传承。

孕妇临产由"接生婆"接生时,需叱退杂人,同时要打开所有房门、橱门的锁,此寓"松关",祈愿降生顺利。由于没有助产技术及设备,所以遇上难产,唯有烧香磕头,别无他法。

(2) 迎接新生命的欢愉:洗三和满月礼

江南民众的出生礼遵循汉民族传统,由几种礼仪组成:婴儿诞生,有诞生礼;三日后,有三朝礼;出生一月,为满月礼;出生百天,行百日礼;一周岁时,行抓周礼。这样,对一个新生命的迎接过程,才算完成。

---

[1] 清·许叔平《里乘》卷五。
[2] 民国时期《万法秘籍·催生符》。

新生婴儿的诞生,称为"落草"或"落婴"。《红楼梦》中写宝玉"颈上挂着长命锁,寄名符,另外还有那一块落草时衔下来的宝玉。""落草"这个词很妙,就是指婴儿落地降生。新生儿出生,更被视为整个大家庭的头等大喜事,孩子尚处襁褓之中,或躺在母亲怀里吃奶,这个时候就要拜谢天地,敬告祖宗,还要在新年之际,上族谱,见族人。婴儿顺利落地后,男家要备水酒、红蛋送外婆家报喜。黄酒满壶,壶嘴朝前为男,壶柄朝前为女,一看便知。亲族中每户,分送鸭蛋四个或八个、十二个,许双不许单,折半时也必须是双数。安徽黟县的习俗是生女儿则默不作声,生男孩,点放鞭炮,焚香祭祖,并染红鸡蛋,填写红单,由男人送至岳家报喜,接受亲戚和邻居的祝贺。

古代社会,生男被称为"弄璋之喜",璋是佩玉,表示富贵、尊贵,要大庆贺。"乃生男子,载寝之床,载衣之裳,载弄之璋。……乃生女子,载寝之地,载衣之裼,载弄之瓦。"[1]意思是说,如果生了男孩,就让他睡在床上,给他穿华美的衣服,给他玩白玉璋;如果生的是女孩,就让她睡在地上,把她包在襁褓里,给她陶制的纺锤玩。重男轻女、男尊女卑的倾向非常明显。《礼记》上还记载古代社会"子生,男子设弧于门左,女子设帨于门右。"意思是如果生的是男孩,则在侧室门左悬弓一副;如果是女孩,则在侧室门右悬帨。帨,音"睡",是女子所用的佩巾,周礼婚礼中,女子出嫁,母亲也要亲自为女儿系结佩巾。显然,弓与帨,具有鲜明的性别特征。《礼记》上说:"故男子生,桑弧蓬矢,以射天地四方。天地四方者,男子之所有事业。故必先有志于其所有事,然后敢用谷也。"生女的喜

---

[1]《诗经·小雅·斯干》。

讯,《礼记》里没有提,我想或许是忧虑与愁苦吧,不要说古代社会,就是到了近现代,传统文化中根深蒂固的男尊女卑、重男轻女的性别意识,渗透在生育习俗之中,这也是一个客观事实。

  旧时的生子习俗中,江南一带还有"踩生"一说,即有人有意或无意间走进分娩不久的人家,即第一次与新生儿照面,称作"踩生"。人们认为,这是能给新生儿带来好运的吉庆之事。相传东晋政权的权臣桓温,出生时被温峤"踩生":"桓温,字元子,宣城太守彝之子也。生未期而太原温峤见之,曰:'此儿有奇骨,可试使啼。'及闻其声,曰:'真英物也!'以峤所赏,故遂名之曰温。"[1]桓温后来果然成为一代权臣,这就是史籍中记载最早的"踩生"故事。由此可见,至迟在晋代,就已出现了生儿人家视踩生者为能给婴儿祝吉的观念。后来逐渐形成了江南地区生育人家常常请人品、才识俱佳、德高望重之人做踩生者的习俗。

  经过千百年的演变,现在庆祝新生儿诞生,报喜依然放在很重要的位置。添生后,新生儿的父亲要尽早去报喜,俗话说"婆家不报喜,娘屋里无碎米"。还要尽可能地将新生命的诞生的喜讯告知亲朋好友,至亲好友接到喜讯后即表示祝贺,并且由新生儿家人摆上酒宴,款待请客喝酒。按照旧俗,前来祝贺的亲朋好友还要下赏钱,而作为祖父、父亲则要赏一百元或一百二十元,意为"长命百岁"。报喜的方式因地域不同,各地略有差异。做外婆、外公的则早在孩子出生之前就准备好了婴儿衣服、小罗被、枕头、摇床等物,婴儿出生后,农村还要分送红蛋,呈现出非常热闹的情景。

  浙江地区报喜时,生男孩用红纸包毛笔一支,生女孩则附花手

---

[1]《晋书·桓温传》。

帕一条。也有分别送公鸡或母鸡的。陕西渭南地区是带酒一壶，上拴红绳为生男，拴红绸为生女。有的地方则带伞去外婆家，伞放在中堂桌上为生男，置于大门背后为生女。另外，大多数地区报喜时要送上煮熟并染成红色的鸡蛋，生男蛋为单数，生女蛋为双数。而外公外婆收下"喜蛋"后还要加倍送还，女婿再将这些返回的"喜蛋"分送亲友。

江南地区对于新生儿，一般大户人家，要实行隆重的"行礼接子"礼仪，认为这样做了，可以"礼乐传家"。新生儿诞生三天，谓之"三朝"，请公婆或产婆用艾叶水给小孩洗澡，称"洗三朝"。婴儿洗沐更衣见客，邻里亲族前来贺喜，为"做三朝"，主人家还要请上"三朝酒"。

"洗三朝"有的地方索性就叫"洗三"，通过给宝宝洗浴寓意消除污秽并为之祈福。早在唐代，洗三的习俗不仅在民间流行，同样受到皇家的重视。唐《宫词》诗句云："日高殿里有香烟，万岁声长动九天。妃子院中初降诞，内人争乞洗儿钱。"[1]意思是说，妃子生了小孩，宫女们争着讨"洗儿钱"。这正是当年后宫降诞的真实写照。《中华风俗志》也有记载："婴儿三日后，必为之净洗，谓之洗三朝。"婴儿"洗三"的风俗，唐代就已经流行，宋代更是盛行于民间。"天复二年（902），大驾在岐，皇女三日，赐洗儿果子。"[2]宋司马光《资治通鉴》载有唐代"洗三"风俗："上闻后宫欢笑，问其故，左右以贵妃三日洗禄儿对。上自往观之，喜，赐贵妃洗儿金银钱。"另据宣城《梅氏家谱》载称：梅尧臣五十八岁得幼子，三朝，欧阳修、范

---

[1] 唐·王建《宫词一百首》之七十一。
[2] 韩偓《金銮密记》。

仲淹等皆作"洗儿诗"以贺。足见宋时此俗已十分风行。

"洗三"在中国民间视为大吉之礼，呈现出非常热闹的情景。据苏东坡说，宋时闽地百姓三日洗儿，佳人及客都戴葱、钱，以祷祝此儿聪睿、进财。苏轼添第四子亦曾洗三，并往贺弟弟苏辙孙子的洗三礼，有《贺子由生孙》诗"昨闻万里孙，已振三日浴"的诗句。纵观整个宋代，无论是北宋，还是南宋，君臣都有很高的文化涵养。梅尧臣家洗儿时，名公欧阳修等人往贺，但都不具财礼。而是一人一首"贺洗儿诗"；梅答谢时也不发洗儿钱，同样是"洗儿诗"相酬："夜梦有人衣帔幌，水边搜我黄龟儿，明朝我妇忽在褥，乃生男子实秀眉。"此外，《东京梦华录》《梦粱录》等典籍都曾经有宋时"洗三"的记载。

宋代大文豪苏东坡的态度别具一格，他写过一首脍炙人口的《洗儿诗》："人皆养子望聪明，我被聪明误一生。唯愿孩儿愚且鲁，无灾无难到公卿。"这种诗句，是只有尝遍人世间的酸甜苦辣，经历了人生跌宕起伏的历练之后，才会发出的"肺腑之言"。"唯愿孩儿愚且鲁，无灾无难到公卿"，饱含着父母对新生小儿未来的祝福——无灾无难，平平安安。

民间的"洗三"礼俗，从上个世纪四十年代开始，随着现代医学的发展逐渐消亡，因为妇女们大抵多到医院生产，既文明、卫生，又省钱，很少再用旧式的"接生婆""收生姥姥"来主持仪式了。

新生儿满月得举行"满月礼"，古人称"满月"为"弥月"，"诞厥弥月，其目犹闭。"[1]宋代柳永《中吕宫·送征衣》词："诞弥月，瑶图缵庆，玉叶腾芳。"明代范受益、王錂《寻亲记·得胤》："周娘子，

---

[1] 唐·陆海《空寂寺大福和上碑》。

且喜令郎弥月,老身特着小厮煮一碗羹汤,少刻就送来。"清代蒲松龄《聊斋志异·小梅》:"女生一子。子生,左臂有朱点,因字小红。弥月,女使王盛筵招黄。"就连现代的鲁迅在给郁达夫夫妇的信札中写道:"待到知道了令郎的诞生,已经在四十多天之后了,然而祝意还想表表的,奉上粗品两种,算是补祝弥月的菲敬。"[1]引述这些历史资料,是说新生小儿满月的礼仪,古往今来也是蔚为传统。

满月礼是中国人一项很古老的礼俗。"三月之末,择日剪发为鬌,男角女羁,否则男左女右,是日也,妻以子见于父。"[2]《新唐书》上说:"龙朔三年七月戊子,以子旭轮生满月,大赦赐酺三日。"当时的满月礼一要剃发,二要设生儿宴,又称汤饼会,汤饼即面条,取长寿之意。"忆尔县孤日,余为座上宾,举箸食汤饼,祝祠添麒麟。"[3]"办满月",最重要的就是置办"满月酒",亲友送礼物,举行小孩满月庆贺礼仪。满月礼宴请宾朋,自然少不了"汤饼宴",在中国,最初所有面食统称为饼,其中在汤中煮熟的叫"汤饼",即最早的面条。汉刘熙《释名·释饮食》中有索饼;北魏贾思勰《齐民要术》中记有"水引饼",是一种一尺一断,薄如"韭叶"的水煮食品;面条的形状最后定格为长条。唐时称为"不托",到宋代,汤饼也改称为面条。面条的这种形制,使人的联想"因势赋形",把面与生日、寿诞联系起来。"必食汤饼者,则世欲所谓'长寿'面也。"[4]因为面的形状"长瘦",谐音"长寿"。面条也就成为讨口彩的最佳食品。还有一种说法是:汉武帝时,人们认为寿命长短与人中长短有关,

---

[1]《鲁迅书信集·致郁达夫王映霞》。
[2]《礼记·内则》。
[3] 唐·刘禹锡《赠进士财盩诗》。
[4] 宋·马永卿《懒真子》。

人中长短取决于面孔长短,而面条正暗合"面长",长寿面由此而来。

新生儿满月这天,主人通常设"汤饼宴"作为答谢。席间,主人会把孩子抱到众人面前,戏逗和夸奖之声不绝于耳。有的从吃完中午酒宴开始一直到深夜,甚至到天亮。足见人们对孩子满月的重视程度。在江苏连云港,新生儿满月除宴请宾客办"满月酒"外,还要办三件事:一是煮红蛋祭祖,又叫上喜坟,向列祖列宗报喜添丁;同时,向四邻亲友送喜蛋报喜。二是产妇在满月这天不得做任何家务劳动,要吃七顿饭,将扁担放在门槛上,产妇在扁担上躺一会,这些做法叫"带病",寓意可把"月子里"惹来的病,全部在满月天带走。三是给新生儿戴上银锁银项圈,一些娇苗男孩在耳垂处戴金银耳坠,有的在鼻子上扎个"拘子"。满月第二天,父母要抱着新生儿到娘(舅)家住几天,婴儿第一次走亲戚必须到外婆家,俗称"移窝"。外婆家置酒宴迎接,外婆给婴儿挂"长寿百岁钱",并抱婴儿至锅灶前,沾锅底黑烟焦少许,涂于婴儿鼻尖,以示像猫狗一般易于长大成人。还馈送万字糕,以示孩儿成年后步步高升。

在江南地区,外婆要给新生儿赠送银制的项圈,外加装饰锁片,这种银项圈和锁片,有圆形的,也有椭圆形的。银项圈下面还用项链或丝编带穿入锁片中,形成一个圈,挂在小儿的脖子上,锁片垂在项下胸前。当然,贵重一点的用黄金制作的,那就不是一般百姓的财力所能承受的。不论是项圈还是锁片,坊间统称"长命锁",俗信戴这种银锁片,银项圈和锁片可以保佑幼儿无灾无疾,健康成长。银锁片正反面都有文字与图案,它们都具有增强保育力量的作用,或者说都表达了人们对于新生儿生命长久、幸福吉祥的美好祝愿。

（3）"百岁"与"抓周礼"

在中国传统的观念中，"百"是一个重要的数目，被涂上了浓重的文化色彩。在语言的实际运用中，许多时候它已经不单单是一个数目，而明显地含有"圆满""完全"的意思，"百喜""百福""百禄""百寿"中的"百"都是如此。因此，婴儿初生满一百天时，人们要举行庆贺、祝福的"百日礼"，并且在"百"上大做文章。

百日礼也叫百晬，宋代《东京梦华录》云："生子百日置会，谓之百晬"，明沈榜《宛署杂记》："一百日，曰婴儿百岁。"

"百岁"也称"百日"，这个称呼不仅贴切地表达了孩子年龄的大小，更含有祝愿孩子长寿的意思。旧时医疗水平差，婴儿出生100天内死亡率极高，如能平安度过百日，便有长大成人的希望。因此人们把"百岁"视为一个节点，以往的担惊受怕告一段落；人们又把"百岁"视为一个起点，对孩子的未来充满希望。

中国人缺乏严格意义上的宗教意识，大多不重来生来世，而是热烈地执著于今生今世。人们从不求速死，以尽快去另外一个美好的世界，而总是想着益寿延年、长命百岁。健康长寿是中国人的"五福"之一，是人生的一大理想。为此，人们甘愿含辛茹苦，忍辱负重。这种普遍的人生理想也毫不例外地折射到新生儿的各项礼俗之中。婴儿出生，让他穿父母旧衣裤，或被抱入猪狗窝中，都在于祝愿他吃苦耐劳，健康成长。百日礼祝福健康长寿的用意就更显著了。

孩子满周岁，要做"生日"，行"抓周"礼。"抓周礼"是小孩满周岁时举行的占卜小孩前途和职业的一种礼仪,中国人对这一礼仪相当重视,各地有关这个礼仪习俗大同小异。抓周也叫"拈周"、"试周"、"试儿"等,在小孩周岁生日的当天,摆放各种象征物品,随其抓取,以其所取物品来预测小孩未来的志向。《宋史》记载了曹彬即曹武惠王的抓周故事,说他周岁时,"父母以百玩之具罗于席,观其所取。彬左手提戈,右手取俎豆。须臾又取一印,余无所视"。干戈代表能武善战,俎豆表示执掌祭礼,大印则是权力的象征。武惠王抓周时所取之物,预示他将来能够成就霸王大业。

历代史志、传记、小说、戏曲等对抓周习俗的描述,比比皆是。据史书记载,此风俗兴于魏晋南北朝。"江南风俗,儿生一期为制新衣,盥浴装饰,男则用弓矢纸笔,女则用刀尺针缕,并加饮食之物及珍宝服玩,置之儿前,观其发意所取,以验贪廉智愚,名之为试儿。"[1]从这则资料可知,当时这种仪式在江南地区甚为流行。

举行抓周礼时,不搭棚办酒席,也不下帖请客。一般是亲友们循礼往贺,聚会一番。一般也不送大礼,只是送一点小孩吃的糕点和玩具。凡参与抓周的长辈们,都用一挂白线,拴上钱币,给小孩套在脖子上,称为"挂线"。抓周仪式一般在吃中午那顿长寿面之前进行。当时讲究一些的大户,都在床上或炕前设大案,案中物品有:印章、书籍、笔砚、算盘、钱币、账册、首饰、花朵、胭脂、食品、玩具,如是女孩抓周,加上铲子、勺子、剪子、尺子、绣线、花样等。寻常人家,则简化一些,用一铜茶盘,盘中放《三字经》或《千字文》一本、毛笔一支、算盘一个、烧饼油果一套;女孩加放铲子、剪子、尺子各一把。物品摆好后,大人抱来小孩,坐在盘前,不做任何诱导,任

---

[1] 南北朝·颜之推《颜氏家训·风操》。

民国小孩周岁时银质抓周挂件。

其挑选,视其先抓何物,后抓何物,来预测其志趣、前途和将要从事的事业。

抓周礼俗的出现,首先与原始的征兆灵异的信仰有关。远古时代的先民,凡事必问卜求筮。他们认为,世事万物,相互感应、相互沟通,冥冥中的神秘力量在指示前途,预兆未来。于是人们把希望寄托在这超自然的力量,坚信预兆与未来的必然联系,形成了征兆灵异的信仰,并设置了一系列的礼俗活动来规范、延续、稳固这种信仰。抓周习俗就是这类礼仪的一种,是征兆灵异信仰的一种反映。

抓周习俗的出现也与人们的世俗文化心态有关。在传统中国社会里,等级森严,不得逾越。在"学而优则仕"、"万般皆下品,惟有读书高"、"劳心者治人,劳力者治于人"等传统思想观念影响下,人们把社会的某些阶层、某些行业视为尊贵,而将另外从事体力劳动者视为卑贱。这种价值取向和社会心理都是很成问题的,说穿了,就是希望自己的后代能显贵尊荣。抓周习俗正是这种心态的直接流露。同时,在源远流长的家族制社会中,作为家族中的一员,他必须完成上承父祖、下传子孙的家族基业,以不使家族的基业与血脉断送在他手中。为了实现这个目的,中国人总是要生男添丁,并把自己的希望、理想和职责放在子孙身上,希望他们将来出人头地,光耀门楣。这种习俗根深蒂固,千百年来绵绵不绝,即使在今天,此俗余风犹在,说是试儿,其实是父母亟盼儿女成长或发财的愿望表示,所以供"试"之物,亦多由计算器、词典、移动电话、人民币等取代了传统社会的笔砚针线之类,真是试儿习俗也与时俱进了。

2. "教先从家始"的家族规范

(1) 聚族而居的家族风俗

血缘关系是中国古代宗法制度的纽带,家族观念是中国古代宗法制度的基础,从家庭与宗族组织的互动关系的角度出发,把中国传统家庭和宗族纳入同一分析框架,宗族组织作为一种直接构建于家庭之上的社会组织,家庭形成的各种关系,如婚姻、血缘、收养、过继以及由此而形成的继嗣关系,在一定程度上决定了宗族组织的构成及演变趋势。在正常情况下,每个家族都有一个共同的始祖,这个始祖经过结婚生育,开始形成继承式宗族,又经过若干代的自然繁衍,族人之间的血缘关系逐渐淡化,为地缘和利益关系所取代,继承式宗族也就相应地演变成为依附式宗族和合同式宗族。

聚族而居是宋以后封建家族制度的最主要组织形式,其建筑组合方式大致可分两类:一类是以单元组合为特征的"合院群聚落";一类是以向心式围合为特征的客家聚居建筑。中国家族制度并不仅仅是家族组织制度,家族制度涉及家族精神生活、经济生活、社会生活的方方面面,全面深刻地反映了农业宗法社会人与人之间的关系。由此展开中国家庭结构的文化要素,即以血缘关系为重心的家族体系,姻缘关系服从于血缘关系。家庭成员的地位在血缘关系中,具体可分为血缘九族制和血亲五服制。孝祭规定五服以内是近亲,五服以外是同宗。

古代家族制度风俗最为典型的是"九族"制。其重要标记是丧服制的"五服",即"斩衰、齐衰、大功、小功、缌麻",以此确立由本人到高祖以及本人至玄孙之间的九代血亲系统,以不出"五服"论亲疏远近,"五服"之内称"本家",然后推而及之于同宗同姓。传统观念崇尚"五世其昌"、"五代同堂"、"家大业大、人多财多",所以旧时数世同堂的复合式家庭较多。1949年后,特别是1980年代随着改革开放和商品经济的发展,为适应男女平等、家庭成员平等的要求,数世同堂的复合式大家庭愈来愈少,家庭逐渐向小型化发展,双亲子女两代家庭占大部分。

由于宗法制度为基础的家族文化的深远影响,国家是放大的家族,家庭是缩小的国家,皇帝是最大的家长。封建社会的礼制精神,以及相当比重的礼仪行为都是从家族文化中产生出来的,如"亲亲""尊尊"等宗法原则,一直是传统社会礼法制度的思想基础。此外,封建统治阶层非常重视风俗礼仪的示范作用,以严格的礼制规定与公开盛大的礼仪形式,向社会显示礼法的森严和风俗的醇和,达到软控社会的目的。随着社会的变迁、朝代的更替、士庶差别的消失,相当部分俗化为普通民众的行为规范,如"周公六礼"就成为一般婚俗模式。

位于浦江县城东的郑宅镇江南第一家,曾是郑氏家族聚居的氏族村落。

第四章　家庭人伦与家风信仰

（2）"爱子有道"与传统"家规"

历史上，江南地区望族如云。所谓"望族"，就是指人们对地方上有声望和影响的家族的通称，这些家族在本地乃至全国的政治、经济、文化等领域有着举足轻重的地位。中国自唐宋以降，科举取士已经使得社会精英的判断标准发生很大的变化，先天的家族出身当然是赖以自豪的立身之本，但后天的才能显得更加重要，因此，显赫的家族和血统影响，已经日益淡化，"夫士之子未必能为士"已经是很正常的社会现象，代之而起的身份衡量标准，就是学而优则仕，就是科举考试的"金榜题名"。

而唐宋以后的江南望族，他们子弟的科举成功率在全国还是居于领先地位，细细探究这些江南望族在培养家族后人方面，之所以能够科举成功、精英辈出、文化繁荣，一方面和这些家族本身的基础有关，这些家族本身就是一些文化和知识资源储备丰厚的家族；另一方面，正因为他们本来就是名门望族，他们也要保持家族荣耀、名望、地位，这种强烈的愿望，驱使他们必须构建一套"传之万世，经久不衰"的家族规范，并且以有力的保障措施使之代代相传、薪火不熄。望族尊师重教的家风与家教，有着相当有说服力的逻辑关系。由于江南望族多注重"教先从家始"的家风与家教，家族中的尊长或有名望的人士以"家训""家诫""家范"等形式对族人进行道德教化，这些"家训""家诫""家范"成为造就与培养族人、子弟、年轻士子的很重要的管束力和激励后人奋发有为的精神力量。

晚清重臣曾国藩长期带兵在外，和家人聚少离多，但他治家的本领也是很有名的。他的治家思想主要表现在两个方面：一是在祖父、父亲的基础上总结出的"八字家训"和"三不信"："考、宝、早、扫、书、疏、鱼、猪，不信僧巫、不信地仙、不信医药"；二是他归纳的"八本三致祥"："读古书以训诂为本，作诗文以声调为本，养亲以得欢心为本，养生以少恼怒为本，立身以不妄语为本，治家以不晏起为本，居官以不要钱为本，行军以不扰民为本"；"孝致祥，勤致祥，恕致祥。"曾国藩认为，"居官不过偶然之事，居家乃是长久之计，能从勤俭耕读上做出好规矩，虽一旦罢官，尚不失为兴旺气象。若贪图衙门之热闹，不立家乡之基业，则罢官之后，便觉气象萧然。"[1]家庭必须立规矩，而且要具体化。子女在勤俭耕读上落实得怎么样，曾国藩看不到，只能靠夫人在家掌控。欧阳夫人若不是一个"治家能手"，曾氏家族就不可能欣欣向荣，蒸蒸日上。

尽管随着时代的发展，这些家规、家训和家教中的落后思想逐渐被变革、被淘汰，以便与先进的物质文明和精神文明发展相适应，但江南家风家训在地方家族中所形成的一系列行为规范及价值观念，仍然是值得肯定的宝贵资源。一方面，它附着于家族的祖先崇拜，是为了维持家声不坠、光耀门庭而做出的规定或劝谕；另一方面，它也可以化成民俗，进而成为全社会的共同规范和信仰。

中国传统家训的内容虽然十分庞杂，涉及领域极其广泛，但核心还是围绕个人修养、家庭成员间的关系维护以及维护家族声誉三个方面展开的。

个人修养强调清白做人。传统家训提倡"爱子有道"，强调以进德修身，贵名节、重家声、清白做人为重。明末清初的理学家孙

---

[1]《曾国藩全集·家书》咸丰十一年三月十三日《谕纪泽、纪鸿》，岳麓书社，2012年版。

奇逢(1584—1675)告诫子弟,读书的目的在于"明道理,做好人",而"取科第犹第二事";"子弟中得一贤人,胜得数贵人也"。郑板桥也认为:"夫读书中举中进士做官,此是小事,第一要明理做个好人。"郑板桥的这种思想意识始终贯穿于他对儿子的教育之中。

在教育内容上,家训涵盖修身、睦亲、治家、教子、勉学、处世、报国、恤民诸多方面。主要是教育家人子弟应该进德修身,涵养仁心;蒙以养正,爱子有道;立志清远,励志勉学;洁身自好,杜绝恶习;应世经务,自立于世;奉公清廉,笃守名节;勤谨政事,报国恤民(后两个方面的内容主要体现于帝王、仕宦之家的家训中),等等。在教育的时间上,强调"蒙以养正"。传统家训的作者们,认为"端蒙养是家庭第一关系事",认为"齐家之难,难于治国平天下。"[1]

(3) 维护家族关系的"家训""家法"

从民俗信仰的角度来考察家族,家法是指调整家族或者家庭内部成员人身以及财产关系的一种规范。家法,固然不是法,也不是现代法意义上的法律。但从风俗意义上讲,家法作为一种家族自治的规范,其产生与法律是同源的。两者都是源于社会习惯规范,直到后来"大家"即国家出现后,两者才开始逐渐分离,各自发展。在人类社会的发展历程中,家庭的形态经历了一个不断演化的过程。封建社会中的家法是家族本位的伦理法占有重要地位。主要目的是要社会从属者节制自己的行为,克制自己的欲望,服从

---

[1] 明·孙奇逢《孝友堂家训》。

尊长,安于本分。以"三纲"为核心的封建礼教作为指导立法、司法活动的基本原则。汉儒董仲舒将"君为臣纲,父为子纲,夫为妇纲"说成是合乎大道的伦理规范,用"天尊地卑,阳贵阴贱"的"天象"说明君臣父子夫妇的关系,从而把君权、父权、夫权神化为不可侵犯的神圣权力。古代法律制度的宗旨就是维护社会伦理秩序,自汉以后,维护"三纲"的封建伦理道德规范纷纷演变为律令,历代封建法律制度,尤其是作为古代法律典范的《唐律》,即被概括为"一准乎礼",直到清代末期,统治者仍然宣称三纲五常"实为数千年相传之国粹,立法之大本"[1]。

家族关系和家庭成员之间的关系如何维护?一般传统家训都把家庭和睦,"父父子子,兄兄弟弟,元气团结"作为"家道隆昌"必不可少的条件,强调家庭成员之间的和睦相处对于"齐家"、"兴家"的极端重要性,主要是论述父子、兄弟、夫妇"六亲"之间的关系,认为"一家之亲,此三而已也"[2]。在父子关系上,强调父慈子孝。传统家训无一例外地都把"孝"放在家庭道德的首位加以强调,尽管家训的作者们无不将"子孝"作为处理父子关系的主要方面,但大部分家训同时提出了"父慈"的要求,如明仁孝文皇后《内训》所言:"上慈而不懈,则下顺益亲",否则"父不慈则子不孝",于己于家都不利。许多家训还对家长提出了爱子贵均的要求,认为假如家长持心不公,家庭必然不和。这些家庭中德高望重的前辈长者,他们多是深受儒家伦理熏陶的人士,深知"其身正不令而行"的道理,因而,每篇家训在论及治家的道德要求时,总是把家长以身作则、

---

[1] 清·劳乃宣辑《新刑律修正案汇录》。
[2]《颜氏家训·治家》。

正身率下放到一个突出的位置。在兄弟关系上,强调兄友弟恭。在夫妻关系上,强调夫义妇顺。古代家训受封建纲常礼教的影响,同样以"夫为妻纲"、"男主女从"作为调适夫妇关系的行为准则,但也有一些家训主张一夫一妻,"嫁女不论聘礼,娶妇不论奁赀",反对"从一而终",夫死允许改嫁。在强调睦亲齐家的同时,传统家训大都总结传授了家政管理、家业置办等方面的具体经验及详细措施,特别是宋代以来的家训。这些家训在论及治家之道时,重点阐述了五个方面的内容,即严谨治家、勤俭持家、忠厚传家、睦亲齐家和善待仆人。

在维护家族声誉方面,由于子孙们担负着延续家族、光宗耀祖的重任,故而作为家庭教育教科书的家训,也都把教育家人子弟立身修德作为"整齐门内"的一个基本原则反复强调。一是审择交游,近善远佞。朋友关系是五大伦常关系之一,许多家训的作者都注意到了社会环境和友邻品行对子弟成长的重要影响,反复教诲他们要慎重交友。近君子,远小人。交"敦厚忠信,能攻我过"的"益友",不交"谄谀轻薄,傲慢亵狎,导人为恶"的"损友"。二是讲究人道,救难怜贫。不少家训中都体现了扶危济困、助人为乐的传统美德,教育子弟家人发扬人道精神,量力济人。三是和待乡曲,宽厚忍让。许多家训都一再叮嘱家人要谦恭谨慎,宽厚待人,特别是对乡亲邻里,更要"宁我容人,毋使人容我"。

综上所述,可以看出传统家训虽然涉及领域广泛,但核心始终跳不出治家教子、修身做人的圈层,实际上是伦理道德教育和人格塑造。由于特定历史条件的制约和封建社会意识形态的影响,传统家训不能不打上时代的烙印,程度不同地存在着局限性。如宣扬明哲保身的处世哲学和宿命论、轮回报应等唯心主义、封建观念,倡导男尊女卑,灌输鄙视劳动、读书做官、耀祖光宗的名利思想,等等。传统家训中的这些消极的教化思想和要求,无疑是应该抛弃的糟粕。除此之外,传统家训中的伦理思想和教育方法,在今天有许多仍具可资借鉴的价值。

"家训"主要是指父祖对子孙、家长对家人、族长对族人等的教诲训示,也有一些是夫妻间的嘱告、兄弟姊妹间的诫勉、劝喻。家训是中华传统文化中别具特色的组成部分,有许多名称多样的家训律条,如家诫(戒)、家范、家规、家约、家语、家箴、家矩、家法、家则、家劝、庭训、世范、宗训、户规、族规、族谕、庄规、条规、宗式、宗约、公约、祠规、祠约,等等。其基本载体有两种:一是指规范、准则意义上的家范、族规或家教文献,是家族或家长撰写、制定的,有较强的教化意义和约束作用;二是指家庭教化、训诫活动。前者是文本,后者是实践,这两方面又相辅相成,彼此为用。家教、家风,本质上是从千千万万个"小家"出发,为中华民族这个"大家"的发展奠定基础。"无论时代如何变化,无论经济社会如何发展,对一个社会来说,家庭的生活依托都不可替代,家庭的社会功能都不可替代,家庭的文明作用都不可替代。"[1]家庭好社会才能好,社会好国家才能好。中华民族自古以来就重视家庭、重视亲情。中华民族传统家庭美德,铭记在中国人的心灵中,融入中国人的血脉中。

明代万历年间,曾任礼部尚书的上海(华亭)人陆树声,就曾经编撰了一部《陆氏家训》,要求子弟要孝顺长辈,和睦亲族;交友要慎重,因为"游处熟则熏染易,迷惑深则悔悟迟";更要居安思危,

---

[1] 习近平:《在会见第一届全国文明家庭代表时的讲话》,《人民日报》,2016年12月12日。

"当盈成常怀开创之艰,处丰余而无忘寒俭之素"。唯有这样,才能让"先业不坠"[1]。在江南,不仅传统的世家大族有重修养、重教育的家风,即使那些出身底层的人家也非常重视族中子弟的教育。清代上海沙船业四大家族之一的王氏,早年虽穷,"亦须令子弟读书";后来,王氏家族中文人辈出,成为近代上海的教育名族,并创办了百年名校南洋中学。

这些起初只是一门一户一族的家训、族训,后来往往会变成一种在全社会广泛流传的普世价值。历史上影响最为深远的当属形成于清初的《朱子治家格言》(全名是《朱柏庐先生治家格言》),例如其中的"黎明即起,洒扫庭除,要内外整洁""勿贪意外之财,勿饮过量之酒""一粥一饭,当思来之不易;半丝半缕,恒念物力维艰""嫁女择佳婿,毋索重聘;娶媳求淑女,勿计厚奁",等等。这些话语在中国社会,几乎是耳熟能详,妇孺皆知;只要上过几年私塾,大多能够背诵其中的精要,足见其流传之广、影响之大。

(4) 研习"六艺"与技能培养

古代家教的内容,除了伦理纲常的教化,也重视"六艺"等综合性知识以及学术技能培养,就是说,古代家庭非常重视教育子女如何做人,重视子女人格的完善。诸如孝敬父母、尊师重道、团结友爱、待人以礼、立志勤学、自强自立、诚实守信、重义轻利、注重节操、克己达仁、质朴节俭等。在蒙养教育方面,则主要是对子弟儿

---

[1] 明·陆树声撰《陆氏家训(云间陆文定先生家训)》。

童时期的启蒙教育,包括吃饭、说话、走路、缝补等生活技能的培养,识字数数等基本知识的掌握,男女礼让等基本礼仪规范的学习。也有在德育基础上的专经教育,除传统的经学教育,史学、文学、科技、医学、书法、绘画、雕塑、音乐等都可成为家教的内容,并根据家学传统有所侧重,体现家学传承。尽管历朝历代都以兴学来张扬教化,但总体的受教育面仍然是极为有限的。家庭教育一直是数千年来中国古代教育的主要阵地,无论是私塾还是延师在家,教育除识字以外,就是做人的教育,即我们通常所讲的德育教育。

晚清时期,欧风美雨东来,随着近代公学的兴起、现代教育的普及,家庭教育的地位才逐渐削弱。古代社会,无论请教师到家庭中教育子弟,或是送孩子入私塾接受教育,均可视为家庭教育的延伸。

传统家庭教育中,德育是核心,是教如何做人,而且这种教育是终身的。传统家庭教育教导孩子一辈子做个好人,与人为善;注重父母的以身作则榜样示范,强调儿童的行为训练和方法;提倡身教重于言教,所谓"立家之规,正须以身作范"。

古人奉行"家国一体"的思想,家庭是社会的细胞,也是社稷江山的基础。《礼记·大学》中说:"一家仁,一国兴仁;一家让,一国兴让。"张九龄在《千秋金鉴录》中说得更明白:"治国之道,实由家治也"。这至少可以认为一个国家的道德是由每一个人和每一个家庭的道德构筑而成的。

3. 礼润童心,养性立志

(1)"家有塾、党有庠、术有序、国有学"

幼儿长到六七岁时,到了应该接受教育的年龄。古代中国人才培养都是通过私塾官学系统,一般的人家要给孩子开始启蒙授书,六岁至八岁送进学馆或者私塾,蒙学的主要任务有礼教和乐教两部分。这就是传统的童蒙礼。到这个时候,孩子要穿上新衣服,或出外跟着老师学习,或请塾师来到家里教授。一句话,要开始读书生活了。古代的皇室、贵族乃至江南的世家大族都很重视孩子的启蒙教育。这种教育,在形式上,一是传统的家庭教育,二是请来老师教育孩子,三是将孩子送出去接受教育。

"古之教者,家有塾、党有庠、术有序、国有学。"[1]这就是说,古人让孩子接受教育有四个途径:一是设在家里的,叫"塾";二是设在乡村间的,称"庠";三是专门请老师教授技艺的,叫"序";四是由官府设立的学馆,叫"学"。这说明古代中国人的教育系统还是

---

[1]《礼记·学记》。

很完备的,但到后世,随着社会发展,已经没有这样细致的区分了,就剩下"塾"与"学"两个名称。

成童礼,也叫童蒙礼,就是古代的启蒙教育,这种教育形式一般都是在"塾"中进行。"塾",在建筑形态上而言,古代指门内东西两侧的堂屋,也指古代私人设立的教学场所。"塾"又分为"家塾"、"私塾"和"义塾"。"家塾"是某一家庭或家族开办,请来先生教育子女;"私塾"是先生自己创办课业授徒的;"义塾"则是乡里社会大家办起来教育子女的。在古代,只有贵族或大户人家的子弟才有可能在家塾接受启蒙教育,一般人家的孩子只能进入私塾或义塾学习。当然,更多的平民和贫困人家的子女因种种原因是接受不到启蒙教育的。

就如同当今的孩子入学总要举行一个庄重的开学典礼一样,中国古代,新生入学也有隆重的"开学仪式"。"入学礼"是人生的一个重要标志,意味着儿童开蒙,成为真正意义上的学童。孩子一般六至八岁入学,早一点的也有四至七岁入塾读书,这个仪式被称为"开书"、"破学"或者"破蒙"。根据《礼记》流传下来的"开学仪式"历经千年未改,它是人生的四大礼之一,与成人礼、婚礼、葬礼相提并论。

(2) 尊师重道与拜师礼俗

童蒙礼就是围绕孩子从开蒙到成童的一系列礼仪之一。古代的童蒙礼较隆重。

首先要"正衣冠"。《礼记》记载:"礼义之始,在于正容体,齐颜色,顺辞令。"因此,古代开学仪式的第一课就是"正衣冠","先正衣冠,后明事理"。这就是正衣冠来由的依据,新入学的儿童必须注重自己的仪容整洁,入学时,新生要一一站立,由教书先生依次帮学生整理好衣冠。然后,"衣冠整齐"地排着队到学堂前集合。恭立片刻后,才能在先生的带领下进入学堂。

步入学堂后,要行"拜师礼",新入学儿童先要叩拜至圣先师孔子的牌位,双膝跪地,九叩首;然后是拜先生,三叩首。新生向先生行谒见礼,拜完先生,学生要向先生赠礼,这个礼物也很讲究,叫"送六礼束脩"。所谓六礼束脩,也就是古代行拜师礼时弟子赠送给师父的六种礼物,分别是:芹菜,寓意是勤奋好学,业精于勤;莲子,莲子心苦,寓意苦心教育;红豆,寓意红运高照;红枣,寓意早早高中;桂圆,寓意功德圆满;干瘦肉条,表达弟子心意。

行完拜师礼后,新生要按先生的要求,将手放到水盆中"净手"。所谓"净手",就是洗手,洗法要正反各洗一次,然后擦干。清水洗手也是有寓意的,说明洗手就是净手净心,去杂存精,期望学子能在日后的读书学习中心无旁骛,专心致志。

最后一道程序就是"朱砂开智",也称"朱砂启智"或"朱砂点痣",具体做法是教书先生手持蘸着朱砂的毛笔,在学生眉心处点上一个像"痣"一样的红点。寓意着孩子从此眼明心明,好读书,读好书。因为"痣"与"智"谐音,朱砂点痣,取的其实是"智"的意思,意为开启智慧,目明心亮,希望学生日后的学习能一点就通。

中国是世界上最早建立学校的国家之一,古代传统的开蒙教育已经十分完备,"校"和"庠"就是我国最早出现的教育机构。我们现在称呼的"小学",在古代被归于启蒙教育,也叫"蒙学"。《礼记》记述了启蒙教育的步骤:"六年,教之数与方名。七年,男女不

私塾学生拜见老师。

同席,不共食。八年,出入门户,及即席饮食,必后长者,始教之让……十年,出就外傅,居宿于外,学书记……十有三年,学乐,诵诗……"这就是说,孩子六岁时要学习数目和物名;七岁时开始男女不同席,不在一起吃饭;八岁时要以大人为榜样,学会礼让;十岁时把孩子送到外面就学,培养独立生活的能力;十三岁时要学乐、诵诗。可以看出,古代启蒙教育的内容,不但有知识技艺,还包括品德修养。

教育的过程,老师是个关键。所以在家塾中,请先生就要给付聘金。到私塾,则要缴纳学费。古代伟大的教育家孔子曾开办私学。"自行束脩以上,吾未尝无诲焉。"[1]也就是说,只要有人交来十条以上的干肉,孔子都乐意教育他们的。其中"束脩"二字,有人解释为十条干肉。"其以乘壶酒、束脩、一犬赐人。"[2]郑玄注:"束脩,十脡脯也。"束脩在春秋以前就存在了。所以,一般家庭的开蒙礼,都很重视延师就傅,其中包含着家长的苦心:一是庆贺孩子的成长,二是好好款待孩子的老师。孩子启蒙教育的古老习俗一直延续到清朝末年。到了近代以后,在现代学校,儿童入学有统一的规定,无须举行家庭的童蒙礼,所以这一礼俗就不再传行。但家里为将要上学的儿童准备好新衣、新裤、书包、书本文具等,也都蕴含了父母望子成龙的良苦用心。

拜师的礼俗反映了对授业解惑之老师的尊敬,是中华民族的优良传统之一。古代许多家训、家诫中都强调要尊敬老师,视师如父,所谓"一日为师,终身为父"。

---

[1]《论语·述而》。
[2]《礼记·少仪》。

4. "成人礼"与"合卺礼"

(1) 盼望生命早成大器的成人礼

"成人礼",也叫"成丁礼",是一个民族对于即将步入社会的男女青年,给予认可的民俗信仰仪式。从"孺子"到"成人",是由生命胎动来到人世,再由牙牙学语到接受教育,在熟悉社会、吸收知识、接受训练等无数量变过程中的一个必然的质的飞跃。成人礼是生命信仰的组成部分,一个人进入成年不仅是他自己的事,也是社会关注的事。如果说,"诞生礼"是生命来到人世的开端,那么"成年礼"则是人生道路上的第一块界碑。

为什么古代重视成年礼?因为社会的许多权利,只能由成年人享有。我国古代,只有进入成年的人才享有一定的社会权利。比如家族中的议事权、社会事务的参与权、均田制时期的土地使用权等;与此同时,成年人也开始承担一定的社会义务,包括纳税、服兵役,赡养父母等。

古代社会的成年礼,男称"冠礼",女称"及笄"。另外,只有成人才可以结婚,因此,成年礼成为婚礼之前必须经过的程序,是婚礼的前奏曲。

　　古代各族青年的成长礼俗,几乎都与人的头脑有关,与头上的发饰或帽子有关。如童年时,把头发扎成状如一对牛角的小髻,少年时不戴帽子,头发下垂,称"垂髫",或称"束发"。男子20岁行"冠礼",女子15岁行"及笄礼",意味着男子戴帽子,女子有资格用簪子来盘发,标志着成年,社会予以承认,可择偶婚配,当然也要加以管理和约束。成年礼有严格的仪式,身份阶层不同,仪程简繁有别。据《仪礼·士冠礼》记载,秦汉以前,对士的冠礼仪式是非常讲究的。冠礼一般在宗庙里举行,由冠者的父亲或兄长主持。另有专门负责加冠的人,这加冠的人被称为"宾"。通常是父兄的僚友。事前须再三敦请方答应而来。行冠礼时,来宾要给冠者戴三次帽子:第一次是一项用黑麻布做成的,叫做"缁布冠";第二次是一项用几块白鹿皮拼接成的,叫做"皮弁";第三次是一种用白葛布或者丝帛制成的平顶帽,颜色红中带黑,与雀头相似,故称作"爵弁"。三项帽意义各不相同:缁布冠表示冠者从此有治人的特权,皮弁表示从此有服兵役的义务,爵弁表示从此有参加祭祀活动的权利。宾加冠时要有一个助手,称作"赞",大抵是负责接递帽子。宾一边加冠,一边还得念念有词,讲一些对冠者劝诫和祝福的话。三次加冠毕,主人要设宴招待宾赞等人,叫做"礼宾"。接着冠者拜见母亲,再由宾为其起个"字",然后依次拜见兄、弟、赞,入室拜见姑姊。这以后,冠者换一身玄色衣帽,带着礼品去拜见国君、乡大夫、乡先生等。最后,主人向宾敬酒,赠送礼品,冠礼方才结束。

　　女子的成年礼——及笄礼,一般要早于男子。《礼记·内则》:"女子……十有五年而及笄。"《仪礼·士昏礼》:"女子许嫁,笄而礼之,称字"。郑玄注曰:"笄女之礼,犹冠男也。"旧时因此称女子十五岁为"及笄"。但古时重男轻女,男子成年所要获得的社会地位和履行的社会义务,女子一般不必承担,因之女子的成年礼更多地是指女子已具备了可以出嫁的资格,所以,"及笄"往往也指女子已到可以出嫁的年龄。恐怕也正是因为这一点,后来一般在结婚前夕才为女子行笄礼。《杭州府志》说:"女子于归日,母为之加笄。"笄礼也有固定时间,据《东京梦华录》:"清明节,子女及笄者,多以是日上头。"女子的笄礼程序与冠礼大致相同,但规模要小些,主持人是女性家长,宾和赞亦由上了年纪的女性担任。笄,即簪子,加笄时,先把幼年时的"总角"发式改变一下,将头发拢到头上绾成一个髻。笄礼后即可嫁人,不称名称字(别名)。

成年礼要放在吉日举行,"令月吉日,始加元服"[1]。成年礼,其源头可以追溯到氏族社会时期。氏族社会时的男女青年到达成熟期后,必须参加"成丁礼"才能成为一个氏族的正式成员。冠礼、笄礼便是成丁礼的演化结果。时过境迁,成年礼虽仍举行,但已无原先规模,后来便纯粹成为婚礼前必须经办的一个形式。古人谓"人生苦短",早婚早生子,因此男子的冠礼也便突破二十岁这个界限,十六岁便可举行冠礼。"冠礼,男子十六岁,择吉告庙,始冠,亦有及婚而冠者,三加请戒之礼。习俗久略。女子则当嫁时加笄焉。"[2]

一个人,当他经过漫长的文化化过程后,逐渐走向成熟,脱离了亲人的养育和监护,承当起了所在集团和社会所赋予的权利和义务。成年礼仪是人生礼仪中最为重要,并且具有多重特性的礼

---

[1]《仪礼·士冠礼》。
[2] 清·曹秉仁修,万经纂《宁波府志·人生礼俗》。

仪,是一种普遍存在的文化现象。

　　成年礼在清末已基本式微,余绪仅在一些注重礼仪的士大夫家留存。时至今日,江南各地汉族中已几乎找不到成年礼的历史遗迹,对于当今江南各地的青年人来说,成人礼的概念已经变得很模糊了。成人礼的仪式,意味着你对自己、对家庭、对社会都有一种不可推卸的责任,一举一动都要对自己负责,对家庭负责,对社会负责。这就是"成人礼"的实质。

(2) 婚姻嫁娶与"合卺礼"

　　婚姻是人生仪礼中最隆重的大事,它标志着一个人告别青少年时代,进入成家立业、培育新生命、延续家族的重要阶段。《仪礼》中的一篇《士昏礼》记述士娶妻成婚的礼节仪式。婚礼共有六项内容,也叫六礼:纳彩、问名、纳吉、纳征、请期、亲迎。江南一带的婚礼在遵循古代"六礼"的同时,经过时间洗礼,渐趋简约。在具体操办时,说媒、相亲、定亲、请期等仪礼和其他地区基本相似,但发奁和亲迎等仪礼却独具江南特色。

　　为什么长久以来人们将婚礼仪式称为"合卺礼"呢?所谓"合卺",就是由少年四人执花烛引领新人入洞房的仪式。由长辈以秤或甘蔗加肩,新郎背立,挑去新娘头覆之方巾,谓之"挑方巾"。有的地方是让新娘坐在床边,由新郎手执秤杆,将盖头挑下,这一仪式表示"称心如意"。用甘蔗,则谓节节高之意。方巾已去,人人可从缨络中得望新娘丰采。妇姑用脂粉为新妇添妆,谓之"上脂粉"。有的婆婆往往手擦姜汁,以压制新妇,谓之"下辣手"。当喜轿临门时,传说轿前有花粉煞,不能直视,孕妇宜避,否则不利。掀盖头后,新郎新娘各用一只葫芦瓢饮酒,葫芦瓢又叫卺,合起来就是一个完整的葫芦。用瓢饮酒表示夫妻在生活上合体相亲,所以这个礼仪叫"合卺"。宋代以后,合卺礼仪逐渐演变成用彩丝相连的双杯,称作"交杯",合卺酒也就发展成交杯酒,不过"合卺"作为礼俗的名词一直延续到现在。

"合卺礼"是婚礼的高潮,但高潮不是婚礼的全部。如江南的婚礼中,女家将置办的奁具雇挑夫送往男家,由伴娘为之铺陈,俗称"铺床"或"发嫁妆"。"铺床"尽管不在婚姻六礼之列,长期以来却是汉族婚俗的重要组成部分。富家嫁妆惊人,橱、桌、箱笼、被褥等一应俱全,日常所需无所不包。

据苏州地方志书记载,嫁妆送到夫婿家,新郎家庭还要由执事者逐一检点,称为"点妆"。妆奁或丰富或简约,可以分为好几等。最简单的妆奁叫"四双头",仅有衣箱四口;再进一步者为"赤脚两裙箱",就是没有榻床,没有圆炉火,仅仅只有两口裙箱而已("裙箱"是一种木制的,箱门朝上开的显得很是呆笨的那种箱子);再丰裕一点的叫"两裙箱",既有圆炉火,又有榻床,而且有"显被",所谓"显被"就是发妆时放在榻床上的绸绫被面,显得豪华和喜气的那种;更进一步的,就是在"裙箱"之外,更有玻璃衣橱;最为豪华与气派,则叫"红木两裙箱",所有箱柜家具全部用红木制作,这是乡绅或者地主等大户人家的派头。

至于乡间一般贫苦百姓家的妆奁,常常是异常简陋的,有时妆奁仅一张桌子再配以四个杌凳而已。乡间还有一种妆奁称之为"折妆者",这种情况通常多见于迎娶续弦者;由于前妻妆奁全备,毋庸重费金钱购置,是则两方费用均能节省。但这种情况也仅仅限于中等家产的人家而已,有钱有势的大户人家不论续弦还是填房,则是非讲排场不可的。又一般女子出嫁,亲戚每每多有馈赠,互相赠送一些妆奁物品,这种情况壮大妆奁的声势,称为"添房"。

"发嫁妆"往往是富贵大户人家摆阔夸富的大游行。有钱有势的大户人家嫁女儿,嫁妆穷极奢侈,无有止境。如宁波民间有"良田千亩,十里红妆"一说,所谓"十里红妆",是旧时嫁女的场面,人们常用来形容嫁妆的丰厚。

花轿是江南迎娶新娘必须的运载工具。俗话说,"大姑娘坐花轿——头一回"。女子出嫁,坐花轿是人生的一件大事。因为在江南等地,寡妇或者纳妾,都是不能坐花轿的。在发轿前,要先进行搜轿。搜轿人一般为儿孙满堂、夫妻齐眉的高寿有福之人。搜轿时,两人中一人执点燃的红烛,一人用一面镜子在轿内四下照射一遍,然后用燃着檀香的烫斗在轿子里熏烫一遍。这个习俗源于古代传说:相传袁天罡与桃花女斗法,袁天罡大败,在桃花女即将成婚时,袁天罡让妖魔鬼怪藏于轿内,捉弄桃花女。从此就有了花轿里可能会藏有鬼怪的说法。而搜轿的目的,就是搜索并驱赶轿子里可能藏着的鬼怪,保证新娘的安全。

在搜轿完毕后,轿夫将花轿抬起,就是发轿。发轿时鼓乐齐鸣,新郎穿吉服送花轿到大门口,作揖三个,为送轿。花轿从男家出发后,一般有意通过街区有吉祥意义的桥梁或街道,以讨个吉利。在去女家的路上,无论女家有多远,花轿在半道都不能停歇,并且花轿与花轿在路上也不能遇见。否则,躲藏在别家花轿中的鬼怪可能会跑到自家花轿中,这样发轿前的搜轿等于白费功夫了。

新娘子到男家后,一般要经历以下几道程序:传袋、拜祖、交拜、合卺、撒帐和闹洞房。

传袋,是指新娘下轿到了男家门,男家用装粮食用的米袋铺在地上,让新娘踏着米袋走进家门。米袋只需要准备三两只即可,但是要一个一个地传送到前面,让新娘一直踩着米袋走进男家堂屋。因为"袋"和"代"同音,谐音"代代相传",所以,走米袋表示新娘过门之后就可以为男家传宗接代了。

拜堂,新娘由喜娘牵着进入堂屋,喜娘拿出一条彩缎,新娘新郎各执一头。新郎将新娘引到神柜前,在司仪的引导下进行跪拜行礼,拜祭祖宗。之后,夫妻对拜,叫拜堂,后来演变成"三拜":一拜天地,二拜高堂,夫妻对拜。拜堂时礼堂正中高悬和合之像(即寒山、拾得),旁边悬挂贺联贺幛,龙凤花烛高烧。新娘到达后,由掌礼(司仪人由鼓手充之)三请新人出轿,头覆红帕,名曰方巾。男左女右,跪拜天地和合,礼毕以红绿牵巾(狭长之带,半红半绿),使新人各执一端,对面而行。接着就是前述的"合卺礼"了。在喝完交杯酒之后进行的仪式。由一名儿女健康、老人高寿、夫妻齐眉的全福太太,称为"福娘"的托着喜盘来到床边。盘里装有枣子、花生、莲子等各种喜物。福娘一边唱着撒帐歌,一边将盘中喜物撒到床上。枣子花生意味着一对新人早生贵子。

所谓"待新人",即一对新人复出,阖家祭祀祖先。既而喜筵又开,新人上坐,亲戚女子陪之,仆人放筛(仆役一人,一手持盘,退后十余步,疾趋而前,至桌畔,屈一腿,约凡数十次,谓之"放筛"),称为"待新人"。"待新人"已毕,依序叙礼。无论长幼,皆必跪拜。先翁姑,而及知友。这时,做长辈的见了新人要有赏赐,曰"见面钱"。一对新人对于比自己年幼的,则也要有所表示。至于丰啬程度,则大抵视与其关系亲疏而定。见礼之后,复至女方宅中,这就是俗称的"回门",场面十分热烈,大锣开道,称之为"响回门"。既至女方娘家宅子,则开筵南坐,劝酒加餐,新郎多却谢,否则不醉无归。从女方宅中再回男方家中,叫做"接回门",于是新郎家发轿迎归,新人偕入洞房,闹新房之趣事于是开幕。

闹洞房是婚礼最后一个节目。江南地区有一句民谚:"新婚三日无大小",所以在闹房时,宾客、亲友、邻居、乡亲,不分男女老幼辈分大小,均可以对新郎新娘任意取闹。闹房时,有时以粗俗言语使新娘难堪,有时甚至对新娘动手动脚。"成年者之闹房,其目的则在侮弄新娘及伴房之女,淫词戏语,信口而出,或评新娘头足,或以新娘脂粉涂饰他人之面,任意调笑,兴尽而止。"[1]闹新房,发展到当代,有的纯粹变成娱乐节目,过于闹腾,有弊而无利。

新婚大礼的翌日早晨,一对新人于尊长前行"见面礼";俗例,婆婆必定以圆子给新人食用,这样可使新娘驯服,故见面礼时新娘一般多不食之。新婚第三天,也叫"三朝",苏州谚云:"三朝无大小",于三日内无论长幼平辈入房,新妇必站起,注茶进果。新婚第七天,也称"七朝",新妇人下厨,煎煮大肉圆,以飨家人及冰人(媒人)至戚。许多地方还有"庙见"的俗例,就是开家祠,行祭祀。新人谒见祖先,谓之庙见。到新婚满月,西方文化称之为度完"蜜月",江南地区谓之"满月盘",新妇归宁,就是回娘家;两宅互送礼品八色,自是以后男女双方家庭逢节皆互有馈送。有的地方,也有新婚夫妇在月内拜祭祖宗坟茔,多数妇女同往,均穿着红裙,叫做"上花坟"。

---

[1] 清·徐珂《清稗类钞·婚姻类》。

5. 敬老崇文与祝寿

(1) 敬老崇文与尊老风尚

我国自原始社会到封建社会,人际的政治伦理关系均以氏族、家庭的血缘关系为纽带,宗法家族社会的渊源,就是在家庭遵从祖上,在社会尊敬长辈,并因此形成传统。从公元前11世纪的西周时代开始,统治者就主张敬天、孝祖、敬德、保民,重视尊老敬贤的教化,要求每个社会成员在社会上尊老敬老,选贤举能,忠于君王,报效朝廷。周代规定"大夫七十而致仕",所谓"致仕",就是说政府官员七十岁就要把执掌的政事交还国君而告老还乡。《礼记》规定:"周人养国老于东胶,养庶老于虞庠。"又说:"凡养老,有虞氏以燕礼,夏后氏以飨礼,殷人以食礼,周人修而兼用之。五十养于乡,六十养于国,七十养于学,达于诸侯。"此所谓"国老",就是卿大夫一级年老致仕的封建贵族;所谓"庶老",就是庶民百姓中德高望重的长者。周代就开始于每年秋分日祭拜"老人星"即寿星。周代的学校就是官学,把"国老"、"庶老"们安排在官学养老,让他们兼任学校的老师,传播知识,推广教化,可见那个时候,不但注意到了养

第四章　家庭人伦与家风信仰

老,而且已注意到了发挥老年人的智力资源。

　　周代的统治者不仅倡导尊老敬贤的道德风尚,还要亲自践行尊老敬老的各项礼仪与规范,提倡"七教":"敬老、尊齿、乐施、亲贤、好德、恶贪、廉让"这七种道德规范,并定期举行敬老养老的风俗礼仪活动。周代的养老礼仪包括国家与地方两个层次。在国家,天子一般都要定期视察学校,亲行养老之礼,在太学设宴款待三老、五更及群老,以示对于老人的恩宠礼遇。在地方,则每年都要定期举行乡饮酒礼。乡是周天子及诸侯都城四郊的基层组织单位,以一万二千五百家为一乡,相传天子有六乡,诸侯有三乡。举行乡饮酒礼时,花甲老人都享有特殊的礼遇,他们不仅受到晚辈的伺候,还依年龄而别,年龄越大,享用的美味佳肴也越丰富。举行乡饮酒礼的目的在于正齿位,序人伦,尊老敬贤,敦睦乡里。周代朝廷对老年人及其家庭也实行优惠政策。《礼记》规定,老人五十岁以后,不再服劳役;六十岁以后免服兵役。朝廷还根据户口册核查老年人的家庭及其财产情况,规定"八十者,一子不从政;九十者,其家不从政;废疾非人不养者,一人不从政;父母之丧,三年不从政。"这是说,八十岁老人的家庭可有一子免服兵役和徭役,九十岁老人全家可以免服兵役和徭役,以便让其家人安心在家服侍老人,恪尽赡养老人的义务,让老人颐养天年。

　　孟子说:"养老尊贤,俊杰在位,则有庆。"[1]"庆"就是赏赐。古代这种传统礼仪,对于形成温情脉脉的人际关系和有序和谐的伦理关系,起着重要作用。古代的敬老,并不是只停留在思想观念和一般的泛泛之论,也并不仅止于普通百姓的生活之中。从君主、士

---

[1]《孟子·告子下》。

族到整个官绅阶层,都在身体力行,并且形成一套敬老的规矩和养老的礼制。《礼记》记载:"古之道,五十不为甸徒,颁禽隆诸长者。"就是说,五十岁以上的老人不必亲往打猎,但在分配猎物时要得到优厚的一份。一些古籍,还记载了那时小辈对于同长者说话时的音量,也有明确的要求。"侍于亲长,声容易肃,勿因琐事,大声呼叱。"[1]《弟子规》又说:"低不闻,却非宜。"总之,上至君王贵族,下达庶人百姓,都要遵循一定的规矩,用各种方式表达对老者、长者的孝敬之意,以此作为衡量一个人是否有修养的重要标志。

春秋战国时期,老人的智慧在国家政治、军事斗争中大放异彩。汉代由国家出面,给年满70岁的老人赠"鸠杖"以祝其长寿。自秦代后,历代朝廷也都注意尊老敬老的礼仪习俗,官修正史上都立有《孝义传》,就是表彰孝子,让他们青史留名。在"罢黜百家,独尊儒术"之前,汉王朝就提倡"以孝治天下",选拔官员也把"孝"作为一个基本标准。到唐代,举凡参加医学、算学、律学考试的人不用读五经,但《论语》《孝经》却不能不读,类似现代大学的"公共课"。唐玄宗曾亲自为《孝经》作注,《孝经注》也是"十三经"中唯一一部由皇帝注释的儒家经典。

到了宋代,我国的儒学伦理得到了较大的发展,但其宣扬的敬老传统有的偏离了儒家的基本原则,在历史上起到了较大的误导作用。清代的康熙、乾隆也极力提倡尊老敬老,他们定期举行"千叟宴",颁诏"旌表百岁",昭示其尊老敬贤的教化,推行其以少胜多的统治政策。我国历代的法令都有类似的规定,凡需赡养老人者,官府可以减免其徭役和赋税,有罪者可以减轻其刑罚;同时都把

---

[1]《养蒙便读·言语》。

"不孝"定为十恶大罪之一,不肯抚养甚至辱骂殴打父母或祖父母者,都要被官府严厉处治,甚至处以绞刑和腰斩。由于受儒家伦理观念和统治阶级的影响,古代民间关于孝敬老人的文化和习俗,则有更为丰富的文字记载,尊老敬老的礼俗作为一个基本的社会规范,完全纳入了社会道德伦理的范畴,家喻户晓,具有深入人心的广泛影响力。

在具体的风俗上,主要是在老人寿诞半百、花甲、古稀和百岁大寿,由子孙设宴庆贺,祝福老人健康长寿。《孟子》也说:"生,事之以礼;死,葬之以礼,祭之以礼,可谓孝矣。"意思说,一个人对待父母从居住、患病到情绪变化,以及死后致哀、祭奠,任何细节都要做到让父母满意,这是为人子的本分。如此说来,为老人祝寿一定要礼仪周全,尽量让父母满意,才不枉为子女。

(2) 祝寿、拜寿与寿诞礼

古代中国人有所谓"五福"(即福、禄、寿、喜、财)的人生理想。"五福"之说始见于《尚书》:"五福,一曰寿,二曰福,三曰康宁,四曰攸好德,五曰考终命。"所谓"攸好德"意指"所好者德","考终命"指善终。"寿"升为五福之首,其他几福也多与寿相关,如"康宁",即健康安宁;"考终命",即"皆生佼好以至老也"。对于人的一生而言,寿是极为重要的。

"事国一心勤以瘁,还家五福寿而康。"[1]春联中也常见"五

---

[1] 宋·欧阳修《纪德陈情上致政太傅杜相公》。

福"一词,如"人臻五福,花满三春""三阳临吉地,五福萃华门"。人们非常热切地关注着此岸世界和现世人生,追求长寿,创造了许多与长寿有关的神话与传说,如西王母与蟠桃盛会、八仙庆寿、八仙渡海、麻姑献寿等等,并且将刻有彭祖和寿星的年画和窗花贴在门窗上,还有寿面、寿桃、寿联等祝寿礼品,都体现了古人对于长寿的追求、向往和寄托。

在此基础上,就出现了为老人祝寿的寿诞礼、祝寿礼。春秋战国时期的贵族与统治集团,就已经出现了"献酒上寿"的祝寿活动,尽管这种祝寿礼还属于萌芽状态。《诗经》记载:"九月肃霜,十月涤场。朋酒斯飨,曰杀羔羊。跻彼公堂,称彼兕觥,万寿无疆。"[1]"如月之恒,如日之升。如南山之寿,不骞不崩。如松柏之茂,无不尔或承。"[2]这些诗句,说的是在春秋战国时期,在一些欢乐、喜庆的场合中,出现了地位较低的人举起酒杯为地位较高的老人庆贺祝福,祈祝他们寿运永继,长生不老等一些祝寿仪式。但这种"献酒上寿"不是在诞生的纪念日里举行,而是一种特定涵义的祝酒,或者说是为了娱乐,也许还夹带有某些个人的政治目的。

真正意义上的祝寿礼俗从南北朝开始,当时主要是给小孩子做生日,至于成人,若父母在世也可以做寿。唐代"圣寿节"的出现是祝寿礼俗的高峰,唐明皇这位风流天子将自己的生日作为"圣寿节",开了全国为皇帝庆寿的先例,从他以后,历代皇帝都有自己的"圣寿节"。到了明清时期,不管是做寿的范围,还是规模,都有了空前的扩大,以前只局限在王公贵族、富人才能做寿,到了清代,贫

---

[1]《诗经·豳风·七月》。
[2]《诗经·小雅·天保》。

民也能做寿。

为老人祝寿,称之为"寿诞礼",坊间俗称"做寿"。做寿和做生日,既相同,又不同。相同的都是庆贺生日,所不同的是做生日一般包含上行的爱,大抵是长辈出于对小辈的怜爱,也有同辈之间的欢愉庆生;庆贺寿诞礼则是下行的爱,庆寿诞是小辈对长辈应尽的孝道。中国古代对人的各个年龄时段有不同的称法,六十岁为"花甲寿"、七十岁为"古稀寿"、七十七岁称为"喜寿"、八十岁为"伞寿"、八十八岁称为"米寿"、九十岁叫"卒寿"、九十九岁为"白寿"、一百零八岁则称为"茶寿"。古时候的寿分上中下寿:一百岁为上寿,八十岁为中寿,六十岁为下寿。男女寿诞也有不同的称呼,比如男称椿寿,女称萱寿。这些寿诞尽管名称不同,来历也各有说道,但都需要儿女与晚辈用"做寿"这一方式来体现晚辈对长辈的爱戴和孝心。

民间有"生日年年有,寿诞六十首"的俗谚,意思是说人只有到了"耳顺之年"即六十岁时才有资格做寿。寿诞礼就是"过生日",此外还有"做寿""祝寿""贺寿"等名称。在小的时候庆贺诞生的仪式不叫寿礼,而称为"过生日",二十岁、三十岁、四十岁、五十岁一般都不举行庆贺之礼,人们认为小孩子、年轻人做寿是不妥的,要折寿的。而只有到了一定年龄,才能称为"做寿"。寿礼一般在六十岁以上才开始举行,但如果父母在世,即使年过半百也不能"做寿",因为"尊亲在不敢言老"。在源远流长的寿诞文化中,还有一些不成文的规矩,那就是"做九不做十""男做九、女做十""逢五小寿小庆,逢十大寿大庆"。如六十大寿,要提前一年在五十九岁的生日来庆贺,老百姓俗称"做九"。而"十"与"贼"、"九"与"鸠"谐音,鸠是凶悍之鸟,也就是说男不能做贼,女不能为鸠。故民间老古话有

"短十八,亡十九,三十岁来做阴寿"和"不到花甲不庆寿"的说法。从这个侧面也可以窥见民间对于寿诞礼的一些老规矩。

一般人家对寿诞礼都比较重视,大户人家更是有着比较隆重的庆典礼制。寿礼仪式的仪规一般有寄帖发函、准备贺寿礼礼物、布置寿堂、献祝寿辞、行礼及回礼、开宴贺寿等程序。在寿诞礼的前一月,就要开始筹备,由其长子或主事的晚辈征求寿星的意见后,向亲戚、朋友、同僚、门生、佃户等发出请帖,这个程序叫"发帖"。请帖的一般书写方法如下,右上角写:"谨詹于某月某日为家严(或慈母)古稀寿诞,略备薄酒一盏,敬请赐教,恭候。"另起一行,再写"恭请光临"。左下方写:"某某顿首",再下一行写发帖日期。按照寿诞礼的习俗,庆寿诞的时间可以提前到生日前,但不能延迟到生日后,即便是当年之内,过了生日那天就不必再去祝寿与做寿了。

寿诞礼到了正日子,要举行祝寿仪式,设立寿堂,一般在府第正屋客厅,正中摆放一把太师椅,桌正中的小屏风上挂好敕令,寿堂的墙壁上一般挂上一幅红纸金字寿屏。内容大抵是寿星的功名、德行、业绩等。台门和大门要悬挂彩球、彩带。寿堂上须张灯结彩,点满写上"寿"字的寿烛,大红色寿烛表面配有龙凤图案。一般八仙桌上要供寿面、寿桃、寿糕、寿酒、寿笋,象征"五福",桌的两旁摆万年青、常青藤或松柏之类的植物。从"暖寿"开始,家中寿堂中所有的灯彩和寿烛都必须点燃。

大户人家或书香门第的寿庆,除了准备前面的礼物外,还要赠送寿轴、寿联等书画作品以示庆贺。寿轴多是"松鹤图""福禄寿三星图"或"百寿""百福""百禄""百禧"之类的吉祥图。寿联多是"寿比南山,福如东海"之类的祝颂语。

过去大户人家为老人举行"寿诞礼",一般要连续举行三天。

寿星的寿诞日称为"正寿"。正寿的前一天,俗称"暖寿"。按俗,"暖寿"由出嫁的女儿承办,正寿由儿子承办。正寿这天,寿星身穿寿服,贺寿者也要穿着吉服。黎明时分就要"请寿星菩萨",正午时分再"请祖宗羹饭"。请寿星菩萨时,桌上供奉肉、鸡、鱼"三牲"福礼或肉、鸡、鱼、羊肉和甲鱼"五牲"福礼,点上寿烛香火、焚烧元宝,虔诚拜祝寿星菩萨。请祖宗羹饭时,除了前面的"三牲"或"五牲"福礼外,还要增添清茶和清酒。祭寿星菩萨和祭祖宗时都要燃放爆竹、鞭炮。

到正寿这天,至亲、故交、门徒、下属、近邻甚至上司都来祝寿。大门外有专人司锣,寿堂旁有乐队伴奏。凡有祝寿者到达门口,司锣敲锣两下后高呼:"贵客到"或"客人到"。乐队闻声奏乐。寿星随即在高椅上整衣正坐,长子站伺一侧。祝寿者上堂作揖,口称"祝寿"。前来祝寿者如果是平辈的至亲、故交,寿星要起立相迎;如果是晚辈或下属,就由长子代为回礼。

如果是佃户或农户借祝寿之际送礼或前来请求租田种地的,一般不进寿堂。收下寿礼后,由行童直接带到厨房,让其吃饭后离开。如果是上司或显赫的亲朋,寿星下堂迎接,拱手作揖,并邀入客堂聚谈。当至亲宾朋基本到齐后,拜寿仪式正式举行。仪式多请专业司仪主持。拜寿仪式开始后,乐队奏乐,寿星上坐,亲朋好友一一入座,然后司仪介绍寿星简历、功绩、子嗣情况。家中晚辈按辈分顺序和亲疏远近,依次向寿星行"三跪九拜"礼,拜祝时要口念"福如东海,寿比南山""福禄双全""长命百岁""健康长寿"等吉祥语,并送上寿礼。寿星受拜时,要赠送"寿礼包",俗称"子孙钱"。拜寿仪式完毕,主宾同吃寿桃和寿面,吃面寓意长寿绵绵,吃桃意谓长生不老。

拜寿仪式结束后,大户人家要请专雇的戏班上演寿戏。寿戏的剧目大多为喜庆、欢快、圆满的传统剧目,尤其戏的结尾必以大团圆谢幕,以图吉利。看寿戏时,寿星坐在中间主桌、上司及地位显赫者围坐两侧,儿孙等家庭成员坐在第一排,然后按辈分依次坐定。戏班在演正戏前,一定要先演"八仙庆寿"的开场戏,唱词如"寿桌团团转,鲜花朵朵开,鱼鼓一声响,引出众仙来,今日乃是寿星×××的寿诞之日,你我驾起祥云,往瑶池一走,寿山连福海,福寿万万年!"然后"八仙"祝寿,以示庆贺。做寿戏一般为连续三天。

最后是举办寿宴,古代寿宴,也称"桃觞",桃即寿桃,觞为酒器,"桃觞"之谓就是寿诞举觞祝贺之意。前来祝寿的客人都要吃寿宴,寿宴要连办三天,以正寿的晚餐最为丰盛。前来祝寿及送寿礼者依次入席,按辈分大小和身份高低或事先划分好的位置坐定,共同举杯祝贺寿星,祝福语大多是吉祥用语,如"祝某某某福体安康、长命百岁"等吉利语。寿宴时要先吃寿桃、寿面,再吃寿菜、寿酒,"酒"与"九"谐音,故民间有"吃了寿诞酒,活到九十九"的谚语。菜肴除了传统的十碗头外,大户人家有的还用全鸡、全鸭、全鱼、全鳖甚至用银耳、海参等下八珍,干贝、鲍鱼等中八珍,以及熊掌、燕窝等上八珍。

寿宴结束,本家要拿"长寿食品",如寿桃、寿面、长生果等,当作回礼,分送给家人、亲戚和朋友,以分享长寿。同时,出嫁的女儿要挨家挨户地向邻居分送"长寿果"以示同喜同贺。

因为庆贺寿诞礼,所以还诞生了一种在寿诞礼上使用的专门文体,即寿诞礼辞,包括祝寿柬帖、祝寿锦幛、祝寿诗词、祝寿楹联等。作为民俗信仰的重要内容之一,尊老敬老的礼俗,随着中国社会文明的发展而不断地丰富并赋予新的内涵,完全可以做得简朴而隆重,使寿诞礼变得更时代气息。

(3)"子孝父母安"与"六十六块肉"

过生日最普遍的食俗是吃长寿面。这种习俗最早出现在唐代。"唐人生日多具汤饼。"[1]汤饼就是面条。另一位宋代学者马永卿说:"必食汤饼者,则世所谓长命面者也。"[2]据说唐玄宗移情别宠,想把发妻王皇后废了,另立新欢,王皇后惴惴不安。有一天,她哭泣着对玄宗说:"陛下独不念阿忠脱紫半臂易斗面,为生日汤饼邪?"[3]玄宗未得势时,曾与王皇后一起度过一段艰辛的日子,艰辛到什么程度呢?无钱过生日。王皇后回忆的是,有一年玄宗生日,王皇后的父亲阿忠脱下身上穿的紫色短袖上衣,换了一斗面为玄宗做生日面条。这一事例告诉我们,过生日时吃长寿面的习俗唐代已经流行。

过生日或者寿诞礼上为什么要吃面条呢?《清稗类钞·风俗》中谈到孩子"弥月"(满月)习俗时说:"或馈人以生面及炒熟之面,面条长,取其绵绵不断、长寿之意也。"生日吃面条其实也是用长长的面条象征寿命的绵长,除此之外,并无深意。由于生日主人要吃长寿面,所以亲友们也把长寿面作为生日馈赠的常选礼品。寿面制作十分讲究,安放于供台上,祝福寿星"年岁绵长";长寿面堆在案上,给人以高耸的感觉,上面放上红纸剪成的"寿"字,然后外面

---

[1] 宋·朱翌《猗觉寮杂记》。
[2] 宋·马永卿《懒真子》。
[3]《新唐书·后妃传上·王皇后传》。

再罩以红绿缕纸拉花,隐喻做寿者福星高照,寿运绵长。

如今一般人过生日时,长寿面还在吃,上海人至今过生日还有吃大排面和荷包蛋的习俗,但更多的人则是保留吃生日面的习俗。由于近代社会受到欧风美雨的影响,人们生日时,在蛋糕上插上代表岁数的几支蜡烛,唱一曲《祝你生日快乐》,许个愿,然后吹灭蜡烛,来平添过生日时的愉快感觉。

为老人做寿,各地都有不同的礼俗习惯,许多地方的人习惯把六十作为祝寿的起点,有"不到花甲不庆寿"的说法。人们把六十岁后的每十年称为"大寿",六十岁以后的每五年称作"小寿"。不管大寿小寿,都要庆贺一下,特别是家里老人到了六十六、七十三、八十四的年龄,闺女给父母的寿礼就有点特殊了。

六十六,这个年龄,占了两个"六"字,按中国的风俗习惯,象征着六六大顺,这是延续下来的一种习俗,有几种说法,如"人活六十六,要吃闺女一刀肉""六十六,吃了女儿一刀肉,健康又长寿""六十六大寿,得吃姑娘的一刀肉""年纪六十六,阎王要吃肉"等等,这是怎么一回事呢?

"六十六,娘吃闺女一块肉",这个习俗几乎在江南各地都有流行。父母活到六十六岁过生日那天,出嫁的闺女要回娘家给父母拜寿,寿礼必须是一块猪肉。这块肉,象征着女儿是父母身上的一块肉。女儿长大了,趁父母六六大顺之时,买肉来报答父母的养育之恩。虽然是买的肉,也意味着是割自己身上的肉。为此,对卖肉者不能计较肉的多少,更不能讨价还价,必须是一刀割下来,有多少是多少,全部送给父母,以表示女儿对老人的孝心。

送肉的日子一般也在父母生日那天,一般做法是:将这块肉分成六十六小块,在女儿家烧熟后,由女儿送回到父母那里。送肉时

第四章 家庭人伦与家风信仰

有的还连同带着一双筷子一同送去。盛肉的大碗或钵头上除了盖上碗碟之外,还有再覆以红布以图吉利。送肉一般女儿与女婿同行。他们一路上喜气洋洋,常常会逢人说:"给我们老爹(娘)送六十六块肉去!"娘家人见出嫁女来送肉,也总会欣喜不已。倘老人没有亲生女儿,则此角色常由继女或侄女承担。如寿者吃素,则用数量相同的豆腐干等食物代替。当然,人到了六十六岁,要吃下六十六块肉也是很困难的,其实,这是将一块猪肉切成六十六小块,状如豆瓣,又叫"豆瓣肉",红烧后,盖在一碗大米饭上,让老人品尝吃下,以示祝寿,家中老人接此甚悦。在有的地方,老人吃这块肉时,要倒坐在门槛上吃,口彩说"倒坐吃了肉,再活六十六",意为祈望父母多福多寿,长命百岁。

还有一种说法,说六十六岁是人生的一道"坎儿",旧时科学不发达,医疗条件差,人的平均寿命也短,所以有"人过五十五,阎王爷数一数""六十六,不死掉块肉""七十三、八十四,阎王不叫自己去"的谣谚,这些岁数都被称作"坎儿年"。所以六十六岁老人在这一年里特别加倍小心,这时系上女儿送的红腰带,吃上女儿做的"六十六块肉",就会消灾避难。要说,这个信仰习俗本身并没有什么科学根据,依我看,老人要健康,不仅需要生活上的照料,更需要精神上的交流。"六十六块肉"的风俗固然可圈可点,但更需要小辈多与老人交流,加强与长辈情感的联系,这才是最重要的尊老敬老情感表达方式。

第五章

祭祖拜宗与名贤崇拜

1. 清明节与祭祖文化内涵

(1)"追思先人,勿忘生者"

如今,江南每到清明时节,媒体上出现比较多的词汇是"绿色殡葬""科技殡葬""阳光殡葬""人文殡葬"等词汇,此外,政府加大投资、奖励、补贴力度,大力推广树葬、花葬、草坪葬等节地葬法。这些都反映了社会对于建设绿色殡葬、促进生态文明发展的客观需要,也是增强国家可持续发展力的必然要求。其实,绿色殡葬体现了当代人对于处理身后事的新兴殡葬文化的特质,但实现这一目标也不可能一蹴而就,需要社会建立一个包含观念文化、技术范式、发展模式、社会制度等多个层面的体系来支撑,实现殡葬过程中人与自然的和谐。

传承千年的清明节,不仅仅是体现人们安排身后事的考量,更为重要的是展现中国人祭祖拜宗、慎终追远的情怀,有着深刻的文化内涵。

清明节是一个与传统农时节律"廿四节气"相吻合的节日,节日与节气的重叠在节俗史上并不多见;在近世中国社会生活中,清明节融合了历史上的寒食节、上巳节等风俗内容，又是一个与农事节令紧密结合的节日。清明节的特殊内涵在于，它既是一个追忆和祭奠先人的肃穆日子，也是人们踏青游玩、享受春天无穷乐趣的节日，其规模之宏大，仅次于春节。逝者与生者，哀伤与欢乐，人世间的悖论在清明节得到了充分的协调和安排。

概括清明节所蕴涵的文化意义，莫过于"追思先人，勿忘生者"这八个字，切莫小看了这简单的八个字，所有的清明民俗活动的具体内容，都浓缩其间。各种祭奠扫墓、追思先贤、敬重祖先都属于前者；而伴随清明节日的所有大众性娱乐活动，包括斗鸡、拔河、荡秋千、放风筝和蹴鞠等，则属于后者。两者的结合，所形成的林林总总的节俗形式，大抵反映了我们民族的民俗文化传统，这些节俗形式，其缘起并不是来自官方的律令条文，而是芸芸众生自发形成的习俗事项。这种习俗远比礼法所规范的传统要坚韧得多，也强大得多。

"祭祖拜宗，慎终追远"，反映了中国人豁达的生死观。孔子的"子不曰怪力乱神"，庄子的"齐生死"，对生存和死亡都抱有一种顺应自然的态度。这种态度在佛教还没有传入中国以前，就已经存在。即使面对死亡，也认为是走向另一个世界，对待死亡依然是一种淡定的态度。从这个意义上可以说，我们中华民族是一个生命韧性特别顽强的民族。由此而派生出对于生命的两种状态：一是对生命抱有一种顺应自然的态度——"知足常乐"的生存观；二是"砍头不过风吹帽"、"廿年后又是一条好汉"——"视死如归"的死亡观。

从这种豁达的生死观出发，在我们民族的传统观念中形成浓烈的"生死排场"，一个人可以为他的生日耗费数十万钱财来庆祝，

清明本为农耕节气,后演变为扫墓祭祖。

竭尽豪华之气派;与此同时,崇尚"厚敛重葬""入土为安"的中国人,对逝去先人的安排又是特别重视的,一个老人平日里可能孤独凄凉,死后却可能备受哀荣,生前不能享受很好的物质生活和人们的尊敬,但是在死亡的时候,却是轰轰烈烈,大讲排场。丧葬习俗的背后永远都蕴涵着人们的文化判断。

江南地区普遍都很重视祭祀先祖,清明节、除夕节、重阳节、中元节(七月十五),堪称中国传统节日里祭祖的四大节日。祭祖的同时,有的地方也祭祀天地神灵。供品主要有三牲饭菜、三茶五酒等。由家长主祭,烧三炷香,叩拜后,祈求丰收,最后烧纸,这个习俗,有的地方也叫"送钱粮"。祭祖民俗相沿数千年,是具有深刻意义的一个古老习俗。

(2) 家祭与祭祖拜宗

"家祭"是家庭祭祀活动最主要的一种仪礼形式。可以是在祖先的牌位前,也可以是在祖茔前,摆上三牲等祭品,焚香跪拜行礼,祈佑幸福平安。《新唐书·艺文志二》有孟诜《家祭礼》一卷,规定了在家中或家庙内对祖先的祭祀规制,也是祭祀祖先或家族守候神的礼仪。今已不传。宋代陆游《示儿》诗曰:"王师北定中原日,家祭无忘告乃翁。"清代赵翼诗云:"乡风未敢分僚友,家祭先应荐祖宗。"[1]

---

[1] 清·赵翼《瓯北诗话·查初白诗》。

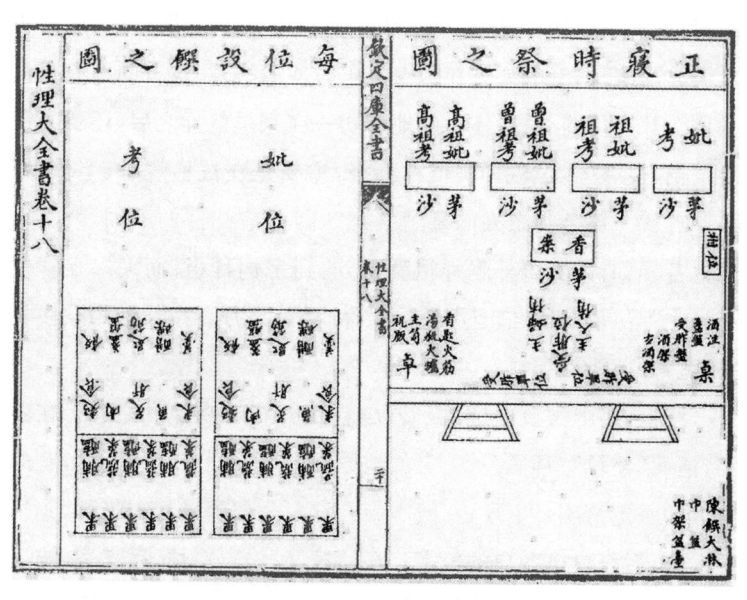

清四库全书所载"家祭陈馔图"。

现在家庙已经没有了,人们通常在逝者的遗像前,清明节直接到墓地做祭祀或扫墓,这实际上是对古老家祭风俗的继承或传承。

按照民间传统的观念,自己的祖先和天、地、神一样是必须认真顶礼膜拜的。在一般江南民众看来,列祖列宗的"在天之灵",时时刻刻在关心和注视着后代的子孙们,尘世的人要通过祭祀来祈求和报答他们的庇护和保佑。所以,每逢大的节日,如过年时必须祭祖,缅怀自己的祖先,激励后人。所以春节时的祭祖,一般在年夜饭之前祭拜;有的地方在除夕夜子时前后祭拜;也有的地方在初一早上开家门前祭拜;还有的地方初一在家里祭拜之后,还要去祠堂祭祖,也有上坟祭祖的,俗称墓祭,主要是在坟地烧香、上供、叩拜。近代一般是到亲人的墓地祭拜。因各地礼俗的不同,祭祖形式也各异,有的到野外瞻拜祖墓,有的到宗祠拜祖,而大多在家中将祖先牌位依次摆在正厅,陈列供品,然后祭拜者按长幼的顺序上香、跪拜、磕头。

祭祖,多半做鱼肉碗菜,盛以高碗,颇有钟鸣鼎食之意。在浙江,清明"祭坟""拜太公"。有的地方必须在清明前几天上坟,有的地方却一定清明日上坟,一般本族人拜太公都提早几天祭拜,先祭拜太公,后祭自己各户的祖宗。祭品摆好,先点蜡烛,后点香,按人多少发香,由辈分高的主祭祷词,然后大家一起跪拜。祭毕,小孩子可以分享清明馃吃。最后收拾祭品离开,所有的坟都要到过,全用同样的程序祭祀。

清明节就是这种习俗和价值判断的一种载体和平台。由于自古以来,"入土为安"习俗的顽强传承,土葬就会有坟墓,坟堆历经一年四季的风霜雨雪,难免会堆土蒙尘,难免会草木凋零,就像故去的亲人,越走越远。因此,在来年春暖花开、万物萌发、清新明洁之时,就有"扫墓"之举。扫墓其实也是一种象征,它象征着中国人重视亲情、慎终追远、孝敬老人、敬重祖先。所以,千万不能将清明节祭祖看窄了,好像清明节就是扫墓、烧纸钱,其实这个节日的意义在于对已逝的亲人、祖先、先贤、英烈送上自己的思念和敬意。

(3)"祭先烈""敬先贤""忆先人"

中国文明几千年香火不绝,一脉绵延,当然与"不忘本""不忘根"的民族特质有关。扫墓、祭奠昭示着血脉的继承,使祖先与后代之间有了联系。"祭祖拜宗,慎终追远",是一种神圣的生命交流仪式,年年轮回,代代传承,构成了人们顽强生存和追求幸福的重要动力。清明节不可忽视的价值在于传承中华文明"礼仪"的祭祀文化,抒发人们尊祖敬宗、继志述事的道德情怀。这确实是中华民族的一种优良传统。2008年,当国家将清明节设立为法定假日时,我们就提出了清明节应该成为"祭先烈"、"敬先贤"、"忆先人"的重要平台。这是因为:

"祭先烈",就是我们生者对为国家建功立业的民族英雄、革命志士的怀念与景仰,他们没有完成的事业,我们这些仍旧活着的人,要继续踏着他们的足迹,努力去完成,要缅怀、学习那些用生命和鲜血换来今日和平的先烈们,通过"祭先烈"落实爱国主义教育的基本主旨。近年来的清明节,国内数以千计的媒体、中文网站共同发起"网上祭英烈,共铸中华魂"的网上公祭活动,活动主题为"知荣、明耻、奋进",就表达着广大网友和社会公众对为国捐躯的民族英烈的深情缅怀和无限思念。

"敬先贤",先贤,称谓前面加"先",表示已故,用于敬称地位高的人或年长的人,他们虽然不是政治人物,但他们是曾经以自己的贤能、品德为社会作出杰出贡献的科学家、文化名人等,他们有大功于社会。如翻译《几何原本》引进西方先进科学技术的徐光启、复旦大学的创始人教育家马相伯等。"先贤"也指已故的有才德的人,首先是知识分子中的杰出代表,他们一般是由科、教、文、卫、工、商及前朝官员、地方绅士中具有社会声望的人士构成。这个群体的产生,与相对发达的民间社会相关,他们一般都有独立的经济基础,广泛的社会关系和为舆论认可的社会声望。他们通常不直接介入政治活动,只是一个中间性质的力量,在文化、道德和社会舆论方面起作用。"先贤",也是社会的良心和脊梁,怀念先贤,祭祀他们,有助于和谐社会的构建和荣辱观教育的深入。

"忆先人",缅怀先人,祭祀祖先,是因为他们是自己的来源,一代又一代先人的艰难打拼,他们的辛勤开拓与奋斗,才成就了我们今天继续前行的起点,缅怀与祭祀先人,既是对生命的尊重,更是对浩瀚历史的敬畏。"祭之以礼"的寻根追远的祭祖谒祖活动,是因为天下之人皆有本源,每个公民各有祖先。公祭"人文初祖"或回家"扫墓上坟"谒祖,这种祭祀礼仪正好满足了海内外华夏赤子的心愿。

在中国民俗信仰的历史传承中,清明节还代表着最基本的社会公平与正义力量的展现。即便在古代社会,历朝历代的官府都会在这一天组织祭扫孤死、无主的坟墓,作为对社会弱势群体的抚慰,为现代社会价值取向注入一种普适性的人文价值。

传统的清明节主要依凭着民间乡土社会世代相传。而当代传媒技术日新月异,现代媒介开始大规模地侵蚀传统节日文化,改变着传统节日背景下的人与人的关系。在现代传播媒介日益兴盛和市场消费占主导地位的环境下,最要紧的是加强对传统清明节赖以生存的文化生态环境的重视与保护。继承中华民族的这种优良传统,将清明节节俗中"祭祖拜宗,慎终追远"的文化情怀、精神内涵、民族特性发扬光大,从自然生态与人的关系、人与文化的关系方面,去关注那些与自然、与人类和谐相处的文化生态,保护与清明节相关的游艺、祭祀、饮食等习俗相互依存着的民间艺术。

古人祭祖,一般只限于王公贵族,其场所也以宗庙为主。据唐《开元礼》引《礼记》记载:"宗子去在他国,庶子无庙,孔子许望墓为坛,以时祭祀。"所以在春秋以前,可能没有到坟墓祭祀的习俗,到孔子以后,才有扫墓的习俗。清代学者赵翼说:"古无墓祭,先儒备言之。……韩昌黎《丰陵行》亦云:'臣闻神道尚清净,三代旧制存诸书。墓藏庙祭不可乱,欲言非职知何如。'又,程子谓'生不野合,死不墓祭',唐顺之亦云'墓祭非古也'。……《史记》:'孔子没鲁,世世相传,以岁时奉祠孔子冢',是春秋、战国时已开其端。"[1]看来,扫墓习俗在秦汉时始成习俗,到唐中叶起,清明节扫墓定为岁时节令之一。倘无这种社会现实,诗人杜牧是决计写不出"清明时节雨纷纷,路上行人欲断魂。借问酒家何处有,牧童遥指杏花村"这首千古绝唱的。

清明节是冬至后的105天,也就是《淮南子》所载的"春分后十五日,斗指乙,则清明风至"。这在物候上也是有道理的。每年春分一到,寒去暖来,万物孳茂。这不要说在中国,可以说世界上绝大多数民族也都重视这个节令的。西方一些民族这一段时间也是

---

[1] 清·赵翼《陔馀丛考》"墓祭"。

生命胎动,农事开始,因此倍加尊崇。他们也常在此时举行基督复活祭,人人到墓园献花。中国人在清明节祭祖,结合了人们对自然与祖灵的崇拜,请出祖先的亡灵,以祭祀的方式,共享春回大地的美景,对于长期信仰"天人合一"理想的民族来说,这个日子是很适合的。

唐宋以降,清明节成为十分热闹的民众节令,一幅《清明上河图》可资佐证。宋代诗人高菊磵这样吟诵:"南山北头多墓田,清明祭扫各纷然。纸灰飞作白蝴蝶,泪血染成红杜鹃。日落狐狸眠冢上,夜归儿女笑灯前。人生有酒须当醉,一滴何曾到九泉。"[1]为我们勾画出民间扫墓的生动情景。明清以来,悉沿旧俗的同时,人们也对清明节作了许多附会和阐释,如与清明节前一天的寒食节相联系,并与春秋时代介子推的故事合在一起,使清明节更富有纪念意义。又由于祖先的坟墓通常都在郊外,人们在上坟扫墓祭祖的同时,又衍生出踏青、野宴、放风筝、荡秋千、拔河、斗鸡以及竞渡等多项活动。现在民间在扫墓之后,三五成群作踏青游玩者并不在少数。芳草满地,春花怒放,百鸟齐鸣,大自然美景一片,作一番郊游踏青,确实是人生的一件乐事,且有继续传承的民俗价值。

---

[1] 宋·高翥《清明日对酒》。

2. 尊奉先贤、名贤之风

(1)"乡先生没则祭之于社"

首先为"乡贤"正名,有人说:"不管身处何方,他们没有忘记乡土和乡亲,尽自己所能反哺桑梓,回报故乡,这就是新时代的乡贤。"这个话当然不错,但是说得有点"泛",有点不着边际,很可能将捐款给乡里而德行很坏的人也推为"乡贤"。其实,所谓"乡贤",是"乡里中德行高尚的人"[1],古文献中一是指"乡先生",指在乡里有声望、有学问、有德行的人。"孝慈友悌,达于一乡,古所谓乡先生者,一乡之望也。"[2]二是所谓"乡达",一乡之贤达人士。"赖有乡达戚补臣,系先君同盟好友。"[3]三是指"乡老""乡三老",秦汉时期的乡官三老其实是一个人,并不是三个人。三老主要掌管教化,还负责查证调停民事纠纷、收税。"举民年五十以上,有修

---

[1]《汉语大词典》"乡绅"条。
[2] 宋·欧阳修《章望之字序》。
[3] 清·李渔《风筝误·贺岁》。

行,能帅众为善,置以为三老,乡一人;择乡三老一人为县三老。"[1]意思是说三老这个职务要五十岁以上,有表率作用,每个乡一个。最初是基层地方官名,后转义为乡里受人尊重者。周代王置六乡,由三老掌教化,推举贤能,称为乡老。汉代每乡设三老一人,掌教化乡人,后世称乡三老为乡老。四是指"乡绅",古称退职还乡家居的官员和在当地有声望的人士。

通过以上梳理,可以看出,"乡贤"一词系指在民间基层本土本乡有德行有才能有声望而深为当地民众所尊重的人。因而"乡贤"有地域性的限制,有知名度的因素,有道德观、价值观的考评。地域性、知名度、道德观,这是构成"乡贤"的三个基本要素。古文献中有"乡先生""乡达""乡老""乡三老"等近义词,在封建社会里,他们主要由科举及第未仕或落第士子、当地较有文化的中小地主、退休回乡或长期赋闲居乡养病的中小官吏、宗族元老等一批在乡村社会有影响和声望的人物构成。他们似于官而异于官,近似于民又在民之上。

自古以来,尊奉先贤、名贤之风在江南相沿不废。苏州虎丘山麓的平远堂,建有纪念韦应物、白居易、刘禹锡、王禹偁、苏轼的"唐宋五贤祠";在西美巷建有纪念清官况钟的"况公祠";在天平山建有奉祀范仲淹的范公祠……正如古人所言:"凡有道有德教于其乡者,没则祭于瞽宗;乡先生没则祭之于社,皆乡贤也。"[2]这种用建祠、设祠来祭祀乡贤的传统发展到明清时期的江南,更加兴盛。苏州沧浪亭五百名贤祠正是在这种背景下,形成江南最具代表性的

---

[1]《汉书·高帝纪上》。
[2]明·蒋冕《全州名宦乡贤祠碑》。

名贤祠。

（2）"五百名贤祠"传递的信息

气势宏大的"五百名贤祠"，为清道光巡抚陶澍所建，初创于道光七年（1827），清咸丰年间毁于兵火，同治十二年（1873）重建。"道光丁亥布政使梁公章钜重修，巡抚陶澍复得吴郡名贤画像五百余人，钩摹刻石，建名贤祠于亭之隙地，每岁时以致祭，盖祠与亭不相袭，人之指目者，犹曰沧浪亭。"[1]陶澍搜集名士顾沅所珍藏先贤画像三百余幅，再加上民间私人所藏两百余幅，共五百余幅，筑祠供奉，每年祭拜，五百位吴地名贤成为江南吴地民众的楷模。祠内正面高悬一匾，上题"作之师"，语出《尚书》："作之君，作之师"，意为以身则，代表正确的引导与教诲。祠内壁上嵌有594方历代人物平雕石刻像，均为苏州历代名人，分为政治、文学、忠节、循吏、经学、隐士、孝子、军事、理学、水利、医学、历算等十二个类别。

苏州沧浪亭五百名贤祠，在全国也是独一无二，可以看作是江南名贤崇拜的一个标杆。这些名贤，既有籍贯原本出生于苏州的本地人，也有做官及流寓吴地者；既有建树一方、造福百姓的名宦乡贤，亦多才高八斗、饱学深思的文人学士；时间跨度涵盖从春秋至晚清2500多年漫长的历史。

五百名贤祠作为苏州城的公共祠堂，"百代集冠裳，烁古炳今，

---

[1] 清·江苏巡抚张树声《重修沧浪亭记》。

总不外纲常名教;三吴崇俎豆,维风励俗,岂徒在科第文章。"[1]实际上,苏州这座城市对于名贤崇拜是有着悠长的历史传统的,早在南宋绍兴三十一年(1161),吴郡郡守洪遵就建了一座奉祠先贤的"瞻仪堂",搜罗、图绘历代苏州地方官中官德卓著者的肖像,供世人瞻仰,洪遵采用韩退之《庙学碑》语,名之曰"瞻仪"。到了明弘治年间,监察御史樊祉巡按苏州,听说"汉陆公郁林石"故事,对苏州知府史简说:"先哲遗物,应该加以表识。而且还可以教化后人,如果将此石放在偏僻的城东,很难让官吏早晚看到,与埋没没有什么两样!"于是,让吴县知县邝璠、长洲县丞王伦将此石移到察院之侧,并建亭加以保护并命名为"廉石"。与官方的这些表彰祭祀活动相表里,苏州社会各界对先贤的推崇也是代代相传,《吴中往哲记》《吴中往哲像赞》《续吴中先贤赞》《姑苏名贤小纪》等大量弘扬先贤的书籍陆续刊行……凸显了历代苏州人对先贤品德持之不懈的珍视与继承,也是"五百名贤祠"建立的滥觞。

(3) 差序格局下的祠堂与家庙

中国的祠堂,一般分为两个层级。一个层级为皇家祠堂,即所谓太庙;另一层级则为民间祠堂——古代民间建立的祭祀祖先的家庙。早在西周时期就制定了"左昭右穆"制度,天子建宗庙以祭祀先祖。"天子七庙,三昭三穆,与太祖之庙而七。诸侯五庙,二昭

---

[1] 清·孙义钧《五百名贤祠联》。

二穆,与太祖之庙而五。大夫三庙,一昭一穆,士一庙。庶人祭于寝。"[1]祠堂与家庙,一般的意义都是旧时指同族子孙供奉并祭祀祖先处所。"祠堂"这个名词最早出现于汉代,大多建于墓所,所以又叫"墓祠"。秦汉以后,民间祭祖活动多在家中或墓地举行。古代士庶不得立家庙,不过,受帝王宗庙,尤其是唐代以后册封元勋功臣、敕建祠庙的影响,以祠庙祭奠祖宗的形式逐渐深入民间,至明代嘉靖年间世宗朱厚熜(1522—1566)许民间皆得联宗立庙,于是,宗祠遍天下,一些大姓望族不仅建有宗祠,还建支祠、家祠等。

"祠堂"建筑实际上是伴随着秦汉"礼制建筑"而发展的。费孝通先生在《乡土中国》中标举中国农村千百年来"差序格局"中的"乡绅自治",一大基石是以儒家伦理为核心价值观的乡绅,历史上中国广大乡村有长期乡绅自治的传统,积淀了丰厚而久远的历史传统,乡绅与乡贤成为维护和稳定乡村秩序举足轻重的力量。那些对乡村建设、风习教化、乡里公共事务多有贡献的乡绅,老百姓以"乡贤"敬之。其"身教言传",加上宗族、祠堂等背景,开明乡绅大多在乡村生活中起引领作用。我国改革开放以来所称的"乡贤",其实与乡绅既有联系又有区别。当代的乡贤在重构传统乡村文化的背景下,需要一批从乡村走出去又回乡的精英,以自己的经验、学识、专长、技艺、财富以及文化修养参与新农村建设和治理。他们身上散发出来的文化道德力量可教化乡民、反哺桑梓、泽被乡里、温暖故土,对凝聚人心、促进和谐、重构乡村传统文化大有裨益。

历史上,祭祀祖先的习俗在江南很是盛行,几乎村村建祠堂。

---

[1]《礼记·王制》。

有的家族财力雄厚,繁衍迅速,人丁兴旺,分堂分房,别派别支,除了总祠以外,派有派祠,堂有堂祠,房有房祠,支有支祠,形成了支、房、堂、派、总的宝塔式祠堂结构,加上朝廷赐建的个人专祠和旌表修建的节孝祠等,祠堂有可能多达数十个。祠堂文化作为传统文化的重要组成部分,从几千年前开始萌芽,到宋代形成较完备的体系,明、清时期发展到了高峰。某种意义上说,祠堂文化的繁荣兴衰从侧面反映了各个历史时期社会稳定、经济发展和家族和谐,是政通人和、国泰民安的体现。

"文革"期间,人们曾经一度认为,祠堂代表着封建礼教的腐朽思想,是应该被砸烂的。所以,那个时候,许多祠堂基本上都改作他用或被推倒砸烂,祖宗牌位包括有些藏于其中的族谱等皆也遭到浩劫,以至于许多青年人已经不知祠堂为何物了。四十年来,随着改革开放和经济发展,祠堂又得以重新修缮重建,开始被世人所重视。江南地区较普遍地重视祠堂文化,历经磨难,能够保留下来的祠堂大部分都经过重修,真正的原建筑已不多见。

祠堂是地方经济发展水平的象征及民俗文化的代表。从民俗信仰的角度看,祠堂是"用自己存在的方式来诠释时代文明"。作为中国民间大量保存的一种古建筑群体,祠堂留给后人许多珍贵的历史、文化研究价值,也是相关学科研究的实物佐证。

(4)"名贤之重于鼎台"

名贤人物生于斯长于斯,因而具有江南地域的独特性,他们或是在江南某个地区出生,并在那里成长,以后学有所成,或是在某个领域卓有建树,走出江南,在为全国各地服务效力的过程中,做出了很大成就,具有很大的影响力;当然一辈子就在家乡,未曾去过其他地方,贡献相当突出,也是可以称之为名贤的,至于外地外籍来到本地并做出贡献的"客居"名流时贤、各界精英,同样值得重视,他们的事迹和成就,同样值得发扬光大。

江南名贤崇拜具有深厚的人文性。名贤都是有名有姓的具体人物,是历史上的精英人物,评价标准就是以一种"善"的本性,考究他们的道德操守、思想品质、爱国爱乡情怀,把乡贤个人价值的实现放在整体关系的良性互动之中,放在一定的伦理政治关系中来考察。他们既是名人,同时必须是好人、善人。因而并非所有"名人"都是乡贤,那些祸国殃民的汉奸、卖国贼,尽管名气很大,也不能列入名贤之列。江南地区,特别是吴语区,长期处于相对安定的状态,吸引了大批人才,历史上文化璀璨,人才辈出,盛产大儒鸿士;民风细腻、温润、灵秀,是历史上有名的才子佳人出生地。手工业发达,拥有大量物质与非物质文化遗产。江浙一带的大学问家、大藏书家、大文豪、大科学家、大商人等可谓群星璀璨,形成了能人云集、文教日盛的人文壮观景象。在这个区域,人文上具有独特的性格魅力:他们温文尔雅,机智敏捷,富于思考,昌盛人文,精明强干,这里的人们普遍崇拜的是智慧,是灵气;他们不相信蛮力,而是凭智力吃饭,依靠智慧出谋划策去创造、去发展。在科举制度盛行的年代,江南吴越之地重视教育,有着浓厚的习文风气,通过科举考试跃龙门的人数不胜数。

例如苏州五贤祠,是苏州人为韦应物、白居易、刘禹锡、王禹偁、苏轼五位先哲而建。范仲淹的裔孙,明代苏州学者范允临曾经说道:"非五君子不能有此山者,夫名贤之重于鼎台也。虽一经宿,一留题,才落姓字,便添声价,山川为之色飞,草木亦觉其流芬。"[1]他提出了一个"名贤之重于鼎台"的观点,即将当地名贤看得山一般伟岸。同样,在清代,苏州诗人薛雪就有专咏的诗作:"瞻望流风拜下尘,映阶碧草泪痕新。一堂俎豆千秋业,异代文章四海人。荣辱何心依赵孟,纵论无术愧仪秦。生涯百计思量遍,愿卜从今去住身。"[2]另一位扬州诗人吴绮在游览虎丘,拜谒五贤祠之后,也意味深长地感叹道:"人事有盛衰,大雅无今古。所以古昔人,往往薄簪组。东南富莺花,斯地号天府。岂无当世豪,事往不复数。巍巍此堂中,名贤独称五。左司具高风,刘白信俦侣。元之偶折腰,玉局偶行旅。踪迹重山河,文章历风雨。我来一长揖,异代忽心许。俯仰眺诸峰,苍苍但平楚。"[3]无论是薛雪的"瞻望流风拜下尘",还是吴绮的"我来一长揖,异代忽心许",确实将江南名贤崇拜描绘得淋漓尽致。

对名贤的崇拜,既是发展江南地区的社会经济文化的现实需求,同时也是名贤文化研究本身得以存在的价值依据。

(5) 治水英雄与名宦崇拜

江南横塘纵浦,水网纵横,水资源丰富,历史上也带来太多的水患,威胁着民众的生存,在历史的紧要关头,也涌现了一大批关心民生疾苦的官员和治水专家,正是由于他们舍生忘死,带领民众

---

[1] 明·范允临《重修五贤祠记》。
[2] 清·薛雪《唐宋五贤祠》。
[3] 清·吴绮《五贤祠》。

治理水患，保护了民众的生命财产，而受到民众衷心地拥戴，千百年来一直受到民众的崇拜，这就是我们说的"名宦崇拜"的传统。

北宋天才的文学家苏轼，苏东坡，人们熟悉他是一位才华横溢的文学家，一位杰出的名宦，同时也是一位杰出的治水英雄。苏东坡一生宦海沉浮，曾当过吏部尚书，也曾被贬为团练副使。他在江南的杭州、徐州、湖州、扬州等河网密布的地区，都主持过政务民情，多次主持治理水患的工程。他始终将水利事业与国家的兴衰联系在一起，因地制宜，科学治水。虽然苏东坡在政治上不得意，但这并不妨碍他为民造福，即使在被贬得越来越远的过程中，他依然带领民众兴修水利，造福沿途百姓。

苏东坡一生两次到杭州当官：1071年，苏东坡到杭州担任通判；1089年，苏东坡出任杭州太守。为治理西湖，苏东坡上书朝廷，得到批准，投入了二十万人力，完成了这项功在当代利在千秋的大事。北宋熙宁十年（1077）春，苏轼由密州知州改任徐州知州，甫一上任，就遇到一场突如其来的水灾，苏轼立刻率领百姓加固增筑城墙，准备各种抗洪用具，严阵以待，从容应对。他"衣褰履屡"，吃住在城头上，喊出"吾在是，水决不能败城"的口号，日夜不离开抗洪前线一步。洪水沿着城墙上涨了二丈八尺，但始终没有灌入城内。在坚守了七十多天后，大水终于退去，这位新知州用出色的抗洪成绩，赢得了徐州人民的尊重和爱戴。

以清廉闻名、刚直不阿的明代名臣海瑞，明朝隆庆三年（1569），出任钦差总督粮道、巡抚应天十府等，即整个长江中下游地区，这些州府，是当时特别富庶的地区。然而，海瑞刚上任时发现百姓在重赋和官吏的压榨下，生活极为艰苦，加之连年的水患，许多百姓只能靠乞讨度日。海瑞见状，决定将治水与救灾一并实

第五章　祭祖拜宗与名贤崇拜

行,他先是在冬至长江水位不高的情况下率领难民开工,疏浚吴淞江及其支流。他在主持治水时,秉持"治水必躬亲"的工作习惯,坐着小船跑遍荒村野地,不断验证、调整、优化治水方案,最终解决了由太湖泄水不畅而引发的水灾,保障了人民的安全。他爱护百姓,百姓也拥戴他,素有"海青天"之称。

上海浦东的濒海地域,属江海冲积平原,"或五里七里而为一纵浦,又七里或十里而为一横塘,因塘浦之土以为堤岸。"[1]那是在江流和海潮的长期相互作用下,由积聚的沙洲逐渐连片成陆的。襟江带海,风景当然很美,但历史上因江河水的外溢和海潮的侵袭,夏秋季之际常常遭受台风暴雨的袭击,千百年来,多次发生狂风巨潮带来的灾难事件,房屋倒塌,民众死伤,庄稼绝收。面对暴风雨潮,浦东的黎民百姓在地方官员的组织下,修筑海塘,与海夺田,向大海要地,做出了一次又一次不屈的抗争。

修筑海塘是将汹涌的海水阻挡于海塘之外,保护大海赐予浦东人的土地,保卫黎民百姓的生命财产不受损失。史书记载,唐朝开元年间修筑的捍海塘就从北至南经过花木、北蔡至下沙达航头,不过这条海塘甚至连遗迹都没有留下。宋元以来的地方官员,对江南水患都有着切肤之痛,决意采取措施,治理水系,修塘、浚河历来是地方上的要政,浦东百姓也是全力以赴,奋力而为,在数百年间,曾先后修筑塘堤10多道,大抵屡毁屡修,轮番约200多次,疏浚河道有70余条(段)。如今,留在上海浦东民众心目中较为著名的海塘有三条,分别是老护塘、钦公塘和人民塘。

先说"老护塘",它北起高桥黄家湾,南延原南汇六团方向经过

---

[1] 宋·朱长文《吴郡图记续记》卷下。

奉贤和金山,最终达浙江平湖的乍浦,在上海浦东境内长约27公里。老护塘是浦东现存最古老的海塘遗迹,因年代久远,它又有瀚海塘、捍海塘、内捍海塘、里护塘、霍公塘、大护塘等多个别称。老护塘的建成,带动了人口的集聚和经济的繁荣,塘身东西两侧的运盐河上舟楫如梭,塘上则陆续出现了一批集镇。

再说"钦公塘",这条塘与一个人的名字有关,他就是钦琏(一写"钦连"),生卒年不详,字幼畹,浙江长兴人,清雍正元年(1723)进士。清雍正年间,钦琏两度出任南汇县知县。清雍正十年(1732)的一场海难,当地百姓损失惨重,当地地方志记载:"民死无数,六畜无存,室庐皆为瓦砾场,不辨井里,塘西险处亦如之。"钦连作为县令,"厚民俗、遂民生、苏民力、去民害",集全县之力,兴筑海塘,工程十分浩大,加上正值灾后岁饥之际,钦琏便采取"以工代赈"的办法,连妇孺老幼也都参加运土劳动,终使艰巨的筑塘工程如期完成。为纪念钦琏领导民众筑塘抗灾的功绩,当地为钦琏建生祠,以铭记他的功绩,并把这条海塘叫做"钦公塘"。尽管钦琏率民筑塘过去了二百多年,位于今曹路镇启明村钦公塘脚下的那座龙王庙,仍然供奉着新塑的钦琏像,浦东还流传一首竹枝词云:"压住蛟龙气不骄,危塘坚筑势岧峣。村中多少闲香火,只合钦公庙里烧。"讴歌和纪念他为民筑海塘的业绩。

最后说"人民塘"。实际上,"人民塘"是对浦东海塘的一次全面整合。钦公塘修建之后,清光绪九年(1883),乡绅彭以藩发起募捐集资,另筑新塘,人称"彭公塘";清光绪十年(1884)知县王椿荫任内筑塘,故又名"王公塘";进入20世纪后,有筑成于光绪三十二年(1906)的"李公塘";有袁希洛任县长时在李公塘原址外的民圩上修筑的"袁公塘"……为人民做了好事,历史与民众就会记住他,浦东乡亲分别为他们立庙建祠,香火不绝。

江南的名宦崇拜,与治理水患有密切的关系,由于江南特殊的地理条件,前者以治水官员居多。明永乐元年(1403),上海母亲河黄浦江的开凿,无疑是中国与世界水利史上的一项伟大成就。明初时,因吴淞江淤浅严重,入海口(今浦东机场一带)淤塞不通,造成上海地区严重水灾。此事惊动永乐皇帝,派出户部尚书夏原吉到沪治理水患。夏原吉接受幕僚建议,先疏浚吴淞江中游及北岸支流,引太湖水入浏河、白茆直注长江,史称"掣淞入浏";后又疏浚凿深拓宽上海县城东北的范家浜(即今外白渡桥至复兴岛段),以此为基干河,南接上海浦,再南接黄浦,北接南跄浦,把吴淞江的四条南北向支流"一浜三浦",连通拉直拓宽,北出吴淞口入注长江,形成了一条大水系,史称"黄浦夺淞"。这就是今天黄浦江水系的来历。

治水期间,夏原吉身体力行,布衣徒步,风餐露宿,日夜奔波于工地,盛暑烈日也不让下属打伞,说:"民劳,吾何忍独适。"经过三年的努力,终于彻底根治了太湖流域江南吴地频繁的水灾,使民获其利。明宣德五年(1430)夏原吉病逝。上海民众为了纪念他,在他生前治水的地方,修建了察司庙。据说现在浦东高行镇高西村长杨家宅西首,还有察司庙遗迹。"文革"中庙大部被毁,仅剩北屋,又被当作养鸡场及加工厂,几近倒塌。2001年当地村民自筹资金将其部分修复,使得香火延续。

3. 勠力同心的乡规民约

(1) 乡邻共同信仰的象征

源远流长的乡规民约是民事中的重要风俗,起源于人类社会以地缘关系为纽带的乡村社区(以村落为主要形态)形成之后协调超越家庭、家族关系的社会关系的需要,在相当漫长的一个历史时期里维护了中国农村社会中的基本秩序。

顾名思义,"规"是规矩,即通过集体制订的供大家共同遵守、执行的规定、规则等;"约"则是指共同订立、共同约定并共同遵守的条文。乡规民约就是指乡民们一起商量、讨论和制定,每个乡村居民都必须遵守和执行的行为规范。

在漫长的封建社会里,自然经济条件下自给自足的生活,历代封建政府都有类似编户方式,沿续着古老的人情交往。据《周礼》记载,当时国都之外的郊区居民,按"五家为比,五比为闾,四闾为族,五族为党,五党为州,五州为乡"编制起来。"乡党"就是指这种同乡同党的人。乡邻之间不仅有自己共同的价值观念和共同的信仰,如反映群体观念的象征物——誓碑、乡约碑、贞节牌坊之类;而且有按当地约定俗成的惯例和岁时节令,举行各种民俗活动,如结伴游村,办社火,开灯会,互赠食品和纪念品等;还有,在各家家庆或家难之际,开展共庆和互助活动,例如办红白喜事、修建房屋、收割入仓、老少诞辰纪念等。"守望相助",正是绝好地概括了乡民互赠互助的关系。

在中国古代的基层治理系统中,"政不下县"是历代大致遵循的一个准则,这就意味着给县以下的乡镇、村落自治留下了比较充分的空间。官府颁布的法律和政令条文,当然是必须遵守的"硬控制";更有一种以民俗信仰为基础的"软控制",即以"乡规民约"来进行调节,乡村社会的运行主要靠这种不成文的"软控制"系统。它主要不以强制的行政命令为手段,而是依赖习俗的"调整"和民众的"守望相助"。

乡规民约对乡民的影响,一般不具有命令式的强制性,它也要求一致,但这一致,是潜移默化,循循诱导式的。正如费孝通先生所说:"乡土社会的信用并不是对契约的重视,而是发生于对一种行为的规矩熟悉到不假思索时的可靠性。"[1]作为熟人社会,不遵奉乡规民约,有时会受到宗法式的制裁,但其所代表的仅仅是一个宗族或大家庭的意愿,更多的还是民俗惯制的力量,即传统使然。村民依循乡规民约一般并非迫于民俗的威慑,或由这种威慑产生的恐惧,而是民俗给人一种社会安定感和相互亲近感,给乡民的生活带来秩序和意义,在很大程度上满足了乡民对传统的依恋。

朱熹根据儒家倡导的由"尊祖、敬宗、收族"扩展到"严宗庙、重社稷"的家国意识,从《家礼》扩展到《乡约》,亲手制定《增损吕氏乡

---

[1] 费孝通:《乡土中国》,北京大学出版社,2012年版。

约》,合并了乡约和乡仪的相关内容,并且增加了"读约之礼"。这一增订大大增加了道德培育的成分,通过礼制的仪式感,促进了乡约的传播和发展,为后世乡村道德体系的形成奠定了精神内核和形式架构,影响深远。传统乡规民约的文本形态。传统乡规民约的文本代有所出,广泛存在于史志、族谱、文集、碑帖、笔记、公牍等文字资料之中,并随着时代、地域、制订主体、规约事项的不同表现出极大的差异;但是又万变不离其宗,都以不同程度的乡民合意或"会众议约"为其效力基础,在内容和形式上或多或少地受到《吕氏乡约》的影响。

《礼记》是以礼俗行教化,掌管地方行政的司徒称为教官,用十二教来施行教化。十二教包含了几乎所有的政教:"一曰以祀礼教敬则民不苟,二曰以阳礼教让则民不争,三曰以阴礼教亲则民不怨,四曰以乐礼教和则民不乖,五曰以仪辨等则民不越,六曰以俗教安则民不偷,七曰以刑教中则民不虣,八曰以誓教恤则民不怠,九曰以度教节则民知足,十曰以世事教能则民不失职,十有一曰以贤制爵则民慎德,十有二曰以庸制禄则民兴功。"《礼记》中的乡饮酒礼,在于用礼的形式行教化:"乡饮酒之礼,所以明长幼之序也。""乡饮酒之礼,六十者坐,五十者立侍,以听政役,所以明尊长也;六十者三豆,七十者四豆,八十者五豆,九十者六豆,所以明养老也。民知尊长养老,而后乃能入孝弟;民入孝弟,出尊长养老,而后成教;成教,而后国可安也。"

乡饮酒礼原有四种,分别在乡、州或党举行。在乡里举行的礼仪,后来绝迹了。虽经北魏时提倡乡饮酒礼,唐宋时日见完备,然而最低是在县级举行,再也没有到乡级。直到《吕氏乡约》的出现,"仿佛一种真正的乡饮酒礼"。后来的乡约,基本上继续了这个

"软"的做法。日常生活中,乡人互相关心,互相照应。乡人定期聚会时,有礼让的仪式,有融洽的气氛,有喝酒吃饭的安排。这些设计,是要培养人们彼此亲近、友爱、和乐的关系,所谓里仁之美。如果人们都是这样,那么风俗就会变好。所以,这既是一个地方自治的制度,也是一种社会理想。修订礼仪,以礼为纲,是移风易俗的尝试。乡约和乡礼结合的传统,是从《吕氏乡约》开始的。

《吕氏乡约》约规包含四条大纲:德业相劝、过失相规、礼俗相交、患难相恤。每条下复有细则,如德业相劝下有见善必行、闻过必改、能治其身、能治其家、能事父兄、能事长上、能睦亲故等细则。过失相规下面定了十一种行为为过失,如酗搏斗讼、行为逾违、行不恭逊、言不忠信等。礼俗相交下面则有造请拜揖、请召迎送、庆吊赠遗的礼节。患难相恤下规定了在水火、盗贼、疾病、贫乏等情况下,乡民应互相帮助。这种乡约的实施,由乡民选举出的"约正"负责,其活动是每月的月中选主事者一人,主事者掌管"三籍":愿入乡约者书于一籍,德业可劝者书于一籍,过失可规者书于一籍。《吕氏乡约》颁行后,经过朱熹的修正和大力宣传推广,成为此后历代(尤其是明清)各个时期、各个地方乡约关系和乡约制度的范本。

过去制定的方式是乡村中各户当家人,集于祖厅里商议成若干条项,张榜公布,要求全村人共同遵守,并推举了三五人或由族长和房长负责监督执行。乡规民约公布时,写在纸上的俗称"禁榜",写在木牌上的叫"禁牌"。农村还有不成文的村规民约,约定俗成也具有一定的约束力。如村头村尾的风水树极被重视,谁也不敢砍伐,即使是枯树枝也不准攀折。为保护野生动物和水产物的繁殖,在春季农村不准毒鱼和扫猎。乡村中演戏,为照顾妇女,让妇女在祖厅正厅或祖厅木厦俗叫"走马台"的位置看戏,男人不得擅入。其余如龙眼、荔枝、柑橘等果子树都插有禁牌、禁榜,让人们自觉遵守,以保护果实。

(2)"乡规民约"与晚清"乡治"

由于儒学和理学学者的长期推崇,历代封建统治者也逐渐认识到乡规民约对教化民风、遵制守常和稳定民间秩序能起到重要作用,于是,封建统治者也大力推崇倡导。至明末清初,民间形成了大兴"乡规民约"的高潮。至清乾隆年间,村规民约已相当普及,而且涉及的内容更加广泛也更为具体。

清末,随着清朝政腐败和民族危机的日益加深,以康有为、梁启超为代表的维新志士发动了旨在变革君主专制政治的戊戌变法运动。他们在提出建立君主立宪政体的同时,也把革新图治的希望寄托于地方自治。他们著书立说,倡导自治,并倡办时务学堂、南学会,促成湖南新政,将地方自治思想付诸实施,从而在长期中央集权专制统治的中国首开地方自治先河,并使其思想影响流播于民国以后。民国初年,军阀践行地方自治。梁漱溟也曾积极的推行"乡治"。他们的地方自治,很大程度上就是依靠乡规民约。

历史上的村规民约存在和发展自有其合理性:首先是村规民约源于乡土社会,符合乡土社会的生活实际,也符合长期在儒家礼教思想熏陶下的广大农民希望生活安定、社会秩序平稳无争的普遍心理而易于被普通民众所接受,具有无与伦比的社会适应性和实用性。在国法之外柔和地规范着人们的行为,合理地调整着乡土社会的生活秩序,村规民约的存在和发展获得了广泛的思想基础和现实的可能性。

其次是历代统治者的认可与推崇。村规民约虽非国法,但它广泛的民众基础及"软调整"功效,迎合了统治者制造"顺民""愚民"的需要及"国泰民安、万世永昌"的愿望,被历代统治者认为是效法"大禹治水,疏而导之",不需要大的代价便可收到显著实效的统治方式之一。同时,统治者也认识到每一个村都是国家的组成部分,"治国在治村"。村规民约为治村之纲宪,故为历代统治者所倡导推行。所以陈宗蕃说:"夫欲国之治也,必自乡始。礼曰:'君子观于乡,而知王道之易也。'吾国治乡之法,一业有一业之规约,一族有一族之规约,一乡有一乡之规约,在外之会馆,亦其一也。规约明则事无不举,规约不明则事无由行。"[1]

20世纪80年代改革开放以来,农村基层的村民自治组织和活动从农村社会自发到国家提倡和规范,乡规民约作为村民自治的主要制度形式得以恢复和发展;至20世纪90年代,村民自治在江南各地乡村得以实行。当然,由于社会制度和意识形态发生了根本性的变化,当代乡规民约无论是形式和内容都发生了重大变化。1998修订生效的《中华人民共和国村民委员会组织法》第二十条规定:"村民会议可以制定和修改村民自治章程、村规民约,并报乡、民族乡、镇的人民政府备案。""村民自治章程、村规民约以及村民会议或者村民代表讨论决定的事项不得与宪法、法律、法规和国家的政策相抵触,不得有侵犯村民的人身权利、民主权利和合法财产权利的内容。"这是当代村规民约和村民自治章程制定的法律依据。根据《村民委员会组织法》的规定,村民自治制度是由民主

---

[1] 费成康:《中国的家法族规》,上海社会科学院出版社,1998年版,第61页。

选举、民主决策和民主管理及民主监督组成的有机整体。其中,民主管理的核心内容就是依法建制,以制治村,即村民群众根据有关法律、法规,制定本村的章程和规则,建立各种村级管理制度,然后以制度进行治理,实行村级的规范化管理。因此,各地均将制定村规民约和村民自治章程、推行民主建制和村务公开作为推行村民自治工作的重要举措。

第六章

江南市镇的城隍信仰

1. "汉将功臣庙"与城隍信仰

(1) 阻挡"霸王潮"发威的心理力量

  古代上海地区地处江南腹心区域,又濒临大海,与中国大部分区域相比,成陆时间较晚,无论是自然地理环境还是历史文脉,都有其自身特色。在这片土地上孕育出的民俗信仰,自然也带有和反映了这一特色,这为我们从另一个独特视角理解上海地区城隍信仰的历史提供了可能。

  中国的神话,有一种耐人寻味的现象,就是将现实生活中的真人加以神秘化及神圣化,从人的地位提升到神的地位,成为被普民大众祭祀崇拜的对象。民间信仰就是民众自发地对具有超自然力的精神体的信奉与尊重,包括崇拜观念、行为习惯和一整套的仪式制度。这些特点决定了中国的民俗信仰主要是指俗神信仰,而不是宗教信仰,就是把各种传统信仰的神灵和各种宗教的神灵进行反复筛选、淘汰、组合,构成一个杂乱的神灵信仰体系。

  吴淞江(上海中心城区段称为"苏州河")原为太湖三大泄洪水道之一,唐宋以降,海平面上升,出现海水倒灌,每临涨潮,汹涌的潮水使水位陡涨,加上弯曲处潮流不畅,水势更大,经常造成水患,给沿江民众造成生命财产的损失。在传统的旧时代,人们无以抵抗汹涌而来的大潮,普通民众也只能借助于超自然的力量,祈求神灵来镇伏江潮。古代吴淞江沿岸地区有"江东"之称,当年楚汉相争,项羽兵败自刎,死后化为吴淞江神,不时发怒,掀起滔天巨浪,人们将这股汹涌澎湃的潮水称之为"霸王潮"。也有民间传说,说楚霸王不时要与他心爱的女人虞姬幽会[1],当地民众相信,楚霸王一发怒,潮水就汹涌而来,"西楚霸王项羽做了吴淞江神,故江水如此凶险"。[2]

宋元之际,由于传统文化中相生相克、"一物降一物"的心理作怪,人们认为是汉初各位大将合力击败了项羽,于是请出汉初诸多开国功臣大将,在吴淞江边修建"功臣庙",希冀通过为汉将立庙建祠堂的举措,压住吴淞江上汹涌澎湃的"霸王潮"。打开上海沿吴淞江区镇的地方志书,这类记载可谓比比皆是:

"本邑地滨江海,未建石塘之时,潮灾间岁有之,俗谓之'霸王潮',故里社间建立庙宇,多奉祀汉初功臣,以行压制。父老传闻如此,当不诬也。"[3]

"潮灾间岁有之,俗称霸王潮。故里社建立庙宇多奉汉初功臣以祈压制。"[4]

"宋元间吴淞江多潮水泛滥成灾为害,人称'霸王潮',相传潮

---

[1] 在今苏州河北新泾段附近就发现了虞姬庙和虞姬墩。
[2] 明万历《嘉定县志》。
[3] 《宝山县续志》,1921年版。
[4] 清光绪《宝山县志》。

神系楚霸王项羽化神。"[1]

"相传项羽为吴淞江神,屡有风波之警,唐时沿江立汉功臣七十二庙以镇之。"[2]在嘉定所辖地区(包括南翔、彭浦、黄渡、杨行等)确实有过不少汉代著名将领的寺庙或祠堂,有地方志记载为证。

据当代佛学研究者善无畏对上海100座寺庙的研究,位于宝山区罗泾镇沪太路上的宝山萧泾古寺,就是为镇吴淞江霸王潮而立的汉代功臣七十二庙之首寺。该寺相传建于南北朝梁武帝萧衍称帝时期(502—549年),因梁武帝萧衍乃西汉开国丞相萧何第二十五代孙,故在其所属南朝辖地罗溪镇建寺祀先祖萧何。

在吴淞江沿岸供奉曹参神像的,除曹王乡的曹王祠之外,还有一些土地庙或祠堂,沿海的百姓视曹王为压伏吴淞江大潮的神灵,并逐步将曹王祠更名为曹王庙,香火渐旺,百姓聚而居之,遂形成曹王镇,镇以寺名。后镇民信佛之风渐成,便在寺内建设大雄宝殿,供奉释迦世尊,由庙而成寺,定名为曹王禅寺,沿革至今。如今上海闵行还有个"大圆通寺",这是新近的改名,它的原名叫纪王寺,隶属于原上海县的纪王镇。相传纪姓先祖在纪地(今山东寿光南纪台村一带)建立诸侯国纪国,春秋时,纪国被齐国攻灭,纪国的公卿后代遂以国名"纪"为姓,以为纪念。纪姓后来在甘肃天水郡发展成望族,世称"天水望"。唐宋间,纪姓向沿海迁移,其中一支来到了江南吴淞江畔纪王镇现址。为镇住江潮灾难,七户纪姓人家设立了纪王庙,祀汉将纪信以镇之,此后,纪王庙渐渐兴旺起来,

---

[1] 明嘉靖《嘉定县志》。
[2] 清嘉庆《松江府志》卷十七。

慢慢就形成了一个不小的集镇,称纪王庙市。[1]

吴淞江沿岸建立的汉初功臣庙宇祠堂有72座之多,由于历史的沧桑变化,有不少早已化为烟尘。

(2) 吴淞江沿岸的祭祀圈

上海是一座与水结缘的城市,背靠太湖,面向东海,北挟长江口,南濒杭州湾,内有吴淞江、黄浦江穿城而过,更有数以万计的浦、泾、沟、塘、港、浜、湖、淀、泽、荡、溇、湾、汇等支河、支流,如同脉动的血管、滋养生息着历代的子民。吴淞江沿岸的祭祀功臣庙,形成一个祭祀的圈层,这些庙,严格地说只属于乡里祠,也就是简易的土地庙,土地庙祭祀属于"社祭",它是后来城隍庙信仰的主要源头。当社会生产由渔猎转入农耕,土地便成了人类赖以生存的基础,于是渴望风调雨顺、五谷丰登或驱鬼逐疫的祈禳性祭祀活动便产生了。在民间各种神祇的诞辰日或忌日也举行祭祀仪式,遇到自然灾害如大风潮或者涝灾,就更加会祭祀。四时八节热闹的迎神赛会,也会在这些庙宇前举行,成为当地民众一个热闹的日子。

上海地处江、浙之间,夏商之际曾为古越人的居留地,春秋战国时期又先后分属吴国、越国和楚国的疆域,而上述地区在历史上皆以"信巫鬼,重淫祀"闻名。所以上海地区的先民自先秦时期起,不仅保留着浓重的原始遗风,而且还广泛吸收和融合了吴国、越国

---

[1] 善无畏、邬育伟:《上海百家佛寺觅影》,新华出版社,2013年版。

1920年代,一位苏南老妇人在吴淞江边小寺庙里烧锡箔,格雷戈利摄。

和楚国的信仰习俗。唐宋时代,也是中国历史上最开放的时期,民族文化融合,儒释道三教并立,此时,庙、台、祠、宫、观、庵等宗教建筑十分密集。吴淞江的滔滔洪水,造就了岸边数不清的小庙,但不论是江神,还是人神,它们的神性是古代上海人的早期信仰的源头。

众所周知,江南地区所在的长江三角洲是长江入海之前的一片冲积平原,地处江南东隅,受到海潮涨落和海岸变迁的较大影响,这些在一些关于上海地区早期历史的传说中便有所反映。古代松江小昆山之西有一较大的湖泊,名为谷水,"仿佛谷水阳,婉娈昆山阴"[1]。

关于谷水的来历,《松江府志》中载有这样一则传说:秦朝时上海地区属由拳县,一日县中忽传童谣:"城门当有血,城陷没为湖",于是有老妪日日窥视城门。城门侍卫为了戏耍她,以犬血涂抹城门,老妪见而骇走,"忽大水至,沦陷为谷,因曰谷水"。谷水的传说与前述南宋时金山三岛的传说,有异曲同工之处,都与上海城市发展历史上的江海变迁相关。人们为了抵御自然灾害,往往向神灵祈求,抵御潮灾。

神话是民族智慧的结晶,不能将其仅仅局限在上古的洪荒时期,中华民族历史上,以创世神话为余脉流播,给后世的城市信仰以强大影响;反之,自从城市诞生后,城市信仰也在不断补充创世神话的精神内核,它们的交互传播,如同一泓汩汩地清泉一直流淌到如今,春雨细无声地滋润着人们的心田。

---

[1] 晋·陆机《赠从兄车骑诗》。

2. 从"民间"到"国家"的城隍信仰

(1) 庙宇遍布"老城厢"内外

北宋后期,由于古吴淞江逐渐淤塞,唐末开始的青龙镇港已经风光不再,于是,大量船舶就改由上海浦进入今上海地区,这个地区包括了今日所说的"老城厢"地区,具体范围大致在今十六铺从新开河到大小东门一带,日久天长,居民聚居,就形成上海的早期聚落。[1] 这些聚落,早期凭借着有利的自然条件,贸易日益繁盛,人口也逐渐增多,很快,由聚落而集市。依据《宋会要辑稿》"食货十九·酒曲杂录"的记载,北宋官府在这里设立榷酒税的机构——

---

[1] 关于上海早期的聚落,作者认为,"北宋熙宁年间(1068—1077年),江南地区贸易中心逐渐转移到华亭东北地区,这里形成的聚落,慢慢向村镇的雏形过度,由聚落而村社,再变成初具规模的小镇。到了南宋咸淳年间(1265—1274年),由于吴淞江的淤塞,一些较大的商舶难以进入华亭县最主要的港口青龙镇,转而至上海务停靠,政府为此在上海设立主管商船税收的市舶分司。市舶司的衙门设在后来的上海县署内,据考在今小东门方浜南路的光启路上。"参见仲富兰《"上海"与"下海"——上海城市的起源》,载《解放日报》2015年11月21日"思想者"专版。

第六章 江南市镇的城隍信仰

"上海务",时为1077年,著名历史地理学家谭其骧教授认为:"从聚落的最初形成到发展到够资格设置酒务,又当有一段不太短的过程,因此,上海聚落的最初形成亦即上海之得名,估计至迟当在五代或宋初,即公元第十世纪。"[1]"上海务"绝不是某年某月突然出现的,它肯定有一个渐变的过程,建立在上海浦周边的"上海务"也是顺势而为。宋大中祥符元年(1008年)前后,上海成为酤酒盛市,酒坊、酒窖、酒库、酒肆星罗棋布,朝廷置"上海务",本身就是对酤酒产业的一种控制。

北宋"上海务",南宋"上海镇",聚集在这里的民众,与华夏大多数民众一样,在其信仰体系中,土地信仰是信仰体系中最为核心的内容。从五代开始算起,上海浦周边(即今日所说的"老城厢"内外)就布满了各种各样的寺庙和道观,五代时,即后晋天福年间,上海就建有广福寺(庙址约在今方浜中路、河南路口),到宋元时期寺观、道观略有发展,明清时期数量激增,甚至达到历史高峰。

据不完全统计,从五代直至民国时期,上海浦周边,在今方浜中路有广福寺、城隍庙,在大东门有地藏庵、观音阁庙、公输子庙、龙王庙,在丹凤路有雷祖殿、真武庙、灵山寺,在半淞园路上存在过老高昌庙、高昌庙、花神庙、老君庙,在今城隍庙周边有鄂王庙、许真君殿、财神庙、东岳庙,在西林后路有白云观、女公会福堂,在福佑路上有春申君庙、清真寺,薛家浜路上曾经有青龙禅寺、海神庙,金坛路有水仙宫,永泰路上有宁海禅寺,保仁弄有观音阁庙,云居街有云居庙,小南门外有九华禅寺,沉香阁路有沉香阁,咸瓜街上有古云台,紫霞路有小武当,董家渡路有大悲阁,沪军营路有先农

---

[1] 谭其骧:《上海得名和建镇的年代问题》,《文汇报》1962年6月21日。

坛,虹桥弄有东华道院,静修路有静修庵,复兴东路有关帝庙,方斜路有吉祥庵,蓬莱路有蓬莱道院、戒珠庵,药局弄有药王庙,先棉祠南弄有先棉祠,净土街有净土庵、清静庵,陆家浜路有海潮寺、铎庵,一粟街有一粟庵,文庙路有文庙,小普陀街有小普陀庙,三门峡路(今西藏南路)有三元庵,小东门有天后宫,姚家弄有姚家庵,老北门有延真庵,中山南路有万寿禅寺,凝和路有蕊珠宫,和顺街有火神庙,净土街有灵应坛,大昌街有大佛殿、华严庵、清心堂;此外,还有白衣街的白衣庵,丰记码头街的海神庙,方斜路的钱家庵,肇周路的紫竹庵,陈家桥的紫竹林,河南南路的接引禅寺,中山南路的广福院,老西门的利济侯庙,西仓桥的猛将禅院,俞家弄的罗老太庙,中华路的莲座庵,西藏南路的社稷坛,会馆街的安润道院,小东门的施相公庙,张家弄的天竺庵,迎勋路的金母宫,三牌楼路的全备福音堂,梧桐路的敬一堂,松雪街的天恩堂,方斜路的女公会,董家渡的天主堂,西林后路的裨文堂,小桃园街、草鞋湾的清真寺……真可谓庙界林立,香火不绝。

天子要祭八种神,其中有"坊"与"水庸",大略是对城堡、护城沟渠之祭,是对城市守护神的祭祀。后经道家文化的改造,城隍的职责是管理阴间,而城隍制度的设立,就是对阳间(即人间)管理制度的模仿。古人相信阴间阎罗之神掌管着人的生死籍,还要负责对亡人(即鬼)的审判。这相当于活人世界中的户籍管理以及判案,而这两种职能在阳间一般都是由地方官府完成的。城隍是一城之神,阴间之神,其工作又与冥界之王泰山府君、酆都天子、阎王冲突了,人们一般把城隍视为后三者属下的官员。城隍是冥界的地方官,职权相当于"阴界的市长"。因此城隍就伴随城市的发展而发展。

（2）朱明王朝对"城隍"的升格

城隍,起源于古代的水(隍)庸(城)祭祀,所谓"城",本义是指挖土垒砌高墙,所谓"隍",原指没有水的护城壕,后来的人就引申为护城的沟渠与河流。古人认为只要与人们的生活、生产安全有关的事物,都有神灵,于是城和隍被神化为城市的保护神。后来经过道教的改造,将城隍纳入道家的神明系统,保佑一方百姓不受水旱疾疫之苦。宋代将它列为国家祭祀活动之一。元代曾加封大都城隍神为护国保宁王,城隍夫人为护国保宁王妃。明代崇祀城隍更盛。明太祖朱元璋在洪武二年(1369)诏令天下,将都、府、州、县各级城隍分别封以王、公、侯、伯的爵号。因此城隍就跟城市相关并随城市的发展而发展。明洪武三年(1370),朱元璋下令天下府州县皆要设立城隍庙,庙中的摆设必须和衙门里一样[1]。由此形成地方官吏管理人间、城隍管理阴间的惯例。这样,城隍信仰经历了从地方到全国、信仰受众从民间到官方的过程,到明代初年,经过国家的提倡,城隍庙实现制度化,并随着明清以来的城市发展而具有广大的影响力。

朱明立国,朱元璋建立了两项制度以加强统治,即里甲与里社制度。这两项制度都对民间祭祀信仰发生影响。史载:"洪武十四年(1381)诏天下编赋役黄册,以一百十户为一里,推丁粮多者十户为长,余百户为十甲,甲凡十人。岁役里长一人,甲首一人,董一里一甲之事。先后以丁粮多寡为序,凡十年为一周,曰排年。在城曰

---

[1]《钦定续文献通考》卷七十九。

坊,近城曰厢,乡都曰里。里编为册,册首总为一图"。[1]与里甲制度相适应的,就是明初同时还建立了里社制度,根据万历《明会典》的记载:"凡各处乡村人民每里一百户内立坛一所,祀五土五谷之神,专为祈祷雨旸时若,五谷丰登,每岁一户轮当会首,常川洁净坛场。遇春秋二社,预期率办祭物,至日约聚祭祀。其祭用一羊、一豕,酒果香烛随用。祭毕就行会饮,会中先令一人读抑强扶弱之誓,其词曰:凡我同里之人各遵守礼法,毋恃强凌弱,违者先共制之,然后经官。或贫无可赡,周给其家,三年不立,不使与会。其婚姻丧葬有乏,随力相助。如不从众及犯奸盗诈伪一切为非之人,并不许入会。读誓词毕,长幼以次就座,尽欢而退。务在恭敬神明,和睦乡里,以厚风俗。"[2]

里甲与里社制度的建立,将地方祭祀信仰与基层的乡里制度联系在了一起。乡民信仰逐渐与土地合流,里社的"坛而不屋"被偶像崇拜所替代,顾禄在《清嘉录》中所说:"吴中土谷之神,分配古贤名姓,塑像奉祀,如任彦昇、蒋子文、张翰、王洵之类皆是",正是从土地崇拜出发,又融合多种神灵的信仰体系,在上海老城厢周边基层村落中形成了所谓的庙界,并产生了各类祭祀组织与祭祀行为。它实际上是后来的城隍信仰的一种预演与预设,从而成为上海民众信仰的一个基础性前提。

修建庙宇是那个时代民众的一种社会公德活动,他们参与修建寺庙,做善事,修来世,其初衷或许是一种"从众"行为,大多数百姓也许并没有读过多少神道佛经,但对诸如"行善积德""修身造

---

[1]《明史》卷七十七《食货一·户口》,中华书局,1974年版。
[2] 万历《明会典》卷九十四《礼部五十二·里社》,中华书局,1989年版。

福"的人生行为要求,却人人皆知。神灵取得大家的信任,进而受到人们顶礼膜拜。根据民俗学者欧粤对松江五库地区的调查,当地类似的组织被称为"社"。它以自然村为基础,由十来户农家结合而成,每个社的户数最多不超过十五六户,最少不少于七八户。结社以地理位置接近为前提,姓氏在社中并不重要。如果自然村规模大,则依自然村的走向,按地理位置划分为数十个社。社的负责人称社头,其职责是安排好本社每年的例行斋祭活动,即做社。该地区每年做社一到两次,年成好则做春秋两次,年成差则仅做秋社。做社时,由社头带社中两三人到附近庙前献上猪头三牲,进行斋供,请求神灵保佑。同时还要请说书人过来说半天书,既是娱神,亦为娱人。[1]

随着黄浦江的开凿成功,吴淞江的水患已经大大减少。原先的"汉将功臣庙"信仰只是为一般民众所祭祀与供奉,而明代开国后,朱元璋将城隍祭祀纳入祀典,把城隍神作为国家正祀的对象,赋予其保城护民、督官摄民的"神职"。从明代起,城隍信仰变成了国家信仰,朱元璋在《封列城隍文》中说:"凡城隍之神,皆新其命……司于我民,监于郡政。"

明代上海社会有诸多复杂的人事需要治理,这个时候,朱明王朝大力倡导城隍信仰,于是永乐年间,上海知县张守约索性将原位于县西北的霍光行祠改建成县城隍庙。但民众中无法抹去"汉将功臣"镇守水患的信仰,上海城隍庙就出现了既保留霍光,又起用秦裕伯,形成"前殿为霍、后殿为秦"的一庙二城隍的格局。经历代

---

[1] 欧粤:《上海五库地区的神信仰》,《中国民间文化》第18辑,学林出版社,1995年版。

修葺扩建的上海城隍庙,终与上海县署隔浜相对,成为上海县政治生活中不可缺少的公共空间。800多年来,上海城隍庙屡毁屡建,但其殿宇在建筑风格上仍保持着明代格局,整个殿宇宏伟,飞檐耸脊,气势庄严,从而一直是上海的地标。

尽管城隍信仰被朱元璋以国家力量上升为国家信仰,城隍信仰成为正统的"礼制",但对于一般民众而言,"中国人信仰中的功利性和近地性,加之城隍信仰中鬼神信仰的成分,使民众的城隍信仰带有浓郁的民俗信仰倾向,且随着国家行政干预的减弱,其民间信仰的成分愈加突显。"[1]

(3)"日益大众化"的"奉祀"与"庙市"

从晚清到民国,源于传统的上海城隍信仰,经历了"亦官亦民"到"日益大众化"、"信仰一元"到"信仰商业化"的过程,这一过程体现了精英文化与民俗信仰以及商业文化在近代上海社会生活中的博弈与重构。"这些在信仰、仪式等方面表现出的多元因素归结到同一象征点——城隍庙,便会呈现一种空间性的整合,使城隍庙社区成为具有传统气质的以信仰为内核、集文化、商业、娱乐为一体的公共活动空间。"[2]

随之,源于传统的城隍信仰从官方的"正统礼制"转为民间的"大众化信仰","每月朔望两天,知县老爷例须恭临城隍庙拈香",

---

[1] 苏智良、姚霏:《庙、信仰与社区——从城隍信仰看近代上海城隍庙社区》,《社会科学》2007年第1期。
[2] 同上。

第六章 江南市镇的城隍信仰

"进香男女络绎不绝,香烟缭绕红烛高烧"。它就逐渐演变为一种带有观光性质以及不明确的"多神论"或"无神论"的拜谒活动。来城隍庙参观旅游的游客并不一定信仰道教或有着传统的城隍信仰,然而,就像很多游客喜欢在佛寺焚香敬佛一样,游客在不自觉中把烧香叩拜当成了娱乐游玩的一部分,作为参与当地传统文化特色的一种形式。在景点周边,随处可见贩卖香火、祈福字画的小摊小贩,只要花钱便可以得到大师的开光之物或得到面授机缘的机会;庙内主要的日常活动也大多是为了满足游客对传统城隍信仰的好奇心而设的,其本身也许并不需要那么夸张和华丽。由此可以看出,上海城隍庙的城隍信仰正在走入一种"信仰的商业化",这在江南其他地方的庙宇和寺院也是常常能够看到的。

上海民间对于城隍信仰保留了特别虔诚的奉祀,"御灾捍患,素者威灵",士民对其感恩戴德。每重祷献,而于城隍庙尤甚,如祈病祈福,富室用全猪羊,贫者用三牲首。除夕日,家家户户备牲醴,前往城隍庙瞻拜,香火称旺一时。每年清明、中元、十月朔,城隍神出巡祭厉坛,迎送间,彩旗、灯幡、鼓乐、戏妓、烟火、舆马备极豪华、隆重,"虽王侯不能拟,官府不能禁";与此同时,上海城隍信仰中又不只是仅仅在"奉祀"中止步,而是在给城隍神提供栖身场所和发展空间的同时,加速城隍信仰的普及化,把城隍信仰上升为城市信仰,并且让城市信仰助力上海城市经济发展,所以,明代以后逐渐出现了集城隍信仰、商品交流、民间艺能表演于一体的城隍庙会,就不是奇怪的事情了,恰如时人竹枝词所吟:"城隍庙内去烧香,百戏纷陈在两廊。礼拜回头多买物,此来彼往掷钱忙。"[1]历史学家

---

[1] 清·颐安主人《沪江商业市景词·城隍庙》。

上海豫园的九曲桥。

樊树志教授在评论江南市镇的民间信仰时曾经这样写道:"民间信仰的特点就在于,不仅关心其内容,更关心其形式。民众常常借此作为共同体的公共空间与社会生活,作为相互交往的场合与宣泄感情的渠道,至于神灵的地域性及其归属于何种宗教,已经变得不再重要,重要的是,它业已成为当地民众不可或缺的节庆活动。"[1]

这可以看作城隍信仰与近代化过程中的城市信仰的互动。著名法国人类学家葛兰言(Granet)的《古代中国的节庆与歌谣》,用古代中国乡村生活资料说明,当"小集团的单调生活严格限制在日常的私人领域中"时,"是没有所谓的'社会生活'这种东西的,除非等到标志着另一种生活到来的时刻。这就是全面集会的场合,只有到了这种时刻,共同体才能恢复它以前的统一状态"。[2] 上海城隍信仰向城市信仰的转换,表明在地域共同体中的地位与作用,由此可以获得索解,人们在追求共同体的社会生活,追求人与人之间的和谐状态,追求感情交往与宣泄的渠道。

---

[1] 樊树志:《江南市镇的民间信仰与奢侈风尚》,《复旦大学学报(社科版)》2004年第5期。
[2] 杨念群等:《新史学:多学科对话的图景》,中国人民大学出版社2003年版所收赵丙祥《神话的礼物和给神的礼物:"礼物"作为历史研究之一般概念的可能性》。

3. 上海的"一庙三城隍"

《弘治上海志》卷四记载,明永乐年间,时任上海知县张守约在"县西北长生桥西"的金山神主庙中增祀上海县城隍秦裕伯,成就了上海城隍庙近六百年来"前殿为霍、后殿为秦"一庙二城隍的格局。

这里简单介绍一下上海城隍秦裕伯。秦裕伯(1296—1373),系宋代著名词人秦观(秦少游)八世孙,祖籍扬州,秦裕伯祖父秦知柔家族兄弟数人,在南宋咸淳年间为避乱由扬州渡江南下。其中,秦知柔一家定居上海县,先是在淡井村居住(淡井庙就是现在的永嘉路12号处,那里曾经是上海最早的城隍庙),秦裕伯在此度过童年,后随父秦良颢定居在今闵行区浦江镇陈行乡的题桥。在元代深重的民族压迫下,秦裕伯48岁才辗转山东大名府科考成了进士,出任湖广行省一个正八品的办事小吏。元至正十年(1350)任山东高密(今属潍坊市)县令,七品,有政绩;至正十三年(1353)升任福建省郎中,正五品;一年后再次升迁,历任正三品的延平路总管、从二品的御史等职。出于对元末分崩离析的时局丧失信心,也为了照料年迈的双亲,秦裕伯于至正十四年(1354年)辞官,返上海故里,是年已经58岁。占据苏州的义军张士诚为扩张势力,两

第六章 江南市镇的城隍信仰

次派人到上海县请秦裕伯到苏州做官,秦裕伯固辞不允,为避免纠缠,他只能带着老母出外隐居。

此后上海县人钱鹤皋反明兵败,被押送南京处决,据传行刑时喷出的血是白的。朱元璋为此心神不安,最终认为钱鹤皋是上海县人,必须有一位上海高人把他镇住,于是派人给秦裕伯传令,要他出山任职,秦裕伯以母丧守制未满而推脱。洪武元年(1368),朱元璋再次令中书省征召秦裕伯,秦裕伯称病固辞不就,朱元璋大怒,下了一道手谕:"海滨民好斗,裕伯智谋之士,苟居此地坚守不起,恐有后悔。"[1]这道手谕是充满杀气的,倘若秦裕伯再不从命,必定招致杀身之祸。秦裕伯接到朱元璋手书,"涕泪横流,不得已偕使入朝",再度出山为明王朝的统治服务,直到晚年致仕回乡。洪武六年(公元1373)七月二十日,秦裕伯病逝于上海家中,葬于乃父秦良颢墓旁。朱元璋得知秦裕伯死讯,说:"生不为我臣,死当卫吾土。"遂敕封为上海城隍神,追赠他"显佑伯",称"上海邑城隍正堂"[2]。据说上海县陈行乡曾经有秦公墓,一直保存到20世纪30年代,又说"秦公墓"1958年被毁,好在秦公墓中的青石盒还有存留,现保存在闵行区博物馆。

朱元璋敕封秦裕伯为上海城隍神后,本地民众并没有抹去"汉将功臣"霍光镇守水患的信仰,遂形成上海城隍庙"前殿为霍、后殿为秦"的一庙二城隍的格局。1930年代,日本帝国主义对我国发动侵略战争,上海人民想起了老英雄陈化成。1842年6月16日江南水师提督陈化成率部与英国侵略者殊死搏杀,陈化成与八十

---

[1]《明通鉴》卷三。
[2] 褚华:《沪城备考》,上海申报馆,1938年版。

余部众全部壮烈牺牲,血染吴淞口。上海民众有感于陈化成英勇战斗、不怕牺牲的大无畏精神,奉他为神,塑像以祀。到1930年代的抗战时期,上海人民十分庄重地将他的座像由陈公祠抬入城隍庙。

当年大殿上供奉的陈化成塑像,满面红光、神采飞扬、目光炯炯、栩栩如生,备受百姓尊崇。经历代修葺扩建的上海城隍庙,出现了"一庙三城隍"的盛况,城隍庙终与上海县署隔浜相对,成为上海县政治生活中不可缺少的公共空间。

第七章

四时八节的年节信仰

1. 万紫千红的春季节俗

(1) 春节：元旦贺年

每年农历正月初一是中国人的传统大节——春节。

春节时的鞭炮有"开门炮"或"闭门炮"之分。在苏州，新年头一天，开门要放爆竹三声，寓意"高升三级"，又说这样可以解除病疫，是谓"开门爆仗"。江南人家春季风俗家家户户悬挂祖先遗像，备上香烛、茶果、粉丸、年糕，肃衣冠，率妻孥依次瞻拜，到上元夜，始祭而收之。至戚相贺，或有瞻拜尊亲遗像者，谓之"拜喜神"。在初一那天查明喜神方是哪一方之后，就会向着那一方行去，叫做"走喜神方"。苏州人出门向着喜神方作揖，并且向着这一方行几百步，说这样能一年如意。上海人则称之为"兜喜神方"。

岁朝，幼辈依次向尊长叩头贺年；尊长以红纸裹银元，酬幼辈，曰"拜年钱"，又叫"压岁钱"。男儿至成婚后，方由其妻受领父母之拜年钱。围炉中烧巨炭墼（用炭屑做成的圆块），曰欢喜团。凡岁朝至元宵而止。"欢喜团，杵炭屑而范之，上下合成，圆而有扁势。炭墼之巨族也。除夕取以埋炉，置寝室中，且徐徐添加芸香，发气如兰,谓之欢喜过年。"诗云:"开炉重得彩,余喜复余欢。火色明通夕,春光聚一团。几人先附热,举室不知寒。笑指青红意,还将儿女看。"注:"俗以小儿女之快人意者,亦曰欢喜团,吴人亦有此口号。"[1]

到正月初五日接财神,接财神又称"接路头",正月初五为五路神诞辰。金锣爆竹,牲醴毕陈,算盘、银锭、天平诸物亦供桌中。旁置一刀,上撮食盐,称为"现到手",借其谐音。家家均以争先为利市,迟恐被其他家迎去,故必早起迎接。是日商店开市半日,叫"应市"。除夕之夜即携香烛赴封门之大仙殿进香,通常各寺庙人流摩肩接踵,也有很多乞丐站在路边向进香人索要银钱。进香者因急欲进香,故多给之。最先烧香者,称做"头香",可以消灾获福。在春节时有颇多禁忌,归纳一下,有:不可打破什物,不可骂人,不可扫地,忌说"死"等不吉字眼。有的地方在初一则忌动针剪刀秤,忌晚上点灯,据说这样夏天的蚊子会减少。

春节饮食,北方人春节多食饺子,南方则多食汤圆和年糕。汤圆讲求的是团圆甜蜜,年糕则是暗合"年年高"之意,期望生活一年更比一年好。新年中,各茶肆在茶壶中放入橄榄两枚,叫"橄榄茶",也叫"元宝茶",除了汤圆、年糕,初六后各家还要做"新年羹饭",有七碗、八碗、十二碗,必有鱼肉、豆芽、豆腐、年糕等。

新春佳节比较重要的节日还有初七人日和十五迎紫姑等。初七人日,上海风俗此日不可动刑。以彩纸金箔剪作人像,贴于屏风或帐上,并以人日天气占卜全年人口平安与否,有俗谚:"人日晴,人民宁。"上海旧俗人日吃赤豆饭,相传赤豆能驱除疫鬼。紫姑即

---

[1] 清·吴榖人《新年杂咏》小序。

春节，古称元旦，乃一年之首日，是日户户悬灯，家家结彩，题春联燃爆仗，家庭则举行团拜，亲友则彼此贺年，祝颂新岁平安。

厕神,一般的习俗都是正月望日(正月十五)迎而祭之,占卜蚕桑、年景、婚配等众事。除此之外,有的地方正月初九是天生日;初四是迎神日,供食、果,烧神马、天兵,象征请神下凡;初五称"破五",此日之后可以开灶,倾倒垃圾,因为这一天也是五路财神的生日,所以店铺商贩都纷纷进香祭祀、燃爆竹,发展成现在的"接财神"。之后还有初六"送穷"日、初八拜星君,等等。

(2) 元宵:上元灯会

辛弃疾《青玉案》云:"东风夜放花千树,更吹落、星如雨。宝马雕车香满路,凤箫声动,玉壶光转,一夜鱼龙舞。蛾儿雪柳黄金缕,笑语盈盈暗香去。众里寻他千百度,蓦然回首,那人却在,灯火阑珊处。"这阕流传千古的佳作正是南宋元宵佳节的真实写照。

元宵佳节江南各地其他风俗则有:杭州元宵节的灯市一般从正月十二就开始了,一直到正月十八才告结束。十二这天,要将新做的龙灯(两眼暂不点睛)抬至城隍山龙神庙,拜供后,以墨汁点睛,叫做"开光",俗称"龙灯上山"。十三则是上灯节,家家户户用糯米粉搓成小团,煮好之后,供奉祖先,叫做"上灯圆儿"。十五那天,就用糯米粉搓成大团,以切细的胡桃、花生、芝麻、枣子、鸡油、豆沙等为馅,叫做"灯圆",用灯圆馈赠亲友,就叫"灯节盒"。这一夜灯火最盛,大户人家请舞灯者在家里盘舞一番,称之为"拦龙灯"。

苏州元宵前后,比户以锣鼓铙钹,敲击成文,曰"闹元宵"。有七五三、跳加官、雨夹雪、急急风、水底翻诸名。或三五成群,各执

正月十五元宵节，又称上元节，传统习俗有赏月观灯、猜灯谜、吃元宵、玩花灯，不少地方还有舞龙灯、踩高跷、划旱船、打太平鼓等民俗表演。

第七章　四时八节的年节信仰

一器,儿童围绕以行,且行且击,满街鼎沸,俗呼"走马锣鼓"[1]。"轰连爆竹近还遥,到处喧阗破寂寥。听去有声兼有节,闹来元旦过元宵。太平响彻家增乐,开道声稀巷转嚣。取次春风催劈柳,卖饧时近又吹箫。"[2]又清代无名氏《闹元宵乐府》云:"童儿放学店未开,家家锣鼓喧如雷。新年风物幸无事,买得元宵灯未试。夹雨夹雪七五三,更将走马为筱骖。迎春既过复迎喜,爆竹烧残闹方已。更缚风鸢一尺长,街头又看东风起。"

落灯那天,晚间祭神,完毕之后,要将神像前所供之杯筷全部收去。

江南地区的妇女十五晚上有"走三桥"的风俗。妇女们在晚上结伴而行,必须走过三座桥,这样才可以祛除疾病。宁波人的元宵节上灯比杭州人晚一天,城厢各祠庙悬挂彩灯,陈设器玩,以供神。镇海、奉化等地还请戏班演戏、唱书,称作"灯头戏"。旧时南京人以正月初八、十三、十五为灯节。江浙沪一带的农家还有"照田蚕"之俗,各地时间皆不相同,上海则恰好以正月十五为最盛。用火烧田边枯草,看火色预卜水旱。另外,各地比较有名的灯有上海的伞灯、海盐的滚灯、南京的龙灯,湖州地区则把元宵节的灯和当地兴盛的养蚕业结合起来,形成"田蚕灯"风俗。

如今,元宵节习俗从众多日渐消失的传统节俗中重回人们的生活。上海城隍庙、古猗园等众多地方在元宵重现赏灯会、舞龙灯、射灯谜、走三桥等节日盛景,市民流连其中,仿佛又回到了那个充满诗意与浪漫的元宵佳节。

---

[1] 清·顾禄《清嘉录》。
[2] 清·范来宗《锣鼓诗》。

（3）清明：扫墓踏青

桃红柳绿、莺飞燕舞的清明时节无疑是江南一年中最美的时候。古人云：杏花春雨江南。如此意境实在令人向往与陶醉。清明节在众多的中国传统节日中有着相当独特的地位，因为它不仅是一个传统节日，而且是中国二十四节气之一。

在汉魏以前，清明原和其他众多节气一样，是一个单纯的农事日期。这以后，清明渐渐承载起另外两个中国传统节日——寒食节与上巳节的节日内容。寒食节和上巳节是两个非常古老的节日，在周代就已经存在。在那时，寒食节就已经有了禁火、吃冷食的习俗，这反映了古代人们对火的崇拜。火的出现使人类远离了野蛮的世界，是文明社会开始的象征。另外，古代的寒食节还有墓祭及巫术性游戏等习俗，这些就是今日清明扫墓节俗的由来。

唐宋之后的清明节不仅将寒食节的节俗纳入自己的名下，还将上巳节的节俗收归旗下。上巳节，俗称"三月三"，在汉代以前定为三月上旬的巳日，后来固定在农历三月初三。上巳节是古代举行"祓除畔浴"活动中最重要的节日。人们要在水中沐浴，然后祭祀，要把晦气都除掉。在郑重肃穆的仪式之后，青年男女就可以开始自由交往，互赠礼物，谈情说爱。上巳节的这些仪式与习俗慢慢衍化融合，便有了踏青游玩、泼水嬉戏等节日活动，是后世清明节踏青春游的雏形。

清明时节的祭祖仪式不仅是一种仪式，而且注入了"礼"的内涵，表达了人们念祖崇宗、慎终追远的情思。祭祖扫墓是江南清明节俗的中心。上坟祭扫的两项必不可少的内容是挂纸烧钱和培修坟墓,表达对家族先人的缅怀和尊敬。在上海,每年清明节都有不少市民前往苏州和杭州扫墓,形成江南地区清明祭扫的一大特色。根据记载,上海人扫墓,新旧有别,凡是新近过世,过了七七四十九天而没做过超度法事的,要在清明当天请僧道诵经做法事或道场;如果是旧坟,扫墓并不一定在清明当天,可以前后放宽,但也不能超出"前七后八"的范围,俗谓:"前七后八,阴司放假。"在上海,祭祖扫墓除了规定的供品、香烛外,还有一项独具地方特色的习俗"烧草甏(bèng)"。甏是一种口和底稍小,腹部较大的陶制器皿,多用以贮酒,称为"老酒甏"。中国人认为在俗世的彼岸还存在着一个阴世,阳世与阴世之间可以通过某种方式进行沟通,其中最简单、最直接的方法就是火烧,阳世的东西经火烧后可以随着袅袅香烟传达到彼岸世界。上海人除了烧长锭纸钱外,还用草扎成形制似甏的贮器,将长锭纸钱贮入草甏里,专门于清明节在坟上焚烧,算是给死去的祖宗亲友汇上一大笔款子。"松江草甏滴溜圆,扎成多少稻柴圈。甏中冥锭用火化,据云阴世可以变银元。二月开场三月至,清明草甏刚上市。家家扫墓买来烧,不信烧个草甏便算孝孙与孝子。"[1]

踏青是清明节的又一重要节俗。祭墓是为怀旧悼亡,踏青则为求新护生。清明时节,自然界生机盎然,阳气发生,万物萌芽。人们外出游玩,其意义在于以主动的姿态顺应时气。踏青、蹴鞠、荡秋千、放风筝等一系列清明户外活动都有助于身体阳气生发。

《梦粱录》中描绘南宋临安清明节:"车马往来繁盛,堵塞都门。宴于郊者,则就名园芳圃,奇花异木之处;宴于湖者,则彩舟画舫,

---

[1] 1909年上海出版《图画日报》"营业写真"栏所绘"扎草甏"画的配文。

款款撑驾,随处行乐。此日又有龙舟可观,都人不论贫富,倾城而出,笙歌鼎沸,鼓吹喧天,虽东京金明池未必如此之佳。"[1]欢娱竟日,直至"红霞映水,月挂柳梢,歌韵清圆,乐声嘹亮,此时尚犹未绝"。与踏青活动息息相关的则是清明节插柳、戴柳的习俗。"相约比邻诸姊妹,一枝斜插绿云翘"[2],描绘的正是清代江苏吴县的一群女儿家在清明时节相约结伴买柳的场景。插柳、戴柳就是将柳枝插于门户、房檐等处;或者将柳枝、柳絮做成的柳圈、柳球等戴在头上或佩于身上。早在南北朝时期,已有对插柳习俗的文献记载。而宋以后,清明节插柳、戴柳蔚然成俗,以至清明节还有了"插柳节"的别称。记录南宋杭州习俗的《武林旧事》一书中载:"清明前三日为寒食节,都城人家皆插柳满檐,虽小坊幽曲,亦青青可爱,大家则加枣锢于柳上,然多取之湖堤。有诗云:'莫把青青都折尽,明朝更有出城人。'"

总体来说,人们插柳戴柳的原因大致相同,譬如辟瘟、明目、延年、招魂续魄等等。这应该与柳树的自然特性有关:一方面,杨柳具有强大的生命力和旺盛的生殖力。柳条插土就能活,这种特性令古人对柳树强大的生命力和繁殖力很是羡慕与崇拜,人们幻想通过与柳的接触将它的自然特性转移到人身上。另一方面,杨柳发芽较早,这就使柳树成为盎然生机的载体,成为春天到来的报信者。这些特性都使柳树成为人们心目中生命的象征。

上海旧俗,用柳条将清明祭祀用过的蒸糕饼团贯穿起来,晾干后存放着,到立夏那天,将之油煎后给小孩吃,就不会疰夏(指夏季

---

[1] 宋·吴自牧《梦粱录》卷二。
[2] 清·杨韫华《山塘棹歌·插柳枝》:"清明一霎又今朝,听得沿街卖柳条。相约比邻诸姊妹,一枝斜插绿云翘。"

小儿长期发热）。也有上海人家在清明吃桃花粥，在扫墓和家宴上爱用刀鱼。浙江湖州则有"清明粽子稳牢牢"的俗语，将粽子当作清明上坟的祭品。而农家在清明则要吃螺蛳，有"清明螺，赛过鹅"之说。杭州临安、塘栖一带，家家采嫩蓬蒿拌糯米粉做"清明狗"，一家有几口人就做几只"清明狗"，将清明狗挂到立夏，烧在米饭里吃，每人吃一只，谚云："吃了清明狗，一年健到头。"

　　江南蚕乡还有清明祭蚕神的习俗。祭蚕神时，各地都要插蚕烛，供茶饭，由年长妇女合掌默默祈祷，以求蚕花利市。蚕乡女子，无论老幼，在祭蚕神、谢蚕神以及一般的烧香拜佛时，头上总要插一朵用红花彩纸做成的纸花，叫做"蚕花"，以示对蚕神的虔诚。

2. 映日荷花与夏日节令

(1) 端午:端阳竞渡

说到端午风俗归纳起来离不开祛病禳灾、图腾崇拜、纪念人物等三大范畴,但相比其他节日,端午在江南有着一些异于其他地区的习俗和传说。闻一多先生曾推论,端午节就起源于江南地区。在端午节的众多起源学说中,人物纪念是其中一项,而最常见的三位与端午起源有关的人物便是屈原、伍子胥和曹娥。

今时今日,端午节众多习俗活动中影响最大的莫过于龙舟竞渡。众多史籍对此进行了浓墨重彩的描绘。万桨齐飞,银浪纷涌,吼声震天的龙舟竞渡活动在今天已渐渐演变成一种以娱乐、健身为主的文体活动。人们也常常认为龙舟竞渡起源于纪念屈原、伍子胥、曹娥等人物。对于龙舟竞渡的真正源出,现在尚无定论。有祭祀水神说,有送邪禳灾说,也有"舟崇拜"说、"招魂"说、"农祀祈年"说,等等,但对龙舟竞渡起源的争论丝毫没有影响到它在江南民众生活中的盛行程度。

相比于龙舟竞渡,悬艾和缠五色丝的习俗起源与目的就要简单得多。端午节处农历五月初五,农历五月旧时俗称"毒月""恶月",此月一到,天气转热,蛇虫竞出,邪气积发。而五月五日又是"恶日",所以人们要进行众多习俗活动以达到驱邪祛病的目的。艾草和菖蒲由于具有强烈的芳香,同时具有药性,所以古人用它们治病,也用来辟邪。按照习俗艾草和菖蒲同时使用,有"艾旗蒲剑""艾虎蒲龙"之称。而五色丝是缠在胳膊、脖子或脚腕上的五种颜色的丝线装饰品,又称长寿线、续命缕、辟兵缯、百索等。古人认为在端午节佩戴五色丝,由于五色蕴含五方神力,可用以辟邪。而宁波还有弃绳习俗,将五色丝丢弃时要黏上秋米饭,丢至屋瓦,由飞鸟衔去,孩子则可以无病无痛,长命百岁。

粽子是端午节最具有代表性的食品,在各地都有很多形成品牌的粽子。除此之外,江南比较有代表性的端午饮食则是"五黄":黄鱼、黄瓜、黄鳝、雄黄酒,还有咸蛋黄,认为吃了"五黄",便可辟邪。此外各地还有"五黄六白""五毒菜""炒五毒"之类,不一而足。

端午日各地还有采百药、斗百草、挂香囊、沐浴兰汤等习俗,比较特殊的则有《西湖老人繁胜录》中记载的南宋临安端午游西湖赏荷花的习俗;宁波的女婿要在端午节挑"端午担"给岳父母送礼;上海、苏州等地用彩绸制成骑虎小人"健人"。苏州人则在端午节用雄黄荷包裹绒铜钱,挑选不分瓣的大蒜,结线网挂起来作为装饰,给小儿戴老虎帽、系老虎兜等等。南京则有挂张天师图、钟馗图的风俗。杭州临平、塘栖一带的水乡人家宰吃癞蛤蟆,这一习俗和白娘子有关,据说人们吃癞蛤蟆,是为了表示对法海和尚的仇恨!

端午节赛龙舟习俗在江南各省相沿成风,演变为一种民间竞赛娱乐活动。

(2) 七夕:银汉乞巧

七夕最初在人们心中并非良辰吉日,而是凄苦的分离忌日——天各一方的分离,而今被引申为"中国的情人节",相爱的人历经磨难,终得相聚,也算是悲喜交集。

七夕节源出中国古人对时间规律的认识,与对星辰、时间的自然崇拜有关。七夕在汉代之前,大约在七月朔日,即七月初一。七月初一之所以会成为一个节日,是因为古人有利用织女星在天空的位置确定季节的历法。尽管后世的人们对以织女星方位作为新年标志的记忆日渐模糊,但在岁首祈年、祈福、祈子嗣的习俗作为七夕节俗的核心之一,就一直流传了下来。后来,隔河相望的牵牛星和织女星随着社会生活的发展,在星象和人事之间悄悄地融合在一起,便逐渐产生了牛郎织女的神话传说,并由此产生了一系列的七夕民俗。

七夕在其形成民俗节日的最初是凄苦的分离忌日,是因为那时的文献都以"隔离"为主题来描绘这个节日。"盈盈一水间,脉脉不得语。"[1]据云梦睡虎地秦简《日书》甲种第一五五简正记"取妻"忌日说:"戊申日、己酉日牵牛迎娶织女的喜事没有办成,如果在这样的日子娶新娘的话,三年内丈夫就会离弃妻子。"[2]另一则

---

[1]《古诗十九首》之一。
[2] 云梦睡虎地秦简《日书》甲种第一五五简正记"取妻"忌日原文云:"戊申、己酉,牵牛以取织女,不果,三弃。"

简文也认为在牵牛娶织女的日子娶妻,必遭遗弃离异[1]。由此可见牵牛织女因为银河的阻隔未能厮守的传说,在当时是被作为夫妻分离的象征,形成了一种民间婚嫁的时间禁忌。到了汉代,七夕逐渐由古代历法的天文点向岁时节俗转变,七夕节节俗主题也在西汉中期以后开始发生重大变化,牛郎织女的悲剧,借由汉武帝时期西王母与鸟鹊神话的融入,演进为着重突出"鹊桥相会"的喜剧,七夕也由"分离"所形成的禁忌逐渐演变为良宵欢会。

七夕乞巧具体的风俗有曝晒经书(另有曝衣)、星神相会、守夜祈愿等等,后来又陆续增添了穿针、浮针以乞巧的活动。到了南北朝时期,七夕原来的禁忌意义已经完全消解,从此以后,七夕主要成了表达女性乞巧、祈子,人们歌颂爱情的节日。

江南地区女子在七夕有用凤仙花染指甲的习俗。苏州女子染无名指尖及小指尖,称作"红指甲",相传要留护到第二年春节,老年人看到红指甲,就会神清目爽。苏州旧俗在七夕后看天河的明暗程度来卜米价的高低,认为暗则米价就贵,反之则米价贱。在浙江嘉兴塘汇乡古窦泾村,有七夕香桥会。每年七夕,人们都搭制香桥。所谓香桥,是用各种粗长的裹头香(以纸包着的线香)搭成的长四五米、宽约半米的桥梁,装上栏杆,于栏杆上扎上五色线制成的花装饰。入夜,人们祭祀牵牛织女双星,乞求福祥,然后将香桥焚化,象征着双星已走过香桥,能欢喜相会。这香桥,应是由传说中的鹊桥传说衍化而来。妇女七夕洗发的习俗,在江浙一带广有记载。宁波和湖州的女子七夕一早到井边打水,采摘木槿叶搓碎

---

[1] 云梦睡虎地秦简《日书》甲种第一五五简正记另一则原文:"戊申、己酉,牵牛以取织女,不果,不出三岁,弃若亡。"

和水,调成胶水状,用来洗头发。相传织女每逢七月初七用木槿叶汁在杼机旁洗头,所以织女青丝黑发,十分美丽,民间以此成俗。

在农村,这一夜会有许多少女一个人偷偷躲在生长得茂盛的南瓜棚下,在夜深人静之时如能听到牛郎织女相会时的悄悄话,待嫁的少女日后便能得到千年不渝的爱情。还相传夜驾小舟到河边丝瓜棚下,就能隐约听见牛郎织女窃窃私语声和低沉的悲泣声。"昆山县东三十六里,地名黄姑湾,故世相传云,尝有织女牵牛星降于此。织女以金篦划河,水涌溢,牵牛因不得渡。乡人异之,为之立祠。"[1]黄姑塘在今上海嘉定北境,黄姑庙又称织女庙,久废。

---

[1] 宋·龚明之《中吴纪闻》卷四"黄姑织女"条。

3. 银烛画屏与秋季节日

(1) 中秋:举头赏月

"但愿人长久,千里共婵娟。"作为一个象征团圆的日子,中秋节与春节、端午节、清明节一样,同为中国重要的传统节日。在中国的传统节日中,中秋是形成时间比较晚的一个节日,但中秋的民俗活动却有悠久的历史渊源。中国自古就有"春祈""秋报"的传统,八月十五是秋收时节,家家户户都会在这一天拜土地,所以中秋节可能是"秋报"的遗俗。

而另一种说法则认为中秋节源于古代的祭月仪式。《礼记·祭法》中有"夜明,祭月也"的记述。相比西方文化对太阳的崇拜,中国文化崇拜的对象则是含蓄的月亮——从大量有关月亮的诗词、神话传说中可见一斑。月亮在先民的眼中是温和无害的,它不同于太阳,带来光明的同时也会带来酷热干旱,在无边的黑夜中,月亮的光芒显得弥足珍贵。于是,中秋的月亮也成为古代帝王重要的祭拜对象。祭月活动从周代开始岁时化,秦汉时期的皇室礼仪中也沿用了祭月典礼,到明世宗时,北京修建了夕月坛,成为了明清帝王祭月的场所。

关于中秋的神话,最广为流传的当属嫦娥奔月。嫦娥奔月的故事在战国时期就已出现,在后世的流传过程中又不断得到丰富和补充,不同地区也各有不同的版本。相传后羿射九日,解救百姓于水深火热之中,成了英雄,并娶了美丽的女子嫦娥为妻。为了能长生不老,后羿向西王母求得长生不死之药,不料这药却被嫦娥偷吃了,嫦娥便飘飘然飞上了月宫,成了蟾蜍。但是这样的结局不符合老百姓的审美需求,于是嫦娥奔月的故事得到了重新演绎:嫦娥并不是自己偷吃了仙药,而是一个叫蓬蒙的人,乘后羿外出打猎的时候,逼嫦娥交出仙药。嫦娥为了不让仙药落入奸人之手,自己一口吞了下去,随即身子轻飘飘地向天上飞去。嫦娥牵挂自己的丈夫,便飞到了离凡间最近的月亮上成了仙。后羿因思念奔月的妻子,便在花园里摆上香案,放上嫦娥最爱吃的蜜食鲜果,对着月亮遥拜。百姓们得知嫦娥奔月的消息后,也纷纷在月下设香祭拜,祈求善良的嫦娥保佑安康,由此产生了中秋拜月的风俗。

中秋拜月、祭月需要供品,一开始供品也不固定,随着拜月习俗的淡化,月饼才逐渐演变成大众食品。关于月饼,民间传说元朝末年,政治腐败,民不聊生,中原及江南地区的抗元义军风起云涌。朱元璋想联合各路力量进行起义,但朝廷官兵搜查严密,消息很难传递。此时军事刘伯温想了一条妙计,在饼中夹带"八月十五夜杀鞑子"的字条,并把饼分送到各地起义军中。大家见了字条后,一传十、十传百,八月十五那天的起义一举成功。为纪念此事,朱元璋便将月饼定为节令糕点,中秋节吃月饼的习俗从此在民间流传开来。虽然这只是一个民间传说,但中秋月饼的普及确实始自明朝。

中秋节自古便有祭月、赏月、拜月、吃月饼、赏桂花、饮桂花酒等习俗,流传至今,经久不息。中秋节以月之圆兆人之团圆,为寄托思念故乡,思念亲人之情,祈盼丰收、幸福。

江南很多地方将中秋夜呼为"八月半"。这一夜家家各有宴会,以酬佳节。夜有斋月宫之举。斋月即用月饼、香斗、糖烧芋艿、白果、栗子、柿子、藕等物祭月。月饼形圆如满月,其馅有肉,有葱油,有火腿,有什锦,为应时物品。亲戚多以此互相赠送。香斗用线香制成,如旗杆状,高者有斗七级,其下满盛香屑,燃时香烟缭绕,星火万点,颇为可观。糖烧芋艿以芋头加糖,加盐而煮,复加桂花,香味色俱佳。是日,家家以糖芋艿飨客。香斗置于庭前,桌上摆放果品,燃香烛,虚座以待。妇孺辈咸膜拜。如若下雨月隐,斋月之事仍然举行。人们又以中秋节之夜是晴是雨来占次年元宵的阴晴。谚云:"八月十五云遮月,来岁元宵雨打灯。"又云:"雨打上元灯,云罩中秋月。"清蔡云《吴歙》云:"闷闷中秋云罩月,哓哓元夜雨淋灯。谁知篱豆花开日,养稻正需水满塍。"

斗香是一种特制的佛香,由多节香炷叠加而成。斗香的台数越大,则表明这家越有钱。有的会在香斗四周糊上纱绢,绘出月宫中的景色。也有用线香编成的香斗,插上纸扎的魁星及彩色旌旗。在月下点燃后,香味缭绕,别有一番风味。如今在江苏的一些农村仍保留了烧斗香的习俗。中秋夜,妇女盛妆出游,互相往还,或随喜尼庵,鸡鸣喔喔,犹婆婆月下,谓之"走月亮"。《吴歙》诗云:"木犀球压鬓丝香,两两三三姊妹行。夜冷不嫌罗袖薄,路遥翻恨绣裙长。"月亮在绍兴被称作"月亮婆婆",中秋夜要在院子里供奉"月亮婆婆",将月饼、南瓜、水果等食物放在桌上,并放一碗凉水,烧香燃烛。

钱塘观潮也是江南中秋的一大盛事。钱塘江口的地形状似一个漏斗,河口处的水下还有一道隆起的沙坎。当大量潮水涌入时,由于江面迅速缩小,潮水来不及均匀上升,于是后浪推前浪,波浪层层相叠堆积成一道水墙,尤为壮观。苏轼曾作过一首《中秋夜观潮》,诗中说道:"欲识潮头高几许,越山浑在浪花中。"形象地描绘出了潮水汹涌的气势。时至今日,钱塘观潮仍是浙江中秋节的特色民俗活动,并吸引了五湖四海的游客共赏奇观。

(2) 重阳:重九登高

"九月九日眺山川,归心归望积风烟。"[1]出游登高是重阳节的主要内容。重阳节还有佩茱萸、饮酒赏菊、吃重阳糕的习俗。

《易经》中以阳爻为九,将九定为阳数。"岁往月来,忽复九月九日。九为阳数,而日月并应,俗嘉其名,以为宜于长久,故以享宴高会。"[2]由此可见重阳之名的由来——九月九日,两个阳数相重,所以称为重阳,也叫重九。九九与"久久"同音,九在数字中又是最大数,所以双九具有长久平安、健康长寿的含义。

九月九日重阳与三月三日上巳相对应,分别是秋季和春季的大节,人们在这两个节日都会外出郊游,上巳"踏青",重阳"辞青"。九月九日阳气达到极点便开始衰减,大火(即大火星)也在季秋九月隐退,人们要像迎火那样举行相应的送火仪式。重阳节出现的确切时间如今已很难考证,但在悠久的历史长河中,重阳的文化内涵及诸多风俗被完好地传承了下来,并在当代社会得到了良好的诠释。1989年,我国将每年的农历九月九日定为敬老节,重阳节

---

[1] 唐·卢照邻《九月九日玄武山旅眺》。
[2] 三国·曹丕《九日与钟繇书》。

被赋予了新的内容,成为一个全民尊老、爱老、敬老、助老的节日。

重阳节的节日食品有重阳花糕、菊花酒、茱萸酒等。重阳糕在苏州被称为"花糕",上海人也有沿袭苏州人的叫法的,但很多人称为"糖糕"或者"白糖糕"。"小红旗插白糖糕,默缀重阳无菊粉。一览凭楼远市嚣,江城何处可登高。"[1]农家自制的重阳糕通常为糖糕,在糕上插一小纸旗就成了重阳糕,这就是所谓的"小红旗插白糖糕"。吃糕还有步步高升的含义。再说饮菊花酒,古代,菊花酒被看作是重阳节必饮、祛灾祈福的"吉祥酒"。到了明清时代,菊花酒中又加入多种草药,其效更佳。菊花酒能疏风除热、养肝明目、消炎解毒,故具有较高的药用价值。从唐代开始,重阳饮茱萸酒之风兴起,到南宋已盛行于杭州民间。茱萸是一种中药,又名"越椒"或"艾子",果实秋后成熟,有温中、止痛、理气等功效。产于江浙一带的茱萸质量最好,称为吴茱萸。《本草纲目》说它气味辛辣芳香,性温热,可以治寒驱毒。古人认为佩带茱萸,可以辟邪去灾。晋代周处《风土记》记载:"九月九日折茱萸以插头,避除恶气,以御初寒。"茱萸最初是佩戴在身上或插在头上,其作用类似于端午节的雄黄和菖蒲,谓之避邪,实则在于除虫防蛀。重阳在早期民众的实际生活中强调的是避邪消灾,随着人们生活状态的改善,人们不仅关注目前的现实生活,而且对未来生活给予了更多的期盼,祈求长生与延寿。所以"延寿客"(菊花)的地位最终盖过了"辟邪翁"(茱萸)。农历九月,天气开始转寒,饮茱萸酒可御寒、健身、辟邪。明清时期,茱萸酒得到进一步普及。

重阳赏菊,菊是长寿之花,又被文人墨客赞美为凌霜不屈的象

---

[1] 清·陈金浩《松江衢歌》。

征,所以人们爱它、赞它,常举办大型的菊展。《清嘉录》中记苏州赏菊活动说:"畦菊乍放,虎阜花农已千盎百盂担入城市。居人买为瓶洗供赏者,或五器七器为一台,梗中置熟铁线,偃仰能如人意。或于广庭大厦堆叠千百盆为玩者,绉纸为山,号为菊花山。而茶肆尤盛。"另如《金瓶梅》《浮生六记》等书中也有赏菊之记载。

农历九月初九,金秋送爽,层林尽染,美不胜收。此时登高远眺,能使人豁然开朗,心旷神怡。在上古时期,秋季登高和春季渡河一样,有着祓禊的含义,即祓除浊恶,净化身心。登高作为重阳习俗,约始于汉代,到唐代已广为流行。江南平原地区的百姓无山可登,一方面借吃重阳糕来替代登高,另一方面选择攀登一些高台楼阁。如今,重阳登高的习俗在很多地方依然流行着,现在的登高已称为一种休闲健身方式,而不是过去的避难消灾。繁忙的都市人也不用舍近求远地跑去郊外登山,城市中的高楼同样能得到攀登的乐趣。

4. 暮雪辕门与冬日风俗

(1) 冬至:收成感恩

冬至为二十四节气之一,也是很重要的传统节日。我国历来对冬至极为重视,在民间有"冬至大如年"之说,江南部分地区甚至将冬至称为"小年"。古人认为冬至日是"阴极之至,阳气始生",为节气循环的开始。作为一个阴阳转化的关键节气,冬至又被称为"冬节""交冬""长至""亚岁""消寒节"等。

《周礼》记载:"以冬日至,致天神人鬼。"因为周历的新年是从冬至这一天开始的。周朝的冬至日,天子要率三公九卿迎岁,直至汉武帝采用夏历后,才把春节和冬至分开。但冬至作为曾经的"年",在后世依然保留了很多周代年俗,其隆重程度甚至不亚于新年。"冬至前后,君子安身静体,百官绝事,不听政,择吉辰而后省事。"[1]朝廷上下有五天的假期,民间百姓也都家家休息,相互拜访,馈赠美食,欢度佳节,亲朋各以食物相馈送,提筐担盒,充斥道

---

[1]《后汉书·礼仪志中》。

冬至之日，各大道观有法会。道士唪经、上表，隆重庆贺元始天尊诞辰。以糯米磨粉抟丸，谓之搓圆。更有演剧酬神，尽情歌乐，为农民收成感恩之表现。

路,所以又俗呼"冬至盘"。前一夕称为冬至夜,这一晚,即使普通人家,都非常重视这一顿"冬至夜饭"。出嫁女在娘家的,这一晚必定要回夫家。家无大小,必市食物以享先。

"有几人家挂喜神,匆匆拜节趁清晨。冬肥年瘦生分别,尚袭姬家建子春。"[1]冬至拜贺的风俗一直在江南地区延续下来,明清时代,吴中地区的拜贺之风尤为兴盛,有"肥冬瘦年"之说。京城里的帝王家要举行祭天活动,民间百姓则要祭祀祖先。江浙一带的祭祖一般都在祠堂家庙,称为"做冬至"。冬至这天祭扫上坟的人特别多,甚至不亚于清明扫墓,很多人还会在墓前焚烧用纸剪成的衣服,或延僧道作功德,荐拔新亡;至亲亦往拜祭,称为"新十月朝节"。祭祀过后,亲朋好友进行聚餐,共饮"冬至酒"。

苏州人沿袭了几千年的吴文化,把一个冬至节过得真比过年还要有仪式感,而冬至的前一晚"冬至夜",对苏州人来说,甚至比除夕夜还要重要。他们一大早就去排队买冬酿酒。这顿酒,老上海人叫"分冬酒",苏州人叫"冬阳酒",冬阳酒并不是烈性白酒,只是用糯米、太湖水、光福桂花合酿而成的一种甜米酒,酒精度一般只有3-5度,所以老外婆可以喝,孩子们也可以品尝,真正是妇孺皆宜。冬阳酒,苏州人一年只喝一次,一年才酿一次。在苏州人心中,必须要喝上一碗当年新做的桂花冬酿酒的,这样才算过了冬至节。

冬至还有独特的节令饮食文化,饺子、馄饨、米团、年糕、糯米饭等都是常见的节日食品。民间有"冬至馄饨夏至面"的说法,在南宋时,临安人就有冬至吃馄饨的习俗,后来逐渐盛行开来。江南

---

[1] 清·蔡云《吴歈》。

一带比较流行的冬至食品是米团和花糕,米团又叫"冬至团",和花糕一样,皆为糯米所制。冬至前,家家户户开始忙碌,把当年收获的糯米磨成粉,再做成团子,加上糖、肉、菜、豆沙等馅心,可作为祭祖的供品,也可以馈赠亲友。在一些水乡还有冬至夜吃赤豆糯米饭的习俗,用以驱避疫鬼,防灾祛病。

《吴歈》竹枝词云:"连冬起九验天寒,只有寒消九九难。第一莫贪头九暖,连绵雨雪到冬残。"此为江南冬日"数九"习俗,通常的的形式,有九格消寒图、梅花消寒图、葫芦消寒图、消寒诗图等。以梅花消寒图为例:画素梅一支,上有八十一片花瓣,以后每天用颜色染一瓣,等到八十一片花瓣全都着了色,冬天便过去了。它是一种艺术表现形式,是记录时间、气候的日历,也是精美的装饰品,并成为文人墨客高雅的娱乐消遣游戏,表达了人们对冬去春来的期盼。

(2)腊八:腊月风和

腊八节是我国传统节日,源自上古时期的腊祭,后来演化成了纪念佛祖释迦牟尼悟道的宗教节日。腊八节的主要习俗是吃腊八粥。"腊"是古代人们祭祀众神及祖先的一种活动,每年人们都要用捕获的猎物举行春、夏、秋、冬四次大祀,以冬祀规模最大,最为隆重。又因冬祀是在十二月举行,故十二月被称为腊月,冬祀被称为腊祭。

腊祭作为一个节日,在先秦时代就已存在。在古代,腊日除了祭祖敬神的活动外,还要进行驱逐疫鬼的仪式。这种仪式通常在腊日前一天进行,叫做腊除,腊除属于傩的一种,傩即是古代驱鬼逐疫的仪式。在人类原始的自然崇拜阶段,人们被万物有灵的观念所支配,对自然万物都怀有敬畏之心。由于生产力水平低下,风雨雷电、野兽、疾病都对人们的生产生活构成了极大的威胁。因为对疾病缺乏科学的解释,人们便认为这是疫鬼在作怪。在缺乏医疗手段的情况下,人们只能借助"傩"来驱鬼治疾。

在佛教中,十二月初八是释迦牟尼悟道成佛之日。佛门弟子为了纪念释迦牟尼苦行修道,就把十二月八日定为佛教的腊八节,并在这天救济穷人,施舍饮食。每年腊月初七,寺庙的僧侣们都要把新鲜干果放入器皿中熬煮到天明。到了腊月初八早上,僧侣们诵经演法,将熬好的粥供奉佛祖,而后再分送给门徒及善男信女们。因为施粥在腊月八日,所以称为腊八粥。传说吃了腊八粥便能得到佛祖的保佑,腊八粥又被称为"福寿粥""福德粥""佛粥"。

腊八粥是腊八节最具特色的节日食品,在我国有一千多年的历史。"扬州好,腊八粥真佳。托钵尼僧群募化,调饧巧妇善安排。枣栗称清斋。"[1]江南的很多寺庙会在腊八节这天向市民分送腊八粥。如今每到腊八节,南京毗卢寺、扬州大明寺、苏州寒山寺、杭州灵隐寺等名寺古刹前,都有很多市民前来排队领粥,讨个吉利。近年来,部分商家也开始尝试免费派粥,为市民送上热腾腾的腊八粥,同时也提升了自身的品牌形象。

腊八节前后,民间还有制腊肉、腊酒的习俗。腊肉是一种先经腌制、再经烘烤的加工肉,防腐能力强,能保存较长时间,风味独特。腊酒是一种米酒,江南地区又将腊酒称为三白酒或桃花酒,饮

---

[1] 清·黄鼎铭《望江南百调》"腊八粥"词。

三白酒还有预祝来年丰收的美好心愿。

(3) 祭灶:祈福小年

祭灶,又称"交年""小年",是江南民间极具特色的一个节日。这天晚上家家户户要在自家的灶台上供上瓜果甜食以祭拜灶神。祭灶的风俗由来已久,但祭灶的日期历来说法不一,有夏祭说、晦祭说、腊祭说,正月、四月、五月、八月、十二月等曾经都是祭灶的月份。由于我国古代信仰体系较为复杂,百姓往往是多个神灵一并信仰,大大小小的神灵一概敬之,并且对灶神又有各种不同的说法,这样就导致了祭灶时间的不一致。

宋代以后,祭灶的日期相对固定下来,定为十二月二十四日,与腊祭的观念相一致。明朝时期,我国大部分地区在十二月二十四日晚上祭灶,北方的一些地区在二十三日祭灶,也有部分地区在二十五日祭灶。到了清朝,出现了"官三、民四、船家五"的说法,即官府在十二月二十三日、普通民家在二十四日、水上人家在二十五日祭灶。如今在很多农村地区,祭灶依然是腊月必不可少的一个仪式,通常在二十三日祭灶,二十四日打扫屋子,或者在二十四日祭灶打扫一起进行。

灶神被列为五祀之一,和门神、户神、井神等一起掌管一家人的平安。灶神不仅要负责人们的饮食,而且会记录下这家人的功过,年终时上天庭向玉皇大帝禀报。为了能让灶神在玉帝面前美言几句,祈求降福免灾,保佑全家老小来年平安顺利,人们要在灶神上天的时候为其进行欢送仪式,这就是"送灶"。

灶神究竟何许人也？历来流传着不同版本。

第一种说法是火神炎帝或其后裔祝融；第二种说法是先炊者；第三种说法是一对夫妇，即"灶公灶母"："灶神姓苏名吉利，妇名博颊。"[1]如今许多地方供奉的灶君画像，就是一对老夫妇并坐的形象，民间称之为"灶君爷爷""灶君奶奶"。可见，灶神的形象不断被拟人化、具体化，并且由最初的负责炊事转向对家族平安的守护。

祭灶仪式通常在晚上，地点就在自家的灶房。有些人家会在灶房的北面或东面设一个灶王龛，中间供上灶王爷的神像；很多没有灶王龛的人家，就直接将神像贴在墙上。神像的两旁往往写着"上天言好事，下界保平安"或"上天言好事，回宫降吉祥"。祭灶的时候，一家人来到灶房，摆上桌子，奉上供品，向灶神进香。祭灶的供品多种多样，有用豆腐、粉条、白菜、海带等做成的"祭灶汤"；有用糖糊或麦芽糖做成的"祭灶糖"；还有糖瓜、柿饼、红枣、汤圆、年糕等甜食。供奉甜食的目的是希望灶君吃过后，嘴巴变得甜一些，能在玉帝面前多说好话。有的还会供上烧饼和一撮草料，烧饼是给灶神路上吃的，草料则用来喂马，是专门为灶神的坐骑准备的。供完之后，把贴了一年的灶君神像撕下来，有些人还会用灶糖在灶君的嘴上抹一下，让他封住嘴巴，上天不乱禀报。接着把神像放在用纸扎成的马背上，一起焚烧，同时高呼："送灶王爷骑马升天"，此刻最好有风，让灶神乘风而去，有"送神风，接神雨"之说。祭灶仪式结束后，全家一起享用祭灶的糖、饼、糕等食品。到了年三十晚上，还要接灶神回来。接灶神的仪式就很简单了——把新买来的灶君神像贴到灶台上即可。

---

[1] 北齐·杜台卿《玉烛宝典》卷一二引《灶书》。

祈福祭灶。农历腊月二十三日(俗称小年),民间有种说法,谓之灶神上天,将人间善恶上奏天曹,然后于正月初四返回人间。所以,在其上天前夕,人家为其设宴钱行,求其上奏时宽宥人过,隐恶扬善,并求来年降福消灾。

江南一带还有不少有趣的祭灶节风俗。明清时期,江浙地区流行"跳灶王"。跳灶王源自腊日驱逐疫鬼的仪式,由乞丐化妆或戴面具,扮成钟馗、灶神,敲锣打鼓在闹市表演,也有沿门叫跳的。跳灶王一般在腊月二十四或二十五日,乞丐们利用这个机会挨家挨户地乞讨。在腊月二十五日,江南还有吃"口数粥"的习俗。口数粥就是赤豆粥,因吃的时候要计口而食,外出未归者、襁褓中的婴儿等,都要为他们预留一份,所以又叫"人口粥"。吃口数粥的目的和吃腊八粥相似,人们相信赤豆有避瘟驱疫的作用,希望借吃数口粥来达到避邪消灾的目的。腊月二十五日夜,吴中"村落则以秃帚若麻秸竹枝辈燃火炬,缚长竿之杪以照田,烂然遍野,以祈丝谷"。[1] 照田蚕主要流行于江南地区,是一种民间祈年习俗。在腊月二十五这天,将绑有火炬的长竿立在田野中,以火焰的高低来占卜来年是否丰收,火焰旺则预兆来年丰收。

(4) 除夕:辞岁谢年

"爆竹声中一岁除,春风送暖入屠苏。"

除夕又名除日、除夜、岁除、年三十、年关等,意为旧岁至此而除。除夕是一年的最后一天,也是年末最忙碌的一天。辞旧迎新是除夕的主要内容:

守岁。"一夜连双岁,五更分二年",大年三十的晚上,民间有守岁的习俗——即全家聚在一起,吃喝玩乐,谈笑畅叙,通宵达旦。

---

[1] 宋·范成大《照田蚕行》诗序。

苏轼曾有"晨鸡且勿鸣,更鼓畏添过。坐久灯烬落,起看北斗斜"的诗句。在古代,守岁有双重含义:年长者守岁意为"辞旧岁",有珍惜光阴、期望长寿的含义;年幼者守岁则是希望父母延年益寿,长命百岁。过去的守岁要通宵不眠,如今的守岁一般就在家看看春节联欢晚会,听到新年钟声敲响之后就算完成了。

放鞭炮。守岁又称"熬年",关于"熬年"有一则有趣的故事。相传在远古时期,有一种叫"年"的怪物,每到大年三十的晚上,年怪就出来侵害人类。人们担心自己在睡梦中被年怪吃掉,于是大家都在腊月三十的晚上守夜,早早地关上大门,坐等天亮。直到第二天早晨年怪不再出来,家家户户才打开房门,大家一见面就相互恭喜道贺,庆幸没被年怪吃掉。后来,人们发现年怪怕火光、怕响声,于是就把竹筒放到火里燃烧,发出噼噼啪啪的响声吓走怪物,此后年怪就真的没再出现。就这样,守岁、燃放爆竹作为除夕夜的典型习俗流传下来。

压岁钱。过年的时候,长辈都要给晚辈发压岁钱,"岁"与"祟"谐音,发压岁钱是希望可以压住邪祟。压岁钱的发放时间一般有三个:第一个是在吃过年夜饭后,象征旧岁过去,长辈拿出用红纸包好压岁钱递给小辈,祝其新年平安进步;第二个是在除夕夜里,孩子睡着后,家长把压岁钱轻轻放到孩子的枕头下,意为"压祟";第三个是在大年初一,晚辈给长辈拜年的时候,长辈给晚辈发压岁钱。清人有一首吟咏压岁钱的诗:"百十钱穿彩线长,分来角枕自收藏。商量爆竹饧箫价,添得娇儿一夜忙。"[1]可见,过去的压岁钱讲究的不是钱多钱少,而是为晚辈祈福,希望其平安健康地成

---

[1] 清·吴曼云《压岁钱》。

长,孩子们也对压岁钱充满了期待与兴奋。

"万年粮"和"画米囤"。煮饭盛于新箩中,置红橘、乌菱、荸荠诸种果品及年糕、元宝,并插松枝于其上,中竖一秤,过年时以猪肠绕之,陈列中室,至新年乃蒸食之,取食有余粮之意,名曰"万年粮"。所谓"画米囤"就是江南乡农人家以石灰画米囤于场,或像戟、矢、元宝之形,以祈年禳灾。

封井、扫地和封门。旧时江南许多人家院子里都有井,除夕之前,要置一个井泉童子马,放在竹筛内,再摆上糕果,放在井栏上,将井盖起来,谓之封井。到新年初三日,再将这"井泉童子马"焚烧,称为"开井",所以除夕封井之前,一般人家必预贮足用之水,因在封井期内,不得汲取。开井后,初汲水时,用手指沾上一些井水搽在眼睛上,老百姓相信能起到明目的作用。按照吴俗,新年头上,岁朝不扫地,因此在除夕夜必使一人执红烛,一人扫地,扫地时自外而内,意谓财不外漏也。也有人家用红纸裹上长炭,再配上柏枝,放置在门角处,曰"撑门炭",俗信可以使家庭日益兴旺。除夕夜一般要守岁,倘若支撑不住,在除夕夜睡觉,临睡时不可以将鞋子放在地上,否则不祥。又除夕将宅院门关上时要燃放爆竹,曰"封门爆仗"。

除夕结账。江南贸易发达,吴俗以端午、中秋、除夕为三大节,按节索欠,谓之"三节账"。除夕一节,自昏达旦,虽东方已白,而犹手执灯笼,络绎道路。因按照俗例过了除夕之夜到元旦就不得到人家里索账讨债了,所以携灯笼者,表示还是除夕。《吴歈》云:"无地堪容避债台,一年积欠一宵催。店门关到质钱库,还点灯笼走一番。"这就是说,按照江南许多地区的惯例,除夕之夜,一般店铺的质库都要延长开门时间。又徐晋铭《除夕诗》云:"生计吴中往日

除夕谢年。谢年民俗大多于腊月二十七至腊月三十,各地旧俗各有不同。这天,家家户户供祭品于自己门前以及庙堂,意在答谢天上神恩,如鸣放爆竹,祭祀祖先,宴会亲友,彼此送礼,盖示一年平安如意稳渡。

虚,到来今日各踌躇。平时浪费知何益,千载奢风尚未除。索负偕来门外汉,救贫谁窃枕中书。阿侬身外无长物,安乐新添一味蔬。"

草纸擦嘴。家中在除夕夜忙年时,一般都很重视"讨口彩",说吉利话,小儿常常口无遮拦,倘若说到对神祇有不敬或者咒骂的言语,家人每于吃年饭后,以粗纸擦小儿嘴,意谓小儿之言,不能作真,童言无忌,以消神祇之怒。

年夜饭,可谓是中国人一年中最重要的一次家庭宴会,无论离故乡多遥远、工作多繁忙,人们都希望能回到家中,与家人团聚,一起享用除夕大餐。年夜饭的饭桌上常常是鸡鸭鱼肉应有尽有,主妇们为了这顿丰盛的大餐,都是提前好几天就开始准备了。过去的平民百姓生活艰苦朴素,一年到头也吃不了几顿肉,家中养的猪牛羊,都要留到过年才舍得杀来吃。现代人的生活水平得到了大大的提高,鸡鸭鱼肉早就不是稀罕之物,如今的年夜饭已不注重大鱼大肉,讲究的是一份阖家团圆、血浓于水的亲情。除夕夜的这顿年夜饭,家中举宴,长幼咸集,席间多作吉祥语、吉利话,也叫合家欢。饭中杂以黄豆,花生;于碗底则置荸荠二枚,谓之元宝。"妻孥一室话团圞,鱼肉瓜茄杂果盘。下箸频教听忏语,家家家里合家欢。"[1]又按照旧俗,这顿饭食必有余粒,谓有余粮也。年夜饭的饭桌上,鱼是必不可少的,但这条鱼不能吃完,要留到过完年,甚至要留到正月十五,意为"年年有余"。此外,江南地区除夕必吃青菜,意为"亲亲热热";必吃豆芽菜,因豆芽形状像"如意",吃了就能"吉祥如意";必喝甜羹,喝了甜羹来年的生活就能"甜甜蜜蜜";苏州人还会在年夜饭的米饭里放熟荸荠,吃的时候挖出来,称为"掘

---

[1] 清·周宗泰《姑苏竹枝词》。

元宝"。

除夕撞钟。"月落乌啼霜满天,江枫渔火对愁眠。姑苏城外寒山寺,夜半钟声到客船。"唐朝诗人张继的《枫桥夜泊》让许多人对寒山寺的钟声念念不忘。每年的除夕夜,苏州的寒山寺都会举行新年撞钟的活动。为了与国际接轨,寒山寺把传统的除夕钟声提前到了元旦前夜。从1979年开始,每年12月31日23时42分10秒,寒山寺方丈撞响第一下钟声,接着每隔10秒一声,至108响钟声传出,恰逢元旦零点。佛经上有"闻钟声,烦恼清,智慧长,菩提生"的说法,听了108下钟声,便可消除人世间的108种烦恼。在上海的龙华寺,也有新年撞钟活动。108位嘉宾在法师的带领下,依次登上钟楼敲击那口重达三千公斤的青龙铜钟。杭州的南屏晚钟也是聆听除夕钟声的好去处。南屏晚钟为西湖十景之一,以其优美的景观吸引了海内外游客。除夕夜里的108响钟声飘荡在繁星点缀的西湖上,像是天上的梵音一般,洗涤了听者的灵魂。

江南的传统节日,秉承中国传统的节日体系,涵盖了原始信仰、祭祀文化、天文历法、易理术数等人文与自然文化内容,蕴含着深邃丰厚的文化内涵,它是一种成熟文明的缩影。传统节日既包含着人与自然的关系,又体现着人际交往的联系。传统节庆活动是先民长期不懈地探索自然规律的产物,包含着大量科学的天文、气象和物候知识,也是中华文明的哲学思想、审美意识和道德伦理的集中体现。深邃丰厚的节日信仰,深深融入人们的日常生活和精神世界里,滋养着江南民众的创造活力,推动着中华节日文化历久弥新、强劲发展。

第八章

江南风俗中的动物信仰

1. 江南鸟崇拜及鹊鸦俗信

(1) 从马桥"鸭形壶"说到鸟崇拜

上海马桥文化遗址中的遗物以石器、陶器为主,多为生产生活用具,其中最有特色和代表性的是一种形似鸭禽的陶壶,学者们称为"鸭形壶"。鸭形壶主要使用泥质灰陶,敞口,粗颈,鼓腹,凹圜底,肩部附半环形扁錾,尖圆尾,腹部多饰条纹,亦有素面者。

马桥文化鸭形壶是由马桥文化自身发展创造出来的新器类,并且作为马桥文化的典型代表因素而向外传播。马桥地区地处上海冈身之上,濒临太湖流域,气候温润潮湿,湖沼密布,自然环境适合水鸟生存。长江下游地区的鸟禽崇拜意识由来已久,在民间有着深厚的基础。

结合鸭形壶的水鸟造型,马桥文化中的鸭形壶也应是当地的鸟禽崇拜意识在物质创造中的体现。这块土地在远古时期,其农耕民族的祖先赖以生存的稻作文明,最早是从鸟兽处学来的。古人有"象耕鸟耘"之说,东汉王充在《论衡》里记载:"传书言:舜葬于苍梧,象为之耕;禹葬会稽,鸟为之田。盖以圣德所致,天使鸟兽报祐之也。……鸟田象耕,报祐舜、禹非其实也。实者,苍梧多象之地,会稽众鸟所居。……象自蹈土,鸟自食苹。土蹶草尽,若耕田状,壤靡泥易,人随种之,世俗则谓为舜、禹田。"[1]王充是根据上古传说,舜、禹葬时,德感上天,象为耕田,鸟为耘地。唐代陆龟蒙写过一篇《象耕鸟耘辩》,他认为:"吾观耕者行端而徐,起坡欲深,兽之形魁者无出于象,行必端,履必深,法其端深,故曰象耕。耘者去莠,举手务疾而畏晚,鸟之啄食,务疾而畏夺,法其疾畏,故曰鸟耕。"[2]唐代诗人李商隐有"万方同象鸟,举恸满秋尘"[3]的诗句,也提到了"象耕鸟耘"之说。

稻作最大的特点便是离不开耕耘,野生稻长在沼泽地里,当野鸟在沼泽地觅食的同时,客观上也起着耕耘的作用。故野鸟多的地方,野生稻多丰产。于是,原始人类便将鸟与太阳视作同等重要的神灵。河姆渡文化遗址中发现有双鸟朝阳象牙雕刻、鸟形象牙雕刻、圆雕木鸟,甚至在进餐用的骨匕上也刻有双头连体的鸟纹图像。可见,鸟图腾在原始人的崇拜中是一种常见的现象。古籍中也能找到一些氏族的鸟类名号,如少昊部落就有凤鸟氏、玄鸟氏、青鸟氏、丹鸟氏等。在中国南方的古代民族中,越人的图腾标志主要是鸟。居住在山东、江苏一带的东方各种夷人,据古籍记载,他们最初也是以崇拜鸟为主。

《越绝书》记载:"大越滨海之民,独以鸟田。"这里的"鸟田"即"鸟耕"。《吴越春秋》则有"天美禹德而劳其功,使百鸟还为民田"、

---

[1] 东汉·王充《论衡·书虚篇》。
[2] 唐·陆龟蒙《象耕鸟耘辩》,载《甫里集》卷一九。
[3] 唐·李商隐《昭肃皇帝挽歌辞三首》其三。

1994年上海市闵行区马桥遗址出土的马桥文化云雷纹鸭形陶壶。

"人民山居,有鸟田之利"[1]等记载。郦道元《水经注》也说"有鸟来为之耕,春拔草根,秋啄其秽,是以县官禁民不得妄害此鸟,犯者有刑无赦"。可见,江南先民在特定的地域生态环境中,为谋取自身生存发展,对鸟类生态之模仿在历史上延续了很长一个时期。古代的先民仿效鸟类觅食当地野生稻的生物习性,在鸟田稻作的稻米生产方式中逐步形成对鸟类的依赖、崇敬和神化,把引领他们食用稻谷的鸟类视为送谷神、送子神,以致自己的生活也发生"鸟化":拜鸟灵、穿鸟衣、住鸟居、说鸟语、佩鸟饰、制鸟器、用鸟历。其间又与日崇拜发生粘连,衍生出种种鸟、日神话崇信的习俗活动,以及凤鸟信仰、神仙思想。

考古学者在良渚文化遗址出土的骨器和玉器中,发现鸟的形象出现颇多,有鸟形立体圆雕,也有雕刻在器物上的鸟纹。良渚人的鸟崇拜主要表现在两个方面:一方面他们认为鸟是负载太阳每日东升西落;另一方面他们认为鸟是天地间的信使,是人与神灵沟通的媒介。在浙江余杭反山、瑶山的两处良渚文化遗址中,共出土了五件圆雕的玉鸟,这些玉鸟均为扁平器,无凶猛之感,在鸟的腹部均钻有牛鼻状隧孔。其他遗址也出土了类似的器物,其中一件尖喙短尾,呈展翅飞翔状,鸟背中间雕刻有一个鼓状凸起的圆形图案。毫无疑问,这个圆形图案就是太阳的象征。这件玉鸟的出现表明,良渚人认为太阳的运行是靠鸟的飞翔而实现的。

《山海经》记载了古代先民对鸟的认知:"汤谷上有扶木,一日方至,一日方出,皆载于乌。"说的是大荒之中有个山谷叫汤谷,汤谷上有棵树叫扶木,一个太阳刚刚返回,另一个太阳便立即出去,

---

[1]《吴越春秋·越王无余外传》。

都是由"乌"驮着。这个"乌"就是认为的一种三足神鸟,其职责就是背负太阳运行。

如今分别陈列在上海博物馆和良渚博物馆的两件鸟纹玉璧的纹饰几乎一样,自上而下是鸟、杆状物和台阶。考古学者认为,在先民眼里,鸟被看作是太阳的化身,中间的杆状物可以看作是《山海经》所说的扶桑树,而下面有台阶的长方体,应该就是祭天的祭台,亦即祭拜太阳的祭台。有鸟纹的良渚文化祭器和陪葬品的纹饰也许还有另一种意义,就是鸟可以把人类的愿望传达给神灵,也可把人死后的灵魂带到极乐世界。

(2) 神话中的"精卫鸟"与"重明鸟"

图腾是原始社会中作为种族或氏族血统的标志,并是当作祖先来崇拜的某种动物、植物或其他物件。鸟图腾崇拜是江南先民原始信仰之一,江南各地先民有各式各样的图腾崇拜,如蛇图腾、蛙图腾、龙图腾中,最具代表性的则是鸟图腾。人们爱慕、敬仰、崇拜鸟类,譬如将凤凰比喻为有德之人,由大鹏引申出不堕青云的有志之士,把喜鹊视为吉祥的预兆,借鸳鸯比喻为男女爱情的不离不弃。江南传统民俗中总是把燕子看作神鸟,从刘禹锡"旧时王谢堂前燕,飞入寻常百姓家"的诗句可以看出,在东晋南北朝时期,连王、谢那些不屑与庶族士人连床共坐的世家大族,仍以极其偏爱的心情欢迎燕子在自己的高梁华堂筑巢栖息,并以此为荣。

早期的江南吴越先民,通常都把鸟类看作祥瑞、和合、吉祥之物。当大禹治水告成,百姓安宁,天下太平时,"凤凰栖于树,鸾鸟巢于侧,麒麟步于庭,百鸟田于泽"[1],人鸟相逐,友好相处,一派升平兴旺景象。《拾遗记》记载:"初,越王入吴国,有丹鸟夹王而飞,故勾践之霸也,起望鸟台,言丹鸟之异也。"[2]说的是越王勾践入质吴国时,是丹鸟为他保驾护航,以致后来能够称霸中原,勾践获胜后,果然不负丹鸟的恩泽,特地建造了一座望鸟台,以此来表达越人对于鸟的崇敬之情。

(3) 关于"鹊鸣兆吉"

由"鸟崇拜"及至民间生活中的喜鹊。鹊是传统的吉祥鸟。"鹊鸣兆喜"的观念自古以来就积淀成为中国人的传统情结。

直到今天,人们还是把飞鹊临门栖枝欢鸣,当作将有好事喜事来到的吉兆。以鹊为题材的种种吉祥瑞图,如"喜鹊登枝"、"喜上眉梢"(鹊登梅梢)、"欢天喜地"(獾和鹊在树上树下对望)、"喜在眼前"(双鹊中加一枚古钱)等,均是民众喜闻乐见的题材。鹊鸣兆喜来源于古人对喜鹊有预知风向、晴湿能力的认识。在汉魏载籍《易卦》《淮南子》等书中,鹊被称为"阳鸟",天性恶湿,所以又叫"干鹊"。干鹊恶湿喜燥的禀赋,使它具有感应气象变化的本能,进而成为人们利用物候来预测气象的依据。大约在南北朝到隋唐期间,鹊鸣兆喜的观念已经基本形成,南朝萧纪《咏鹊》诗:"欲避新枝滑,还向故巢飞。今朝听声喜,家信必应归。"唐代无名氏《鹊踏枝》

---

[1]《吴越春秋·越王无余外传》。
[2] 晋·王嘉《拾遗记》"周灵王·越谋灭吴"条。

则径称:"叵耐灵鹊多漫语,送喜何曾有凭据?"鹊之别名已经由"阳鸟""干鹊"向"灵鹊"转变。再往后,又有了群鹊为织女填河成桥使之与牛郎相会的故事,江南一带有个习俗与这个故事有关:七夕这天要给喜鹊送五彩绳,因为喜鹊在天上为牛郎织女搭桥相会需要大量的绳子,于是,姑娘们便把端午节时带在孩子身上的五彩绳解下来,扔到屋顶上,好让喜鹊衔上天去。至于"喜""鹊"连称的时间,最迟不过明朝,也是此鸟实至名归而成为公认之瑞禽的形成时期。

2. 江南的龙、鹤文化信仰

(1)"舞龙"与金华"板凳龙"

每逢节日庆典,人们都能看到欢腾旋跃、让人兴奋不已的舞龙。舞龙也称"龙舞""耍龙""闹龙灯""玩龙灯""龙灯会""龙灯舞",是我国独具特色的民间娱乐活动,从春节到元宵节,我国城乡广大地区都有舞龙的习俗。舞龙已然成为中国人的"国娱"和中华民族的文化符号之一。

江南舞龙离不开舞龙者、舞龙竿、龙身和龙珠。伴随着节奏欢快的鼓乐,舞龙者穿着鲜艳的统一服装,每个人手持一个龙竿用以支撑龙身,在龙珠的引导下,整条龙身通过舞龙者的脚步和手势变换,奋力完成龙的各种造型动作,如:龙滚、龙腾、龙跃、龙翻……在舞龙人的精彩的舞蹈下,一条条栩栩如生的巨龙在观众面前翱翔腾飞、盘旋翻滚,置身舞龙现场,观众热血沸腾,群情激奋,眼前不仅是舞动着的一条长龙,更多地感受到我们中华民族的浩然正气。

舞龙也是一门技术活,它讲究"造型",即龙的形态;讲究"配

浙江省磐安县大盘镇王庄村长 300 多米的板凳龙在村文化礼堂盘旋。（人民网图片）

合",即舞龙者与龙身、龙珠以及音乐节奏之间的协调;讲究"舞法",即内行人说的"圆、连、顺、灵",舞龙者行进或翻滚的步法,龙竿的握法,锣鼓音乐的恰到好处,等等;还讲究"神韵",即喜怒哀乐的情感表达。一个优秀的舞龙队,也是一个戏剧表演班子,需要团队同心协力配合好才能成功进行表演。

中国的舞龙习俗,南北各异。据不完全统计,中国舞龙种类有上百种之多,有多人舞龙,也有单人舞龙;根据不同的表演场面,有表演性质的舞龙,有竞技性质的舞龙,也有配合庆典礼仪以及祭祀性质的舞龙;从舞龙风格上区分,大致有南龙和北龙两大类。江南一带的舞龙形式,比较重视舞龙的气势和场面,所以龙的个头会大一些,一般需要一二十人的合力才能舞动起来。制作舞龙的材料,主要有草、竹、木、纸、布等,相应称为草龙、纸龙、纱龙、百叶龙、香火龙等多种。但无论是哪一种舞龙,都是中华文化千百年传承下来的文化精髓,都值得每一个中国人骄傲与自豪。

在江浙赣闽一带则流行别具一格的舞龙——"板凳龙"。板凳龙制作之繁琐、规模之庞大、精彩之程度都令人叹为观止。具体说,板凳龙的结构是由制作精美的庞大龙头和龙尾,另加上百千节龙身所组成的。龙头和龙尾,需要特别地制作:在一块长1-2米、宽20-30厘米、厚5-6厘米的木板上,用细竹篾架起一个龙头(龙尾)的骨架,然后覆上油纸,再点缀各个细节。因为分量很重,舞龙时需要四到六名青壮年合力抬起。龙身通常在一块一米余长的木板上用竹篾架起拱形,再覆上油纸,画上龙鳍和龙鳞的波纹,每块板凳龙身亦各有卡扣,只要插上木板便可以和其余龙身连接成条,所以人口越多的村社,其板凳龙就接得越长,每逢元宵节以各村社的板凳龙出来舞动,显然也是各村社人丁是否兴旺的鲜明标志。

流传在浙中一带的"板凳龙",用单个的板凳串联成一条游动的巨龙,它本身就是艺术综合体,集书法、绘画、剪纸、刻花、雕塑艺术和扎制编糊工艺为一体,融体育、杂技、舞蹈为一炉。舞动起来的板凳龙舞,那恢宏的气势,既刚强又柔美,和着锣鼓声、号子声,声势气壮山河,感天动地,充分反映了这里的民众敬天顺人的民俗信仰。

舞龙的本质离不开对龙的信仰,板凳龙的风俗起源于浙中的民俗信仰。在远古先民的想象中,腾云驾雾的龙能够带来人间的风调雨顺,龙不仅掌控着雨水的多寡,行云布雨,而且龙的居所就在水中,管控着江河湖海。这种能上天又能入地,能下海又能腾云的幻想产物,反映了人们对自然的敬畏,是简单的水循环传递给人们的自然思维的物化反映,是一种图腾崇拜产生的民俗信仰。相信龙能行云布雨,本身就是中国人"天人合一"思想的产物。江南的百姓靠天吃饭,雨水就是庄户人家的甘霖,每逢大旱,人们就聚集起来,舞龙求雨。

浙中"板凳龙"的起源,来自一个凄美的民间故事与传说:东海的一条龙看到民间干旱的疾苦,不顾一切跃出水面,在当地下了一场透雨,使万物复苏,救民众于倒悬。可这条龙也由于违反了天规,被玉皇大帝用刀剁成一段一段,撒向人间。人们忍着悲痛,把龙体放在板凳上,并把它连接起来,这就是"板凳龙"起源的信仰象征。人们不分昼夜地奔走相告,希望被斩的龙能够复活,于是家家户户用"板凳龙"灯的形式来祭祀与崇拜,产生了板凳龙的舞龙形式。

在浙江磐安县的佳村,纪念神龙的习俗,古已有之。佳村有

"龙王庙"、"放生池",特别是有一支当地淳朴民众自发形成的"龙灯源"板凳龙的队伍,演绎成将龙连接起来的凄美故事。香港阳光卫视在2008年曾经拍摄报道,向海内外进行传播,继而由作曲家孔迪专门谱写了《舞龙源之歌》。除了磐安,其他如东阳、永康、义乌、兰溪等县市都有"板凳龙"的舞龙习俗,这种盛况在整个长三角地区独树一帜,在全国也是别具特色,寄托着民众祈盼巨龙身躯能接合起来的美好寓意,他们在元宵节的"龙灯会",还包含着祈求子息、兴旺人丁的强烈愿望。

(2)"华亭鹤唳"与古上海的养鹤风气

鹤自古就被中国人视为吉祥鸟,是群禽之宗长,向有"一品鸟"之称。文人雅士认为它是高风亮节的象征。"鹤鸣于九皋,声闻于野"[1],这是中国古代对鹤所做的生态记录。除吉祥、尊贵之意外,其长寿可达60余年,故与松、龟并列,"松鹤延年"象征着人们心目中吉祥长寿、美满祥瑞之意。鹤不仅是著名的文化鸟类,也以其优美的体态、嘹亮的长鸣,受到人们的喜爱。鹤,在古人的观念里,具有神奇的禀赋。鹤有"百羽之宗"的称呼,一是说它乃天地之间的精气化生,七岁小变,十六岁大变,一百六十岁变止,一千六百岁的定型,可供仙人坐骑;二是说它乃凡人登仙后所化。

古人多用翩翩然有君子之风的白鹤,比喻具有高尚品德的贤能之士,把修身洁行而有时誉的人称为"鹤鸣之士"。鹤在中国文

---

[1]《诗经·小雅·鹤鸣》。

化中是长寿的象征,因此父母常常给孩子起名为"鹤年"、"鹤龄"等,说明他们希望孩子长大成人,长命百岁。鹤常为仙人所骑,老寿星也常以驾鹤翔云的形象出现,取鹤寿的吉祥意义。

  在鹤前面冠了一个"仙"字,这足见人们对鹤的高度评介。古代人们养鹤、宠鹤,其痴迷程度不亚于当今的人养猫宠狗。东晋干宝《搜神记》中记载,有一只玄鹤被士兵射伤,被哙参收养治疗,而玄鹤为了报答哙参的恩情,口衔明珠归来,于是玄鹤献珠的故事也一时间被传为佳话。明人周履靖写的《相鹤经》是古代一部关于鹤的著名著作,它不仅对鹤的种类进行划分,还通过细致观察,总结了鹤的习性,甚至对鹤羽毛的颜色都有仔细的观察及描写,堪称"鹤"迷一族的指导性书籍。

  江南是鹤的故乡。"云间有数鹤","高翔众鸟稀。"[1]历史上的上海地区是仙鹤的主要栖息地,据地方志书记载,大约六千年以前,今日上海地区的西半部已经成陆,随着海岸线的渐渐东移,这里变成了辽阔的海涂。温暖的气候和沛的雨量,使滩涂上长满水生植物,因而为野鹤等鸟类的生存和繁衍创造了条件,留下了不少有关鹤的佳话。今上海地区旧称"华亭",于是,鹤也被叫做"华亭鹤"。今闵行北桥有"放鹤路",浦江镇有"鹤坡路",嘉定的南翔镇也是以仙鹤的故事而得名,青浦区现在甚至还有一个"白鹤乡",上海崇明东滩更是千鹬万鹤自在舞。这些有关鹤的故事,反映了"鹤"与上海古文化的联系。

  今青浦白鹤镇是唐代青龙古镇的故地,也是明代青浦建县之

---

[1] 唐·张九龄《郡中每晨兴辄见群鹤东飞,至暮又行列而返,喷云路甚和乐焉。予愧独处江城,常目送此,意有所羡,遂赋以诗》。

地,又称"老青浦"。相传此地原为一片芦苇荡,荡上白鹤成群,以鹤名镇。"白鹤闻声远,青龙流泽长"[1],诉说着白鹤镇沧海桑田的变化。

从地理变迁的角度看,嘉定南翔古镇位于古海岸"冈身"附近,在古代曾是一片泥沙淤积、水草丰茂的沙洲。鹤在中国大多为一种候鸟,气候转暖时便向北迁徙,气候转冷时便一路向南飞翔,到长江三角洲或者更南的地方驻留。"南翔"古镇的名字正好是鹤鸟迁徙的真实见证。

考古学者发现,战国石阙、汉家砖刻多见猿与鹤的相互依存的图案,许多人不解其意。其实,晋人葛洪早就说过:"周穆王南征,一军尽化。君子为猿为鹤,小人为虫为沙。"[2],唐代柳宗元也有"猨之仁兮,受逐不校;退优游兮,唯德是效。"[3]这说的都是古人以君子自况,讲究的是君子自处,不群不党。古人以猿鹤自居,取其高蹈独往、守静不移、深栖远处之意。清代嘉庆户部员外郎、闵行人李林松隐居上海,也曾经写过一首咏鹤诗以表心迹:"仙骨珊珊万里翔,一声长唳入青苍。生平自叹云中雾,不向鸡群索稻粱。"

"华亭鹤唳"一词最早见于《世说新语·尤悔》:"陆平原河桥败,为卢志所谮,被诛。临刑叹曰:'欲闻华亭鹤唳,可复得乎?'"《八王故事》曰:"华亭,吴由拳县郊外别墅也。有清泉茂林。吴平后,陆机兄弟共游于此十余年。"[4]晋裴启《语林》曰:"机为河北都督,闻警角之声,为孙丞曰:'闻此不如华亭鹤唳。'故临刑而有

---

[1] 今上海青浦区白鹤镇"青龙桥"上镌刻的对联。
[2] 晋·葛洪《抱朴子》。
[3] 唐·柳宗元《憎王孙》。
[4] 徐震堮:《世说新语校笺》,中华书局,2001年版。

此叹。"

今闵行北桥还有这样的民间传说:有位叫荀隐的文人喜欢养鹤,他邀请好友华亭人陆机来此饮酒赋诗。陆机携带一只丹顶鹤乘着酒兴,在荀氏宅边的一座木桥上放飞,那鹤一出樊笼,长唳三声,直冲云霄。陆机养鹤多年,从未听到如此动听美妙的鹤鸣声。他一高兴,就出资将这座木桥改建成五马骈行的环龙石桥,题名"鹤鸣桥"。后来,陆机卷入"八王之乱"兵败被杀,临刑时,他还念念不忘地问胞弟陆云:"华亭鹤唳,尚可闻乎?"陆机殁年只有43岁,这句千年一叹,让他悲剧的人生结局,蒙上一层诗意,于是凄惨就转化成了凄美。这大概也只有像陆机这样名士才能做到。后世"华亭鹤唳"成为遇害者死前的感慨之词。

后人为了纪念陆机,把今闵行区北桥的鹤鸣桥改名为"放鹤桥"。据说,放鹤桥在1952年疏浚河道时被毁,路以桥为名,才有放鹤路的名称。近年,闵行人修建"放鹤谷",让人仿佛听到了一千多年前的鹤唳声!

上海以鹤命名的马路就更多了,如浦东新区的鹤鸣路、鹤楼路,闵行区的鹤庆路、鹤坡路,松江区的鹤诸路、鹤溪街,青浦区的鹤祥路、鹤吉路,嘉定区的鹤霞路、鹤旋路,还有"鹤望路""鹤旋路""鹤友路"……以"鹤"命名的道路如此之多,反映了古代上海就是一个"仙鹤之乡"。

相传今闵行区有一条"鹤坡路",故事也与华亭人陆机、陆云兄弟有关。"二陆"兄弟在华亭小昆山故居旧宅读书养鹤,养鹤就要放鹤,他们放鹤常常从小昆山一直向东放,直到现在闵行浦江镇的召稼楼一带,有时还要走得更远些,直至大海边的滩涂方止,那种自由旷达的鹤影,正是他们兄弟俩生命的写照。群鹤翱翔,鹤唳声声,恍若仙境。今天浦江镇的"鹤坡路"正是留住了那个年代的土地记忆,留下了"云间二陆"在上海县的一些影踪。

浦江镇的"召稼楼",留存有大量的文化历史遗产,其中就有纪念陆机陆云兄弟的"机云亭"。当代著名传记文学家、文学史家朱东润教授曾评论二陆说:"故国既亡,山河犹在,华亭鹤唳,正不易得。在他们二人,尽可以从此终老,更何必兴'京洛多风尘,素衣化为缁'之叹?"[1]

机云亭、鹤坡路等与鹤相关的路名,记载了"云间二陆"在上海闵行的一些影踪,其背后的"鹤文化风气"值得去深入挖掘。

---

[1] 朱东润:《陆机年表》,《文哲季刊》,1930年第1卷1-2期。

3. 江南地区的崇鱼习俗

(1) 中国以"鲤鱼跳龙门"为代表的崇鱼习俗之形成

传说孔子的儿子出生时,鲁国国君送来鲤鱼道贺,孔子"嘉以为瑞",于是为儿子取名鲤,字伯鱼[1]。由此可见,以鲤为祥瑞的习俗,至少在春秋时已逐渐成为传统。

"鲤鱼跃龙门"是中国应用最广泛的吉祥图案。俗传鲤鱼跳龙门,跳过去则化为龙,跳不过去仍为鱼,而能跳过龙门的,是那些善跳跃的鲤鱼。"鲤鱼跳龙门"常用来比喻经过奋斗,改变了地位和处境的事迹,也指寒窗苦读有成或官场得意。"鲤"与"利"谐音,所以鲤鱼用来象征生意中的受益或赢利。"富贵有余""年年有余"等吉祥图案上的鱼,一般画的都是鲤鱼。

在长期的历史发展中,中国人赋予鲤鱼以丰富的文化内涵,形成了一系列丰富的崇鲤习俗。《诗经·陈风·衡门》云:"岂其食鱼,必河之鲂?岂其取妻,必齐之姜?岂其食鱼,必河之鲤?岂其

---
[1]《太平御览》卷九三五引《风俗通》。

取妻,必宋之子?"诗中以黄河的鲂、鲤喻齐、宋两地的女子,将食鱼与娶妻联系起来。这是因为鱼繁殖力强,生长迅速,象征着家族兴旺,人丁众多。后世将鲤鱼与婚姻相联系,以"鱼水合欢"祝福美满姻缘。有些地方在举办婚礼时,还有个"鲤鱼洒子"的仪式,即在新娘走出轿子时,男方的人把铜钱往四下抛洒,于是鲤鱼成了祝殖祈育的祥瑞。古人用鱼形木板做信封(藏书之函),用于传递书信,因此在古诗文中,鲤鱼又是友情、爱情的象征。古人的书信有"鱼素"之称,俗传是用绢帛写信后装在鱼腹中传递的,这就是所谓的"鱼传尺素"。这种用鱼所传的书信也叫"鱼书",汉代蔡邕《饮马长城窟行》诗云:"客从远方来,遗我双鲤鱼。呼儿烹鲤鱼,中有尺素书。"书信还有"鱼笺"之称。古时又有"鱼符",也叫"鱼契",是类以虎符的信物。隋唐时由朝廷颁发给百官的鱼符,雕木或铸铜为鱼形,刻字其上,剖而分执之,以为凭信。

"鲤鱼跳龙门"的传说也包含父母望子成龙的期盼,这种观念不仅在中国流行,也影响邻国日本。据说,这一观念在江户时代就已从中国传至日本。在每逢男孩节(五月五日)这天,日本有儿子的人家须悬挂漂亮的鲤鱼旗,祈愿男孩像鲤鱼般自强不息,奋发有为。

鲤鱼还能带来财运,旧历新年迎财神时,人们总免不了供上"元宝鱼",其招财进宝的含义不言自明。

在中国民间,鲤鱼作为寓意吉祥的图案,举凡窗花剪纸、织物刺绣、雕刻绘画,随处可见。这些图案和样式,还见于用作佩饰的鱼袋、用于陪葬的玉鲤、用来宴饮的木鲤、用以赠人的锦鲤等,其中所包含的"连年有余""吉庆有余""娃娃抱鱼""富贵有余"等寓意,无不表达了人们对幸福美满生活的向往。

（2）江南的鱼脍传统和崇鱼习俗

《史记·货殖列传》曰："楚越之地，地广人稀，饭稻羹鱼，或火耕而水耨。"《汉书·地理志》云："江南地广，或火耕水耨。民食鱼稻，以渔猎山伐为业，果蓏蠃蛤，食物常足。……信巫鬼，重淫祀。""饭稻羹鱼"自古就是江南的饮食习惯，鱼脍传统是这一饮食习惯的重要方面。所谓"信巫鬼，重淫祀"，也包括江南的崇鱼习俗中禁忌文化，其中多源于古人对鱼的习性的观察与联想，这与中国其他地方多有相似之处，但自成特点。

在古代江南地区，鲤鱼同样是一种美味的食材。有一种菜肴叫"鱼脍"，鲤鱼是其常用的鱼脍材料。鱼脍，用今天的话说，就是生鱼片。

日本人的生鱼片现在很有名，人人都爱吃，但其实生鱼片的祖先在江南。鱼脍不但是王侯权贵宴会上的珍馐，也是士大夫与平民百姓家中的菜馔。晚唐夏彦谦也以诗歌记录了他事先没打招呼，探访乡居老友的情形。主人待客的食物中，就有生鲤鱼片："春盘擘紫虾，冰鲤斫银鲙。荷梗白玉香，荇菜青丝脆。腊酒击泥封，罗列总新味。"[1]宋代大文豪苏轼与大诗人陆游都嗜好生鱼片，他们现存的与鱼脍有关的诗词分别有十三首和三十七首之多。宋神宗熙宁五年（1072），苏轼在杭州任职，要到湖州办事，还未动身，先给湖州太守孙觉寄诗《将之湖州戏赠莘老》打招呼，诗中列举了湖州的美味："顾渚茶牙白于齿，梅溪木瓜红胜颊。吴儿鲙缕薄欲飞，

---

[1]唐·夏彦谦《夏日访友》。

未去先说馋涎垂。"紫笋茶（即茶芽）与木瓜是浙江湖州的名产，但湖州的生鱼片不见得就比杭州的高明。苏轼的用意是提醒好友：招待苏某的时候，可别忘了生鱼片。宋孝宗淳熙十四年（1187），陆游在严州（今浙江建德市）任知州，有一次在郊外看到漫山遍野白茫茫的荞麦花，很有感慨地回忆早年的农耕生活："颇忆故乡时，屏迹谢车马。水宿依蟹舍，泥行没牛胯。作劳归薄暮，浊酒倾老瓦。缕飞绿鲫脍，花簇赪鲤鲊。"[1]劳累了一天以后，喝老酒吃生鱼片，想必给诗人留下了难忘的印象。陆游的故乡山阴在今绍兴市境内，南宋时期山阴农村的开发程度已经较高。但即使在偏僻的山区，生鱼片也是寻常菜肴。

《旧唐书》记载，唐明皇于开元三年（715）和十九年（731）前后两次下令禁捕鲤鱼。《酉阳杂俎》上说：因为"鲤"和"李"同音，按唐律，老百姓捕获鲤鱼后须放生，并把鲤鱼称为"赤鲜公"。但这两道禁令并没有认真执行，平民百姓甚至政府官员都照吃鲤鱼不误。唐敬宗宝历二年（825）秋天，白居易在苏州刺史任上，到辖区内的松江亭观赏打渔，他不但不阻止渔民捕捉鲤鱼，而且自己还吃了鲤鱼，有诗为证："震泽平芜岸，松江落叶波。在官常梦想，为客始经过。水面排罾网，船头簇绮罗。朝盘鲙红鲤，夜烛舞青娥。雁断知风急，潮平见月多。繁丝与促管，不解和渔歌。"[2]其中的"鲙"，即脍。"鲙红鲤"，意思就是吃生鲤鱼片。

名气最大的鱼脍材料是鲈鱼。西晋末年，吴郡（今苏州）人张翰在洛阳的司马冏齐王府中任职。晋惠帝太安元年（302）秋天，正

---

[1] 宋·陆游《秋郊有怀四首》其一。
[2] 唐·白居易《松江亭携乐观渔宴宿》。

是司马冏权势高涨,独揽朝政的时候,张翰看到满天飞舞的黄叶,忽然想起现在正是家乡鲈鱼收获的季节,生鲈鱼片搭配莼菜羹下菱米饭的滋味何等鲜美,禁不住高歌一曲:"秋风起兮木叶飞,吴江水兮鲈正肥。三千里兮家未归,恨难禁兮仰天悲。"[1]唱罢,随即辞官回乡吃鲈脍解恨去了。不久,司马冏在皇族内斗中被杀,他的许多下属受到株连,张翰侥幸逃过一劫。秋风鲈脍自此成为一个典故,当有人思念故乡,或憧憬自由自在的江湖生活,或感觉仕途风波险恶有意急流勇退时,无论老家产不产鲈鱼,都使用这个典故。

鱼喜成群,又离不开水,故以鱼水之情喻人际关系,并引申到男女相爱、夫妻恩爱等方面,比如汉代乐府诗《江南》云:"江南可采莲,莲叶何田田。鱼戏莲叶东,鱼戏莲叶西,鱼戏莲叶南,鱼戏莲叶北。"鱼能大量产卵,江南临水近海之地多视为生育神。在浙江舟山,男女订婚后,一般要送大黄鱼到女方家,女方回礼再把大黄鱼送回来,说是大黄鱼产卵量大,达千尾万尾,寓意多子多福。

江南鱼崇拜还有一些禁忌行为,比如上面说的送大黄花鱼,是要成双送的;吃鱼的顺序是从头到尾,寓意捕鱼顺利;吃鱼不能翻转鱼身,是为了行船安全,等等。这些禁忌和江南渔家有关,在《晏子春秋》中早已记载了"食鱼无反"的古训。因此,我们认为江南有关鱼崇拜的禁忌,既是现实生活中人们渴望收获和安全的需要,也有着久远的文化传统作为其内在精神和外在行为的支撑。

---

[1] 晋·张翰《思吴江歌》。

第九章

花神信仰与植物崇拜

1. "花神诞"与花朝节风俗

（1）花朝节

清代诗人蔡云曾经吟咏："百花生日是良辰,未到花朝一半春。红紫万千披锦绣,尚劳点缀贺花神。"[1]花朝节是中国早春雅俗共赏的传统节日。农历二月,旧时有花朝节,亦称花神诞、花神节、百花生日。虽然这个节日名气不够大,但它的影响力却不容低估,古代花朝节的重要性并不亚于元宵节、中秋节。

花朝节作为节俗,至迟在唐代已形成节俗,是古时中国最重要的节令之一。每年农历二月,百花初放之时,人们外出赏花游玩,祭拜花神,体现的是人们对自然万物的喜爱与崇敬。花朝节从唐代至今,经历了兴起、繁盛、衰落甚至被人遗忘,又于当代复兴的过程。它由游春赏花衍生出扑蝶、挑菜、祭神、卜丰、赏红、斗草、劝农、宴饮、赋文、求爱等多姿多彩的民俗活动,彰显着民族文化中的雅致、和谐、生活化等特质。虽然由于近代社会的变迁,花朝节渐

---

[1] 清·蔡云《咏花朝》。

渐淡出人们的视线,仅在一些少数民族与地区可见其踪迹,但江南历代记载花朝节盛况的文献十分丰富。

"花朝月夕,世俗恒言,二八两月为春秋之半,故以二月半为花朝,八月半为月夕。"[1]古人常将中秋节称为"月夕",后来渐渐形成与花朝节并提,形成"花朝月夕""花朝月夜"等成语。时至今日,曾经在许多文人骚客笔下风情万种的花朝节,却逐渐淡出了人们的视野,这是非常令人遗憾的。

(2) 江南花朝节的游春活动与习俗

文人雅士是花朝节的主要推手,每到这个节日,文人骚客总要邀三五知己,赏花之余,饮酒作乐,互相唱和,高吟竟日。诚如清人钱大昕所咏:"花朝二月雨初晴,笑语相将北郭行。折得缃桃刚一朵,小鬟偷插鬓云轻。"[2]纵观二三月间的传统佳节,我们不难会发现,这一时期会有一系列游春的节日——春节拉开了迎春的序幕,花朝节前后构成游春的高潮。撰有名剧《桃花扇》的孔尚任,也曾写有竹枝词形容花朝踏青归来的盛况:"千里仙乡变醉乡,参差城阙掩斜阳。雕鞍绣辔争门入,带得红尘扑鼻香。"[3]

"扑蝶会",也是江南一带在花朝节期间流行的踏青赏玩活动,当然也是当时民间一项颇有趣味的游艺活动。文学作品中的描写就更多了,《红楼梦》中的"宝钗扑蝶"是一幅不可多得的仕女图,

---

[1] 明·田汝成《熙朝乐事》卷三。
[2] 清·钱大昕《练川竹枝词》。
[3] 元·孔尚任《竹枝词·花朝节》。

《金瓶梅》第十九回也有"金莲扑蝶"的描写。除了游春扑蝶,每临此节,各地还有栽花种树的习俗,有点今天植树节的味道了。

农历二月二日,我们现在称之为"龙抬头",但在唐宋时期,二月二日叫做"挑菜节",是花朝节期间的一个重要节日。农历二月正是江南的白蒿、荠菜等野菜鲜嫩可口的时候,挑菜就是挖野菜。唐李淖在《秦中岁时记》中说:"二月二日,曲江拾菜士民极盛。"到了宋朝的时候,挑菜节更是一个全民参与的节俗,无论宫中乡下,男女老少,都会参加,连皇帝都不能例外。

唐郑谷《蜀中春雨》言:"和暖又逢挑菜日,寂寥未是探花人。"刘禹锡《淮阴行》诗:"无奈挑菜时,清淮春浪软。"两位诗人一个在蜀中,一个在淮阴,可见唐朝花朝节期间的挑菜风尚已经非常普及。大诗人白居易《二月二日》诗云:"二月二日新雨晴,草芽菜甲一时生。轻衫细马春年少,十字津头一字行。"诗里为我们描绘了花朝节日期间,新雨初晴,野菜青嫩,青年男女们出门踏青挑菜,尽享美好春光的快乐景象。

明清之后,花朝节蒸制花糕和酿造花酒的风尚开始流行普及开来,如江南地区的梅花糕、海棠糕、百花酒等,均具有浓郁的江南审美情趣和文化内涵。

2. 花神信仰与民众的审美情趣

(1) 祭祀花神"赏红"时

经济富足的江南,气候温润,历来各种花木繁盛,民众莳花植花、供花赏花蔚然成风。根据"百物有神"的信仰,民间花神也与百姓日常生活和生产息息相关。于是,祭祀花神和立花神庙应运而生。庙内供奉的花木神,不但花农和花商出于经营目的虔诚膜拜,广大百姓也情有独钟,乐此不疲。"(二月)十二日为百花生日,闺中女郎剪五色彩缯,粘花枝上,谓之赏红。虎丘花神庙,献牲击乐,以祝仙诞,谓之花朝。"[1]

祭祀花神,正是百花盛开为花神祝寿的景象。这一习俗,以明清时期最为兴盛。早春二月,江南各地多雨,春雨绵细,江南的景致也在雨中显得秀丽含蓄。应时赏花,成为江南民众春天里的一项重要民俗。据史料记载,这一习俗远在宋朝时就已经十分流行了。"仲春十五日为花朝节,浙间风俗,以为春序正中,百花争放之

---

[1] 清·顾禄《清嘉录》卷二。

时,最堪游赏。"[1]农历二月二十二日的花朝节,更将买花赏玩的活动推向高潮。饶有趣味的是,清代上海,每逢花朝节,人们从花市上买回来的花卉草木,都以彩绸或红纸包裹枝干,叫作"赏红"。有诗云:"春到花朝染碧丛,枝梢剪彩裛东风。蒸霞五色飞晴坞,画阁开樽助赏红。"[2]当晚,还有一项沪上特有的风俗,叫"张挂花神灯"。花神灯又名凉伞灯,灯作伞型六角,用上海特产"谈笺(纸名)"做成,上面画着各种人物花卉、珍禽异兽图案,缨络须带,无不精妙。"月夜笙箫步绿塍,珠帘垂处小楼凭。吴绫输与谈笺纸,妙擅江乡算伞灯。"[3]那一番光耀如昼,绵亘数里的景象,迄今犹令人神往。似这等倾邑若狂、溽暑蒸郁的气象,如果让陶渊明知道了,岂不笑痛肚皮?其实他不知道,喜欢"轧闹猛"的上海人正是在这样的形式中享有赏花之乐的。

  吴地向以"二月十二日"为"花朝节",俗称"百花生日"。[4]农历二月,地方官吏要入乡村进行"劝农"。南宋时"花朝日",道观"递年设老君诞会,燃万盏华灯,供圣修斋,为民祈福,士庶拈香瞻仰,往来无数。"寺院则"建佛涅槃胜会,罗列幡幢,种种香花异果供养……庄严道场,观者纷集,竟日不绝。"[5]

  两宋时民间还没有兴建"花神庙"。大约是从明初开始,江南吴地民间庆贺"百花生日",敬花神而建花神庙,举行庙会。明清时

---

[1] 宋·吴自牧《梦梁录》。
[2] 清·张春华《沪城岁事衢歌》。
[3] 同上。
[4] 清·袁景澜《吴郡岁华纪丽》:"洛阳风俗,则以二月二日。今吴俗以二月十二日为百花生日。"
[5] 宋·吴自枚《梦梁录》。

第九章　花神信仰与植物崇拜

期,花神崇拜在北京、南京、福州、广州、苏州、杭州等地开始兴盛起来,尤其是苏州地区的花神庙有据可查的有近十座,在全国可谓首屈一指。明洪武年间(1368—1398),虎丘花农、山塘花商择址山塘桐桥内(今花神庙浜)建立了"虎丘花神庙","虎丘花农争于花神庙陈牲献乐,以祝神釐,谓之花朝。"实际上这也是苏州鲜花种植业、花木园圃业在山塘、虎丘一带蓬勃发展的一个侧面反映。"山塘日日花成市,园客家家雪满田。"[1]花农花商祈求花神庇护,苏州花神庙内供奉"司花果神"。

(2) 花道:花神信仰的艺术

对于花的审美是中国优秀传统文化的重要内容之一,其形成与发展也随着国运和文化的兴衰而起落。爱花是中国人的传统,古往今来,人们或观赏花的姿韵,或品尝花的美味,更赋予其各自的文化品格,每种花蕴含着不同的人格寓意。

中国是东方插花的主要发源地。中国插花历史悠久,早在一千五百年前的六朝时期,在《南史》中就有这样一段描述:"有献莲华供佛者,众僧以铜罂盛水,渍其茎,欲华不萎。"[2]也许"借花献佛"之名因此而来。唐宋以后,插花渐盛。唐人罗虬在《花九锡》中较详细地记述了当时插花的容器、剪刀、浸水、花台等。唐朝李后主(李煜)每到春天,便将宫中的梁栋窗壁、柱拱阶砌,都密布插花

---

[1] 清·姚士陛《茉莉》。
[2]《南史》卷四十四《晋安王子懋传》。

作品,称其为"锦洞天"。

如果说唐代插花还仅仅是宫廷和寺庙的高雅艺术,到了宋代,插花与焚香、煮茶和挂画成为民间的四大雅事。"寒家岁末无多事,插枝梅花便过年。"[1]中国人对于插花的钟爱可见一斑,是时令的区分,更是情感的寄托和归属。崇尚自然的中国文人对于案头清供的要求中总少不了几枝好似低吟浅唱的时令花草,不必多,不必繁,但书桌上有瓶花清供,居室也因此有了生机。

中国花道所包含的传统插花艺术与西方花艺最大的区别在于:西方重造型,中国重意态。中国花道特别强调四点:"自然之真":保持花木的自然生态,依据季节造型;"人文之善":重视其敦睦人伦的社会效益;"宗教之圣":花是有助悟道的圣物,常以花供佛、以花修道;"艺术之美":从选材到搭配,讲究和谐、清雅、明秀。

以鲜花插戴在头上作为一种习俗,称为"鲜花簪首",早在汉代就已经出现。簪花之俗历久不衰,虽说是风尚,但相比贵族人家的珠翠头面,鲜花却是士庶妻女的常用妆饰。节令不同,所簪花也不同。一般情况,春天多簪牡丹、芍药、桃花、杏花等,夏天多簪石榴、茉莉等,秋天多簪菊花、秋葵等。晚唐诗人韦庄的词句:"春日游,杏花吹满头。陌上谁家年少,足风流。"[2]勾勒出一个满头杏花的少女在林间陌上的明丽身影。南宋吴自牧《梦粱录》载,立秋"都城内外,侵晨满街叫卖楸叶,妇人、女子及儿童辈争买之,剪如花样,插于鬓边,以应时序"。"都人是日饮新酒,泛萸簪菊。"[3]苏轼还描写过一老人簪花的情形:"人老簪花不自羞,花应羞上老人头。

---

[1] 清·郑板桥《寒梅图》题诗。
[2] 唐·韦庄《思帝乡·春日游》。
[3] 宋·周密《乾淳岁时记》"重九"条。

醉归扶路人应笑,十里珠帘半上钩。"[1]唐宋时男子亦有簪花的风气,而且还成为某些典礼的仪节。

不同的花是不同的人生——有春风得意,马蹄轻疾,一日便可看尽长安之花;亦有失意落魄,泪眼问花,而乱红不语,唯有溅泪以报。"扈江蓠与辟芷兮,纫秋兰以为佩",是屈原高洁的品性;"人闲桂花落,月静春山空",是王维幽深的心境;"忽如一夜春风来,千树万树梨花开",是岑参壮美的幻景;"竹外桃花三两枝,春江水暖鸭先知",是苏轼旷达的闲情;"无可奈何花落去,似曾相识燕归来",是晏殊郁结的惆怅;"一花一世界,一树一菩提",是佛家悠然的感悟……

如今,通过转换与创新,农历二月十五日的花朝节习俗已得到部分复兴。这对提升源远流长的插花艺术,对恢复和传承簪花习俗,甚至对丰富和振兴花朝节文化与经济来说均具有重要意义。

---

[1] 宋·苏轼《吉祥寺赏牡丹》。

3. 棉花成为上海"市花"与桑蚕祭祀

(1)"棉花"的传播历史

祭祀花神,这个"花"主要是指鲜花,或者花卉,但江南也有称祭祀棉花的"花神堂",例如,上海宝山罗店的花神信仰和花神庙会,所指的就是棉花。

在唐宋以前的古文献中,没有"棉花"这个名词,连"棉"字也是后来在丝绵的"绵"字基础上创造出来的。棉花原产印度和阿拉伯,南北朝时期以后从南北两个方向传入,但大抵在边疆种植。可以说,宋代之前,棉花并没有得到普及。

棉花大量种植,当在宋末元初。元初,我国的棉业进入了一个快速发展时期。朝廷设立了木棉提举司,主管征收棉布事宜,元世祖至元二十六年(1289),元朝统治者"置浙东、江东、江西、湖广、福建提举司责民岁输木绵十万匹"[1],这说明在元朝时,棉业已经覆盖了长江流域及华南的广大地区。到了元成宗元贞二年(1296

---

[1]《元史·世祖本纪》。

年),又明确规定"夏税则输以木绵、布、绢、丝、绵等物",正式将棉布纳入政府的税赋之中。元代棉花的推广与普及,为明清时期的棉织业奠定了良好的基础,棉花"地无南北皆宜之,人无贫富皆赖之"[1],棉织业成了国民经济的支柱产业之一。

中国古代种植的古棉花,同现在的一年生的棉花之间有无联系呢?棉花传入中国有几条传播路径,一条是由中亚细亚传入的;一条是经东南亚传入海南岛和两广地区;还有一条则是非洲经西亚传入新疆、河西走廊一带,时间大约在南北朝时期。早期传入我国南方的古棉花,经过不断培育改良,由华南逐渐向北推进。西汉时代,在海南岛、福建、广东、广西等地,都盛产"越布"。"(汉)武帝末,珠崖太守会稽孙幸调广幅布献之。"[2]所谓"广幅布",其实就是用南方种植的棉花织成的一种棉布。这说明海南岛人民在公元前一世纪已经能种植广幅布的原料棉了。而在汉代,西北一带也确有非洲棉的存在,只是因为它植株矮小,产量低,棉绒品质差,无力向东扩展到黄河、长江流域中去。我国棉花栽培由华南向中原渗透的大发展时期,时间当断在宋元之际。由于当时社会经济繁荣,人口骤增,以及与边远少数民族的贸易往来,棉花传入内地并得到迅速发展。

大约生活在公元十三世纪后期的胡三省,他在为《资治通鉴》作注时说:"木棉江南多有之。"又说:当时江南织的棉布不及闽广的丽密。清代学者赵翼认为:"古时未有棉布,凡布皆麻为之。木棉作布,邱文庄谓元时始入中国……是六朝以前,木棉布乃吉贝树

---

[1] 明·邱浚《大学衍义补》。
[2]《后汉书·南蛮传》。

之花所成,系木本而非草本。"[1]元代王祯《农书》中则说:"夫木棉产自海南,诸种艺制作之法骎骎北来,江淮川蜀既获其利。至南北混一之后,商贩于北,服被渐广。"[2]很显然,棉花栽培是由华南传到长江流域,尔后再到黄河流域的。所以,明代顾彧作竹枝词云:"平川多种木棉花,织布人家罢缉麻。昨日官租科正急,街头多卖木棉纱。"[3]清乾嘉年间上海人褚华曾著有《木棉谱》一卷,卷中比较全面地讲述了棉花种植的过程。

棉花作为人们的衣着之源,同时作为国家的战略储备资源,千百年来始终占据着国民经济中重要的位置。

(2) 棉花曾经是"上海市花"

现在大家都知道上海市的市花是白玉兰,但很少有人知道,棉花曾经是上海市的市花。

1929年1月24日,上海《申报》一条《社会局拟议上海市花》的新闻,引起不少市民关注。报道说,鉴于梅花已确定为国花,北平、广州、天津、昆明等城市相继议定各自市花,即将成立满2年的上海特别市也把确定市花提上日程。主管该事项部门的社会局初步圈定莲花、月季、天竹为候选名单,不日将向上呈报,由上海市长最终定夺。当时的上海市长叫张定璠。或许是看不上这样的"小

---

[1] 清·赵翼《陔馀丛考》"木棉布行于宋末元初"条。
[2] 元·王祯《农书》卷二一。
[3] 明·顾彧《海上竹枝词七首》其四。

第九章 花神信仰与植物崇拜 259

事",也或许是想显示出自己的民主作派,2月8日,市政府讨论决定,市花一事先由社会局选定若干花卉作为候选名单,交市党部征求民意后,再作定夺。经过前期准备,1929年从4月1日起,将3万张选票陆续分发各级党部、民众团体、并在上海大小报纸刊载3日。原计划4月15日为征选截止日期,后又延迟5日。到4月20日为止,共收到有效选票1万7千余张,其中棉花得票5496张,超过了之前曾被社会局初定为候选的月季、莲花、天竹等花卉。选票共发出3万份,收回1.7万余份。棉花得票票数是5496张,名列第一,当选为上海市花。[1] 当年的《申报》为棉花作为市花作了注解:"棉花为农产品中主要品,花类美观,结实结絮,为工业界制造原料,衣被民生,利赖莫大,上海土壤,宜于植棉,棉花贸易,尤为进出口之大宗,本市正在改良植棉事业,扩大纺织经营,用为市花,以示提倡,俾冀农工商业,日趋发展,达到解除经济压迫之目的,希望无穷焉。"这个注解共有三层意思:一是说棉花的特性,二是说棉花的功用,三是说选用棉花作为市花的目的。

其实,还有一层意思《申报》没说,那就是棉花和上海的渊源古来有之。宋末,棉种和植棉技术输入上海地区。由于沿海土地宜于植棉,加上明初政府推广和鼓励植棉,上海地区的棉田面积迅速扩大。至明清,在上海地区,棉纺织业和航运业一起,成为两大经济支柱,以棉纺织生产、贸易为中心的市镇居民点也不断形成。明代万历年间,棉花已成为上海地区最主要的农作物,农田已经是"棉七稻三"。上海不仅是因港成市,而且是因棉兴市。

清代嘉定学问大家钱大昕说棉花:"横塘纵浦水潆回,吉贝花

---

[1]《棉花当选为市花》,《申报》,1929年4月29日。

铃两岸开。朵朵提囊看似茧,便携花篮捉花来。"注曰:"木棉,一名吉贝,花房曰花铃,花大者曰提囊。收花,谓之捉花。邑人称木棉花止称曰花者,犹洛阳之牡丹。"[1]清代还有一个叫秦荣光的写道:"香色魁王几种夸,木棉羞于斗繁华。独饶衣被苍生利,第一人间有用花。案:梅花以香胜,称花魁;牡丹以色胜,称花王。又,牡丹莫盛于洛阳,土人但称为花,不问而知为牡丹也。邑人称棉花,亦但称花。功堪衣被苍生,实胜牡丹远矣。"[2]

上海的棉农春天种植棉花,待等秋天来了,就去摘棉花、晒棉花;冬天则要卖棉花、纺棉花。且看时人用竹枝词记录的情景:"八尺芦帘新买归,场前一桁对柴扉。晒花天好摊花厚,凳坐高翻人短衣。"[3]棉花摘了要晒,需要翻动,翻花之人,常坐高凳,身着短衣。谈及辛苦的弹棉花,也有竹枝词描述:"东舍新娘坐拣花,轧花媪老住西家。一弓绝妙弹花手,搓就棉条待纺纱。"[4]

晚清时期的上海还流传着这样的民谣:"叫花不是花,开得白花花。用手摘下来,朵朵能纺纱。"署名颐安主人的《沪江商业市景词》,记卖棉花的"花衣行":"花行南北卅余家,各路装船并载车。每岁出洋有巨数,有时入厂制棉纱。"[5]上海成为全国最大的棉纺织业中心,享有"松郡之布,衣被天下"[6]的美誉。上海生产的三棱布,幅宽三尺余,紧细若绸,连皇帝的内衣也用它制作。

18世纪以后,上海的棉布还大量转销欧美,外国人称之为"南

---

[1] 清·钱大昕《练川杂咏和韵》。
[2] 清·秦荣光《上海县竹枝词》。
[3] 同上。
[4] 同上。
[5] 颐安主人《沪江商业市景词》卷二"卖棉花"。
[6] 清·叶梦珠《阅世编》:"吾邑地产木棉,行于浙西诸郡。纺织成布,衣被天下。"

京布"。19世纪初,英国每年输入"南京布",多的80万匹,少的也有20万匹;每年运往美国的超过300万匹。上海地区的棉布,不但行销全国,而且和陶瓷、茶叶、丝绸一起,成为中国出口的主要产品。棉花生产的发展,使棉花成为国内市场上流通的重要商品,也使上海地区的手工纺织业日益兴盛起来。在手工棉纺织业的发展过程中,古代著名棉纺织技术革新家——黄道婆功不可没。她不断改革纺织工具,并创造了一套工艺程序,形成独特的风格。

作为传统的棉业种植贸易中心,棉花被上海宝山罗店人视作"万花之王",罗店人还专门建造了祭祀花神娘娘的花神堂,每逢花神节,祈求花神保佑一年风调雨顺、百花盛开、春回大地,还向花神祈愿希望今年的棉业更加兴旺。

(3)"蚕花"与"蚕花节"

江南一带,是桑蚕丝绸业的起源地之一。几千年来,这里的人们一直很重视对蚕神的祭祀。明清时代皇宫内都设有先蚕坛,供皇后亲蚕时祭祀用。每当养蚕之前,须杀一头牛祭祀蚕神嫘祖,民间的蚕神崇拜是蚕乡风俗中最重要的活动。除祭祀嫘祖外,祭拜"蚕母"、"蚕花娘娘"、"蚕三姑"、"蚕花五圣"、"青衣神"等蚕神者也不在少数。浙江温州曾发现宋代的"蚕母"像。民间供奉蚕神的场所也不完全相同:有的建有专门的蚕神庙、蚕王殿,有的在佛寺的偏殿或所供养的菩萨旁塑个蚕神像,有的蚕农家在墙上嵌砌神龛供奉"蚕神纸马"。

1934年的一个夏天,湖州一位年轻的学者慎微之先生在位于距湖州城南7公里钱山漾东岸南的潞村古村落发现绢片、丝带、丝线,属于良渚文化遗址的遗存。这是世界上迄今发现的最早的丝织品,因而钱山漾遗址是名副其实的"世界丝绸之源"。在湖州对岸,同样濒临太湖的吴江松陵镇,镇南有座太平桥,桥侧有这么一副桥联:"千家城廓蚕桑地,万顷烟波鱼米乡",非常典型地反映了江南鱼米之乡、丝绸之府的特点。蚕桑成为农村经济的重要组成部分,"余里蚕桑之利,厚于稼穑,公私赖焉。"[1]蚕桑也是江南水乡民众的主要生活来源。

"清明到,蚕花闹。"清明之时,正值春回大地,有民间谚语道"四月好养蚕",因此四月俗称蚕月,是养蚕的忙月,要开始一年的蚕桑生产。浙江省北部的杭嘉湖平原,是我国蚕丝的主要产地,这里的养蚕制丝生产已有四千七百多年的历史。养蚕缫丝自古以来就是当地蚕农赖以生存的主要经济来源。正因为桑蚕业对于江南民生之重要,千百年来,蚕神对于人们民俗生活的影响力很大,人们对蚕奉若神明,"清明晚,则育蚕之家设祭以禳白虎,门前用石灰画弯弓之状,盖祛蚕祟也。"[2]养蚕的蚕农们认为,白虎是蚕的大敌,所以就在清明后,通过画弯弓、桃青等术以及贴门神祛禳,祈求蚕业丰收。

在苏州的震泽至今还完好地保留着先蚕祠,又名蚕花殿或蚕王殿,后来成为祭祀蚕丝行业祖师的公祠。顺便说一句,如今江南各地的类似祠庙几乎消失殆尽,盛泽古镇的先蚕祠,硕果仅存,也是很难得的。辛苦一年的蚕农取得蚕茧的丰收,会请来戏班唱戏,

---

[1] 清光绪《桐乡县志》卷七《食货志下·农桑》张履祥《补农书》。
[2] 清乾隆《湖州府志·岁时》。

高高兴兴地酬谢蚕花娘娘,称之为"谢蚕花",所演剧目都是蚕农喜爱看的,有的人家把演出用的纸幕拿回去,待下一个蚕季来临时,裱糊在蚕匾上,人称这种纸叫"蚕花纸",蚕农宁愿相信,这是再获丰收的一种吉兆。

更有意思的是蚕农将养蚕与娶媳妇联系在一起,因为在蚕桑之地,女子是主要劳动力,不仅插秧是好手,养蚕也是主力,所以一般蚕农家,都是依凭家中女劳力的情况来确定养蚕的数量。娶亲,迎来新媳妇,增加了人手,必定大量育蚕,扩大养蚕的规模,人们借结婚的喜气,祈求来年蚕茧的丰收,俗称"看花蚕"。"荆布苗条新嫁娘,花蚕看罢又分秧"[1],说的就是女子既能养蚕,又能下田分秧,娘家为嫁女准备的嫁妆,大抵要系上一缕红丝绵,带上两枝桑树苗。新娘入洞房坐床,在吴江等蚕桑生产地区则称之为"坐蚕花床",新床的蚊帐上一般会缀上几朵蚕花。婚后第二天,新娘要从外向内扫地,谓之"扫蚕花地",用米粉做小汤圆,称为"蚕圆",供奉蚕花娘娘。就如同人们祭蚕神,"娱神"最终还是"娱人"一样,"看蚕花"抑或是"看新娘"的隐喻。

浙江湖州南浔区善琏镇的含山是"蚕花圣地",以往每年清明时节,含山都会举行盛大的"轧蚕花"庙会,1990年代初正式定其名为"蚕花节"。蚕花节期间,四乡八里的蚕农纷纷前来含山轧蚕花、虔诚地爬上含山祭拜蚕花娘娘,祈求来年风调雨顺,把蚕花喜气带回家。这一习俗从宋代始年复一年,千年沿袭,代代相传,如今已经成为中国最大的蚕神祭祀节日,也是近年来最引人注目的颇具文化价值的江南民间庆典之一,每年都吸引中外宾客数万人前来参加。

---

[1] 清末民初·沈云《盛湖竹枝词》。

4. 黄道婆信仰的浮沉起伏

黄道婆信仰是上海历史上最为重要的地方信仰之一。根据元末文人陶宗仪和王逢的记载，元末时黄道婆最先将海南一带的棉种和纺织技术带入乌泥泾，繁荣了地方经济，因此在她逝世后，乌泥泾当地士人"感恩洒泣"而共葬之，并为其立祠，以志纪念。

但事实上，在此后的数百年中，乌泥泾黄道婆祠屡废屡兴。历经明清两朝，其中除了明代成化年间曾由上海知县刘琬复建外，其余几次均是在乌泥泾本地士绅，特别是龙华张氏的主导下加以修建的。直至清代乾嘉年间，才有记载说当时上海城内渡鹤楼西梅溪弄也有所谓黄道婆祠，但根据乾嘉年间上海人褚华《沪城备考》一书中的描述，该祠中所奉神像"如二十余女子，群呼之黄娘娘"，因此也有可能并非黄道婆。而嘉庆《上海县志》直接就说该祠实为黄姑庵，所供奉的神灵为织女。后来王韬在《瀛壖杂志》中也据此认为"先棉与黄姑，当别为二矣"。[1]

元世祖至元二十六年（1289），元朝政府在浙东、江东、江西、湖广、福建设置征收棉花、棉布的机构——木棉提宰司，表明棉花生

---

[1] 转引自王健《黄道婆信仰在上海的转折》，《文汇报》2019年2月1日。

产在当时社会经济中已占有相当重要的地位。黄道婆是松江府乌泥泾(今上海市徐汇区华泾镇)人,年轻时流落崖州(海南岛南端的崖县),从当地黎族人民学会运用制棉工具的技能和棉布织造方法。元成宗元贞年间(1295—1297)遇顺道海船回故乡,把崖州进步的制棉生产工具和先进的织花技术也带到了松江。她在松江府以东五十里乌泥泾地方教人制棉,传授"捍、弹、纺、织之具",又以崖州织被面法教妇女"错纱配色,综线絜花"之法,"以故织成被、褥、带、帨,其上折枝、团凤、棋局、字样,粲然若写"。[1]一时乌泥泾和附近地方"人既受教,竞相作为,转货他郡,家既就殷",长江流域特别繁盛的松江棉纺织业就以黄道婆的卓越贡献奠下了始基。黄道婆死后,松江人民感念她的恩德,共同把她安葬,并于顺帝至元二年(1336)为她立祠,岁时祭祀。后因战乱,祠被毁。至正二十二年(1362),张守中迁祠于他祖父墓地南边,并求王逢作诗以为纪念。明熹宗天启六年(1626),张之象塑其像于宁国寺。清嘉庆年间又有人在上海城内渡鹤楼西北小巷内为她修建了一座小庙,1919年这座小庙还在。黄道婆在松江地区传播先进的棉纺织技术之后,长江流域的棉纺织业随之勃发。乌泥泾在元初本是个"民贫不给"的地方,可是后来由于制作棉织品而变得家户殷实。元以后,松江一带成为全国棉纺织业的中心,享有"衣被天下"之美誉。

　　黄道婆是南方棉花北上传播的杰出使者。据王祯《农桑通诀》记述:木棉"本南海诸国所产。后福建诸县皆有,近江东、陕有亦多种,滋茂繁盛,与本土无异。种之则深荷其利"。宋末元初,黄道婆家乡——淞沪地区的松江府乌泥泾正面对"八千亩"瘠薄地苦谋生

---

[1] 元·王祯《农书》卷二二《苎麻门》。

位于上海徐梅路 700 号的黄道婆墓园。

计,"遂觅种于彼"。根据封建社会男耕女织的传统,黄道婆在青少年时代,应当已经掌握纺织技术。

历史学家樊树志是这样评价黄道婆的历史功绩的:"黄道婆……从海南崖州返归故里,即把黎族先进的纺织技术传授给乡亲,并作一系列技术革新,使当地纺织技术全面飞跃,从而推动了乌泥泾镇这个贫困之乡很快走上家给人足之途。乌泥泾镇成为先进纺织技术的传播中心,带动了它所在的松江府及邻近地区大批棉布业市镇的兴起与繁荣,终于掀起了海外学者所称誉的'棉花革命'。因此,考察乌泥泾镇及其周围地区棉业经济起飞的辉煌历史,则是很有价值的。"[1]

科学技术转化为生产力,必须经过传播、推广的过程。而最初的传播者和推广者则是功德无量的。黄道婆从海南黎族人民那里学成回到故乡,以最快的速度在乌泥泾地区传播,开花结果,创制和革新纺织工具,教会乡邻一整套精湛技艺,传播的效应迅速普及开来,使松江府赢得了"松郡棉布,衣被天下"的美誉。在当时的历史条件下,能使多种传播方式交织组合,使中国棉纺织业迅速转化为生产力,实属难能可贵,理当青史留名,万古流芳。

时至今日,人们还在传诵和纪念着这一位古代棉纺专家,把她奉为棉纺业的始祖。她的历史功绩的确是不朽的。

到了明代,长江三角洲的上海以及附近的太仓等地,植棉业和棉纺手工业都十分繁荣。"至我明其种(指棉花种植)乃遍布天下,地无南北皆宜之,人无贫富皆赖之。"[2]棉花已经成为最大众化的衣被原料了。

---

[1] 樊树志《乌泥泾镇与"棉花革命"》,见张渊、王孝俭主编《黄道婆研究》,上海社会科学院出版社,2005年版,第103页。
[2] 明·邱浚《大学衍义补》。

第十章

民俗信仰中的佛教印记

1. "惠山泥人"与佛教文化

(1)"善业泥"佛像与大阿福形象

说起江苏无锡"惠山泥人"的历史,有人说魏晋南北朝就有了,但现在找不到这方面的证据;有人判断"惠山泥人起源于明朝,有着500多年的历史"[1];也有学者认为:惠山泥人的产生过程实际上与佛教在江南的传播有关,深受唐代"善业泥"的影响,它的正式出现不迟于唐代,宋元时代得到大发展,明清时代基本定型。

著名的学术大家梁启超先生认为:"向来史家为汉明求法所束缚,总以佛教先盛于北,谓自康僧会入吴,乃为江南有佛教之始。……但举要言之,则佛教之来非由陆路而由海,其最初根据地不在京洛而在江淮。"[2]历史学家何兹全编有《中国历代名僧》[3]一书,其中有"最早到江南传教的康僧会"的论断。

---

[1] 光明网无锡2015年4月3日电(通讯员陈敏 记者苏雁)《惠山泥人:一道难解的传承题》。
[2] 梁启超《中国佛法兴衰沿革说略》附录二《四十二章经》辨伪。
[3] 何兹全:《中国历代名僧》,河南人民出版社,1995年版。

康僧会(？—280)，其先是西域康居国人，世世代代住在天竺(今印度)。他的父亲经商移居交趾(今越南北部)。在康僧会十几岁时，父母均先后辞世，遂出家为僧。辗转来到建业(今江苏南京)，受到东吴国主孙权的青睐，奉敕建造龙华塔。上海龙华寺有碑记载:"……康僧会道德高重，路过龙华荡，神龙让宅，结茅修行。王(孙权)诏僧见……敕建塔十三，龙华其一也。"[1]此后，历经魏晋南北朝，江南地区塔寺林立，佛教文化的传播也达到了一个高度，诞生了一系列重要的佛教宗派，如天台宗、南禅、华严宗等。从佛教的发展史看，江南佛教地位显赫，而江南佛教的形成，与江南的地理环境、政治环境、文化学术等因素有关。

惠山泥人中有一个至今留存的经典作品——大阿福，充满童趣，天真可爱，历来都深受民众的喜爱。也许几经时代变迁，大阿福形象略有损益。但其基本造型都是一个或一对胖娃娃。身穿五福袄，怀抱大青狮，显得文静中有威武，端庄中又带憨厚，从内容到形式都紧扣"福"字主题。他那胖墩墩、笑眯眯的形象，随着艺人们赋予他的血肉和神韵，走进了千家万户，带给人们吉祥、如意和幸福。

唐代"善业泥"佛像与惠山泥人的大阿福形象，两者关系绝非偶然。惠山之惠，本为智慧之慧。西晋时期，一个名叫"慧照"的西域僧人，来江南传道，这个"慧照"可不一般，他在惠山北麓建立了惠山寺。惠山寺到唐宋两朝，占地面积很大，包括了整个愚公谷及现在的寄畅园区域，仅僧舍就有千间以上。《南史》记载:"时帝大弘释典，将以易俗，故祖深尤言其事，以为都下佛寺五百余所，穷极

---

[1] 清光绪《龙华寺舍利记》。

无锡泥人大阿福

第十章　民俗信仰中的佛教印记

宏丽,僧尼十余万,资产丰沃,所在郡县,不可胜言。"

惠山佛寺的肇建,香火的旺盛,使前来礼佛拜佛的香客越来越多,光是拜一拜佛已经不能满足这些善男信女的需求了,许多香客都喜欢请一尊佛像回家,佛塑的需求越来越多。与此同时,惠山寺周围,也成为理想的祭祖场所,有需求就会有市场,加之惠山脚下粘细的黑土,特别适于泥塑,于是很多人就来惠山寺旁做起了泥人生意,包括那些以看守祠堂为业的祠丁,因为有利可图,业余也干起了塑泥人的营生,为寺庙制作小佛像,用来回赠前来施舍进香的施主……佛教的兴盛,居然催生了一个产业! 宋代大文豪苏东坡于熙宁七年(1074)游阳羡(今无锡宜兴一带),留下了诗句:"惠泉山下土如濡,阳羡溪头米胜珠。卖剑买牛吾欲老,杀鸡为黍子来无。地偏不信容高盖,俗俭真堪着腐儒。莫怪江南苦留滞,经营身计一生迂。"[1]惠泉山下濡湿的泥土,阳羡溪头晶莹的大米,江南地方简朴淳厚的民风,给苏东坡很深的印象,甚至使他闪起了归老于此的念头。"惠泉山下土如濡",表明那个年代惠山泥人的产业已经大成气候了。

(2) "磨喝乐"与"沙孩儿"

实际上,宋代江南的岁时节令中受佛教文化的影响还真不小。"七夕"是宋元玩具制作、买卖的高峰。在东京(今开封府),每逢初六日、七日晚,市民多结彩楼于庭,唤作"乞巧楼",为的是放置"魔

---

[1] 宋·苏轼《常润道中有怀钱塘寄述古五首》其五。

合罗"。"京师是日多博泥孩儿,端正细腻,京语谓之摩诃罗,小大甚不一,价亦不廉,或加饰以男女衣服,有及于华侈者。南人目为巧儿。"[1]正如元曲中所说:"今宵两星相会期,正乞巧投机。沉李浮瓜肴馔美,把几个摩诃罗儿摆起。齐拜礼,端的是塑得来可嬉。"[2]

  元曲里描写的"魔合罗",又可称为"摩诃罗"、"磨喝乐"等,都是梵语的音译,是佛经中的神名。在宋代小说、元杂剧中,魔合罗都是漂亮可爱的小土偶人。如《十三郎五岁朝天》:"又是一个眉清目秀,唇红齿白,魔合罗般一个能言能语,百问百答。"[3]又如《忍字记》:"花朵儿浑家不打紧,有魔合罗般一双男女。"[4]一般来讲,魔合罗是小塑的土偶,但用雕木彩装栏座,或用红纱碧笼装罩。也有将魔合罗装饰得金珠牙翠,所以贵重得值数千钱。魔合罗制作最为精巧,最为贵重,当首推皇家。《武林旧事》记:"七夕"前"修内司"按着规例要进十桌"摩喉罗",每桌30个,大者高至3尺,或用象牙雕镂,或用龙涎佛手香制造,悉用镂金、珠翠衣帽、金钱钗镯、佩环真珠、头发及手中所拿的戏具,都是"七宝"做成,并用五色镂金纱橱放置。皇家自然可以置办金银的"魔合罗",一般平民百姓最喜欢的就是这种泥塑的"魔合罗",在宋元时代老百姓就称"魔合罗"叫"泥孩儿"。[5]那么,"魔合罗"的产地在哪里呢?南北各地都有,但还是以苏州、无锡等地生产的"魔合罗"更为精巧。

---

[1] 宋·金盈之《醉翁谈录》。
[2] 元·杜仁杰《〈商调〉集贤宾北》。
[3] 明·姑苏抱瓮老人《今古奇观》第七十一卷《十三郎五岁朝天》。
[4] 元·郑延玉《杂剧·布袋和尚忍字记》。
[5] 宋·周密《武林旧事》卷二"立春"。

1980年，考古工作者在江苏镇江原五条街小学地下，发现两组宋代"泥孩儿"，由5个小泥孩儿组成，高10厘米，经过烧制，但是外表没有施釉，个别地方略施彩绘，充满着南方娃娃的清秀与大户人家的体面。小泥孩儿的背后下侧有清晰的戳印"吴郡包成祖"、"平江包成祖""平江孙荣"的字样。苏州在宋代宋徽宗时期升为平江府，吴郡乃苏州的旧称。考古人员分析，该组作品应该是在苏州制作，然后运到镇江销售的。

　　宋金之际，元好问撰《湖海新闻夷坚续志》（也有人称作者是吴元复）记载：到西湖游玩的人，都以买苏州泥孩儿为时尚。有的女子将买来的苏州"磨喝乐"，置于床屏之上，天天玩耍也不厌倦。更多的游湖者，纷纷竞买这种称为"湖上土宜"的泥玩具，以分赠友好，就如同当今的人买时尚玩具一样。那个时候，也有人形象地称这种泥捏的儿童玩具为"黄胖"，诗云："两脚捎空欲弄春，一人头上又安人。不知终入儿童手，筋骨翻为陌上尘。"[1]

　　如同宜兴紫砂离不开当地陶土一样，无锡惠山脚下这一片土地的泥土也很独特，在水稻田下约一公尺，有一种特别的黑泥，它细腻、柔软，搓而不纹，弯而不断，干而不裂，可塑性极强，非常适合"捏塑"之用。独特的自然土质与佛教文化结上了缘分。

　　更有意思的是，佛教文化传入中国后，沙孩儿与中国人的"年"结合在一起了。一个传播久远的传说，说"年"是一种为害人类的怪兽，时常跑到山下戕害村民和家畜，正当人们一筹莫展时，来了一位力大无穷、充满智慧，又长着一张胖乎乎、笑眯眯的圆脸的"沙孩儿"，他以一脸"福相"以及意味深长的一笑降伏了怪兽"年"，从

---

[1] 宋·张仲文《白獭髓》。

此人们过上了安居乐业的生活。为了答谢沙孩儿,逢年过节时,人们就供上泥做的怀抱青狮的沙孩儿,取名"大阿福",以保佑人们平安幸福。从传说中可知大阿福最初是民众家中用作供奉的形似佛像的小土偶,它满足了人们对美好生活向往的心灵寄托。

佛教文化对江南风俗的影响,首先是佛教文化浪漫主义的想象力,佛经向人们展示出不可思议的时空境界。在空间上包含了三千大千世界乃至恒河沙数世界,从地狱的惨苦、天堂的富丽直到净土的精妙、佛国的庄严,无所不有。在时间上,从无始以来的过往,经刹那迁流的现在,直到无量劫后的未来。在变化上,既有宏观上的成住坏空,又有微观上的生住异灭;众生有六道轮回,佛菩萨有千百亿化身……这些上天入地、千变万化的描绘,实际上给江南民众的民俗信仰开拓了许多崭新的意境。

2. 变文和人间佛教

(1) 佛教本生故事与"变文"

佛教文化对于江南世俗生活的影响,佛教经文的念诵对于一般目不识丁的民众是有一定距离的,但在佛教文化传播过程中,为了进一步普及佛教,在佛经的长行与偈颂相间,即韵白夹杂的形式影响下,产生了一种通俗文学——"变文"。说起变文,它应该是中国俗文学的源头,也是唐代通俗文学的形式之一。"变文"要紧的是那个"变"字。唐代在佛教僧侣所谓"唱导"的影响下,继承汉魏六朝乐府诗、志怪小说、杂赋等文学传统,逐渐发展成熟的一种文体。"或杂序因缘,或傍引譬喻"[1],因为要吸引更多的信众,要将佛经教义让芸芸众生能够理解,枯燥乏味的讲经缺乏吸引力,故讲经形式要与民间说唱形式结合起来,这样就演绎出佛经的许多神变故事。它就如同唐前期绘画中描摹佛本生故事的"变相"一样,首先出现于佛寺禅门,是把佛教经典艺术化、形象化和通俗化的产

---

[1] 南梁·释慧皎《高僧传》卷一。

物。佛教僧侣为了使深奥的佛理经义通俗化,于是逐渐加进了一些历史故事和现实内容,就是所谓"商榷经论,采撮书史"[1],当时甚至还出现了专门讲唱故事的俗讲僧,就是专事佛经演讲和表演的僧人。

变文这种题材,影响了宋元话本,明清的小说也是承袭其余绪,宝卷更是其嫡系。《佛本行赞》用偈颂记述释迦牟尼成佛的经历,曲折生动,成为长篇叙事诗的嚆矢。王梵志、寒山、拾得以至邵雍的通俗诗歌,都仿了偈颂的风格。《金光明经》等书中为法舍身的佛本生故事,感情激越,气氛悲壮,对传奇不无影响,胡适先生就指出,佛教"抬高了白话文体的地位"[2]。

佛教文化对江南文化的影响是相当广泛的,举凡翻译、音韵、语言莫不受到它的影响。此外中国的建筑、石刻、壁画更是举世闻名的艺术宝库。这些艺术珍品融合了印度、键陀罗和中国各个民族的风格。壁画多取材于本生(舍身饲虎等)和经变(维摩变、净土变等),洋洋大观。版画源于唐代佛经中的佛像。顾恺之、张僧繇、展子虔、阎立本、吴道子等都是善于绘制佛经故事和人物的著名画家。王维开创的南宗画派侧重写意,以空灵见长,显然受到"六祖禅"的影响。宋元时代,还盛行观音画、罗汉画和水陆画。另外,唐代佛曲和舞蹈,多从盛行佛教的西域诸国传入,如唐代乐府中有普光佛曲、释迦文佛曲和妙华佛曲等,唐代舞蹈中有天竺舞、龟兹舞等。

随着佛教与江南传统文化的不断融合,一些佛教的节日或纪念日,逐渐越出了佛教寺庙的围墙,悄然走进江南民众世俗生活,

---

[1] 南梁·释慧皎《高僧传·唱导论》。
[2] 胡适:《白话文学史·佛教的翻译文学》,上海新月书店,1928年版。

与本土的民俗及传统节日水乳交融,成为民间积久成习的岁时风俗。除了对中国文学思想等有直接间接影响外,佛教文化从不参与政治活动,但对社会风尚习惯,却有潜移默化之功。最重要的是对民众"诸恶莫作,众善奉行"人生观的改善,以及对孝道的扩展都起到了很大作用。

(2) 江南佛教的人间化

佛教文化在江南传播,能够迅速在江南民众得到广泛的信众,流播面深广,其中的重要原因是:许多江南佛教名刹就建于闹市之中,与世俗生活紧密联系。不要说那些贩夫走卒,就是具有很大影响力的知名作家,也是与佛结缘。现代江南作家中,他们偏嗜佛学,用佛学的精华来安顿自己的内心,无论顺逆,都能发现生活的美好与丑陋,写就千古文章。鲁迅、郁达夫、俞平伯、徐訏、施蛰存、夏丏尊、丰子恺……这些江南才子,无论是思维、审美选择和文学创作,佛学都对他们产生了不容小觑的影响。辛亥革命后,鲁迅刻苦钻研佛经。在1914—1916年这三年中,他购买佛教书籍达80多部近120册,占全年买书总款的38%。根据鲁迅日记后的《书账》记载,1914年他购买了《华严经合论》《华严决疑论》《金刚般若经》《大乘起信论》《阿育王经》《长阿含经》《中阿含经》《维摩诘所说经注》《般若灯论》《唐高僧传》《宋高僧传》《明高僧传》等佛教著作几十种,应该说这数量是惊人的,可以想见他这时对钻研佛经的浓厚兴趣。

近代江南的佛教更是得到了极大发展,浙江的太虚大师为近代佛学的入世转向作出了卓越的贡献,强化了江南佛教的人间化特征。

　　太虚法师(1889—1947),俗姓吕,乳名淦森,学名沛林,浙江崇德(今属桐乡)人。他是中国近代著名高僧,学识广博、思想深邃,曾大力倡导人间佛教,尤其在"教理革命"方面,太虚主张清除两千年来人们附会在佛教上的鬼神迷信内容,建立了重"人"重"生"的"人生佛教"。太虚法师要建设的人间佛教极力排除后代佛教宗派法派的影响。"人间佛教"的思想是关注"人"与"人生",这是对"人"的关切的合乎逻辑的延伸。太虚法师指出:"今后佛教应多注意现生的问题,不应专向死后的问题上探讨。过去佛教曾被帝王以鬼神祸福作愚民的工具,今后则应该用为研究宇宙人生真相以指导世界人类向上发达而进步。"[1]正是基于这一认识,他先倡导人生佛教,后来又明确提出建设人间佛教。太虚说,人间佛教不是教人离开人类去做神做鬼,或者都出家到寺院山林里去做和尚的佛教。"人间佛教,并非人离去世界,或做神奇鬼怪非人的事。""人间佛教……乃是以佛教的道理来改良社会,使人类进步,把世界改善的佛教。"太虚指出,佛法并非教人隐遁现实社会,教人不做事,去享受清闲的生活,而是教人应该对于国家、社会知恩报恩,所以要每一个人都要谋正当职业,如农、工、商、学、政、法等。不应当谋不正当职业,"发生害命,败坏社会风俗等"之类的事是不可以做的。显然,太虚法师的人间佛教思想教人要对社会、国家有积极意义。正如他自己所说:"因世人的需要而建立人间佛教,为人人可走的坦路,以成为现世界转变中的光明大道,领导世间的人类改善向上进步。"[2]

―――――――

[1]《闽南佛学》第一辑,岳麓书院,2002年版。
[2]同上。

"南朝四百八十寺,多少楼台烟雨中。"[1]。据记载,南朝建康,是南方佛寺集中之地,梁武帝时有寺七百余所。自唐末五代以后,北方屡遭灭佛之灾,而江南相对稳定,经济繁荣,佛法繁盛,晚近又产生了"人间佛教"的理论。为什么佛教文化在江南如此盛行?这离不开江南"尚鬼好祀"的民俗信仰的深厚基础,离不开江南的佛法大师们结合实际的弘法。如晋宋间高僧竺道生(355—434)第一个提出"众生皆有佛性"之说,认为一切有情众生都有成佛的根因。这与儒家"人皆可以为尧舜"的精神发生了微妙的契合,为江南佛教走向人间化提供了契机。最早的禅法经典《安般守意经》是在江南流行传播开的;汉魏期间,安世高等名僧不倦地进行禅学活动。尤其是慧能和尚开创了南禅多佛教人间化思想:"凡夫即佛,烦恼即菩提。""自性若迷,佛是众生,自性平等,众生是佛。"[2]且其修行方式推崇顿悟,所谓"一刹那间,妄念俱灭,若识自心,一悟即至佛地"。这种强调人人可成佛,而且可通过在日常生活中用顿悟自觉至佛地的修持方式,大大降低了修佛成佛的难度,使得江南佛教从彼岸走向此岸。另外,江南居士禅盛行。梁启超指出:"东晋宋齐梁约二百余年间,北地多高僧,而南地多名居士也。"[3]他列举出南方"有功大教"的居士,就包括著有《喻道论》的会稽孙绰、著有《持达性论》的琅琊颜延之、再治南本《涅槃》的阳夏谢灵运以及写作了《灭惑论》的刘勰,这些"在家白衣"的居士禅使得江南佛学走出神秘,走进人间。

---

[1] 唐·杜牧《江南春》。
[2]《六祖坛经·般若品第二》。
[3] 梁启超《佛教教理在中国之发展》。

3. 沐浴与佛教文化传播

我国浴佛的日期,古来有几种不同的记载。总的看来,后汉时笮融的浴佛日期未见明记;北朝多于四月八日浴佛。自梁经唐至于辽初,大抵遵用二月八日;宋代北方改用腊八,江南等地则用四月八日。

到了北宋末年,京师十大禅院仍在四月八日设有浴佛斋会。浴佛时所用的水是特制的,名曰"浴佛水",是一种青、赤、白、黄、黑五色香汤。宋代,沐浴活动在前代的基础上,开始从浴佛向自我身体清洁的活动,经常沐浴洁身保持身体洁净,也蔚为风俗,成为文明生活的一种标志。宋代沐浴的历史不仅仅是民众身体清洁的历史,更是当时人的精神生活洗练。

无论是高门显贵还是贩夫走卒,也不论崇尚佛教还是崇尚道教,沐浴行为都是当时普遍推崇的一种生活习惯。当然,在一些水资源紧缺的地区,沐浴可能是一项较为奢侈的活动,但人们还都是对沐浴充满向往的。不仅僧侣讲究洗澡,有的还将洗澡视为庄重的生命仪式。《五戒禅师私红莲记》曾经记录有位高僧长老,在圆寂之际只有一个要求:"快与我烧桶汤来洗浴!"然后换身新衣服再"坐化"。

宋元时期,随着商品经济的发展,城镇之间的交流愈加密切,城市人口稠密,商贾、旅客往来不断,旅途劳累奔波需要休息洗浴,因此这一时期商业性质的公共浴室应运而生。宋代苏东坡曾写过《如梦令·水垢何曾相受》的词:"水垢何曾相受。细看两俱无有。寄语揩背人,尽日劳君挥肘。轻手,轻手,居士本来无垢。"苏东坡所说的"揩背人",指的就是古城扬州的擦背工。大都市运营着大量的商业性质的浴室,为顾客提供揩背、按摩等服务。沐浴用水也有冷、热之分,一定程度上满足不同顾客的需求。在临安甚至有"香水行",就是用香药花草熬制成的水进行沐浴,在宋代社会备受欢迎。南宋范成大撰《梅谱》,其中记道:临安的卖花者为了争先为奇,将初折未开的梅枝放在浴室中,利用浴室的湿热蒸气熏蒸处理,以便使处于休眠状态的花芽儿提前开放。

明清时期商业浴室的服务更加周到,沐浴甚至成为民众生活方式之一,私人沐浴的地方"瓮堂",在江南等地很是流行。浴堂外设置有专门的衣柜供人存放衣物。同时室内服务、设置更加全面,有立箱、坐箱、凉地、暖房、茶汤处、剃头处、修脚处等。这显然是洗澡对人民美化生活的影响。在隆冬时节因为浴室内温度较高,还往往吸引大批贫苦之人到此借宿。这一时期,浴堂没有身份上的高低贵贱之分,都可以进入洗浴。

伴随着"浴佛"文化的影响,江南沐浴的地位不断提升,由洁净身体逐渐到重视养生保健、治疗疾病,展现着中国古人的智慧和创新。

4. "家家阿弥陀,户户观世音"

(1) 绵延弥久的观音信仰

观音菩萨在中国民间家喻户晓,妇孺皆知。在富庶的江南,更是"家家阿弥陀,户户观世音"。因为观音菩萨具有大慈大悲救度众生的功德和法力,能给处于危难中的众生以无畏的力量,使人们不畏恐惧,逢凶化吉,遇难呈祥。观音菩萨三十二应身随机示观,宣说佛法,点化众生,接引众生往生至西方极乐世界。

农历二月十九日是观音诞辰日,江南的善男信女们到寺庙烧香,或者施舍佛前的长明灯油,可以保佑自己一年中平安健康。香火旺盛的寺庙不可胜数,在苏州枫桥镇支硎山下的观音寺,就是一座吴中名刹,香客络绎不绝。

观音寺原名支山寺,于南朝梁时始称中峰寺院,隋唐时道遵和尚在支硎山下辟经院,置道场传教弟子。唐景龙年间在山麓兴建楞枷寺,后称观音寺。唐大历十一年(公元 776 年)特署为法华道场。大中年宰相裴修曾书额改为"南峰院"。北宋真宗祥符五年皇朝赐书名"天峰院"。宋神宗熙宁、元丰年间高僧德兴始传法于中峰寺,负有盛名,后有主持文启、慧汀、赞元、维广等继之,对寺院大增葺之:基土架木,上瓦下甓,堂殿庖库,廊庑寮阁,门庭石阶,次第完洁。东有浴室,西有憩庵,佛貌经藏无不具备。明洪武初,并开平白云寺院,清康熙年间重葺,改名观音禅院,成为全国少有的规模宏大的观音院之一,支硎山也因此称作观音山。

因为观音山有转藏殿,据说这里的观音可以为人送子,只要供上长旛,许下愿心,就能求子得子。若是上年祈求后生下的小孩子,就要在观音座下皈依寄名,可保长寿。观音山的僧尼在这天建观音会,道场供奉着各式香花,进香的妇女从二月初一就要开始吃斋,到二月十九日方止,谓之"观音香市"。《吴县志》载:"二月十九日为观音诞,支硎山士女联袂进香"。道光己酉年(1849年),苏州诗人袁景澜游览光福后途经观音山下,写下了《观支硎山香市记》,详述了当时观音山香火的鼎盛。

观音全称"观世音",又称"光世音""观自在""观世自在"等,梵语是"阿缚卢枳多伊湿伐罗(Avalokiteśvara)",意为观照世间众生痛苦中称念观音名号的悲苦之声。"观"为观照之意,但它不同于一般的观察,而是以佛教的无漏(无烦恼)圆通大智来观照。"世音"是菩萨观照的对象、境界。这里的"世"并不单指人世,还包括六道,即:人、天、阿修罗、畜生、饿鬼、地狱。"音"是六道众生遇难时念诵观音名号的悲切之声音。一言以蔽之,"观世音"三字名号就是菩萨以无漏圆通大智观照六道众生因痛苦而念诵其名号的声音。如果菩萨听到有人念其名号,就会立即去寻声解救。

观世音三字名号的含意在佛经里多处有解释:"观世音以何因缘名'观世音'?佛告无尽意菩萨:'善男子,若有无量百千亿众生受诸苦恼,闻是观世音菩萨,一心称名,观世音即时观其音声,皆得解脱。"[1]"若有众生遭百千亿困厄、患难,苦毒无量,适闻光世音菩萨名者,辄有解脱,无有众恼。"[2]可见,观世音这个名号实际蕴含了菩萨大悲济世的思想和功德。

　　观音尊号为"大慈大悲救苦救难观世音菩萨",据说因避唐太宗李世民的讳,略去"世"字,简称"观音"。故中国民间多俗称为"观音菩萨"。

　　佛教传入中国,大致起于东汉,而观音菩萨作为大乘佛教所信奉的菩萨之一,经过千百年的发展演变和中国民众的智慧改造,观音信仰已完全融入中国本土文化之中,成为融儒、释、道三种文化形态于一体的宗教信仰思潮。在属于佛教范畴的观音信仰中,既有儒家的忠孝、亲子、子嗣承袭观念,又和佛教的天国与道教的玉皇大帝融合在一起。也正由于此,观音信仰才得以在中国绵延弥久。

　　在中国的民间神谱记载里,没有一个像观音这样有这么多造像,更令人惊奇的是观音造像不像其他神祇那样固定化、程式化,而是百变千样,各显其态,各具风采,直到到唐代才基本定型并逐渐类型化。

　　其实当初观音从印度传入中国时是男像,一直到南北朝时暨唐代以前,观音也多呈男相;唐代以后,则多呈女相,民间信众更将其塑造成一位妙龄女子形象甚至千手形象。吴承恩的《西游记》对于观音的形象描写已经深入人心,也极具代表性:

---

[1]《妙法莲华经·观世音菩萨普门品》。
[2]《正法华经·光世音普门品》。

理圆四德,智满金身。璎珞垂珠翠,香环结宝明。乌云巧叠盘龙髻,绣带轻飘彩凤翎。碧玉钮,素罗袍,祥光笼罩;锦绒裙,金落索,瑞气遮迎。眉如小月,眼似双星。玉面天生喜,朱唇一点红。净瓶甘露年年盛,斜插垂杨岁岁青。解人难,度群生,大悲悯。故镇太山,居南海,救苦寻声,万称万应,千圣千灵。兰心砍紫竹,蕙性爱香藤。她是珞珈山上慈悲主,潮音洞里活观音。

(2) 普陀山与观音信仰

江南普陀山是佛教观音信仰以及由此衍生出来的"中国观音文化"的重要载体。普陀山与观音文化的关系,如同五台山之与文殊、湄州岛之与妈祖,已经是一个水乳交融、不可分割的整体。

普陀山雄峙于中国浙江杭州湾以东莲花洋,位于杭州湾南缘、舟山群岛东部海域,与世界著名渔港沈家门隔海相望,是浙江舟山群岛中一个小岛,南北长8.6公里,东西宽3.5公里,高峰佛顶山海拔288.2米,与五台、峨眉、九华,合称中国"四大佛教名山",是首批国家重点风景名胜区,素有"海天佛国""南海圣境"之称。岛形似苍龙卧海,远离尘嚣,海阔天空,令人心旷神怡。"海上有仙山,山在虚无缥缈间"。佛教《严华经》记载的"观自在菩萨至普陀洛迦山"一说,使普陀成为观世音之圣地。据史书记载,早在2000多年前,普陀山即为道人修炼之宝地。普陀山四面环海,风光旖旎,幽幻独特,自古被誉为"人间第一清净地"。山上金沙、奇石、洞壑、潮音、幻景浑然一体,形成山海兼胜、水天一色的独特景观。森

1930年普陀山观音圣境。路旁一位僧人,打坐在椅上,敲着木鱼,潜心修行,人在景中,人已成景。

第十章 民俗信仰中的佛教印记

林覆盖率达80%,古树名木繁多,香花异草遍野,尤以普陀鹅耳枥为世界独存,属珍稀濒危国家一级保护植物。山上有国家二级以上动物30多种,是野生动物的天然乐园。

观音圣地真正与中国浙江的普陀山(古称"梅岑山")结缘,首推唐大中元年(847)有梵僧登山燃指亲见观音现身授石的灵异和唐咸通四年(863)日本僧人慧锷大师登山留置"不肯去观音院"的记载。以北宋元丰二年(1079)神宗皇帝赐额"宝陀观音寺"为标志,"南海宝陀山观音道场"的地位在中国正式确立。

历经唐、宋、元、明、清,有近20位帝王为求国泰民安,屡遣重臣来普陀山朝拜观音,赐帑赐金,振兴佛土,五朝恩赐,千年尊崇。神奇、神秘、神圣的普陀山,乃驰誉中外的世界佛教圣地和国际旅游胜地。

至明代末年,普陀山"祠宇殿堂,僧房静室,日则满山棋布,夜则燃火星罗,总计二百有奇",号称"海天佛国";至民国十三年(1924),计有三大寺、88庵、128座茅篷,成为东南最著名的佛教圣地。每年农历二月十九、六月十九、九月十九三大观音香会更是万众潮涌,盛况不凡,成为观音信仰中一种最具参与性的朝圣奇观。

普陀山观音菩萨仿金铜像高20米,主钢架总高度19.4米,面部含金量6.5公斤,造价1500万。左手托舵轮,右手施无谓印,双目垂视,眉如新月,大慈大悲,神韵尽出。铜像地处观音眺、南天门之间,面朝大海,与洛迦山隔海相望。

在唐代形成,在宋代由皇家钦定的观音应化道场,普陀山无论在正统的汉藏佛教界,还是民间民俗信仰中,都在观音文化领域占据着举足轻重的崇高地位。观音信仰被学者称为"半个亚洲的信仰",也是中、日、韩三国佛教的主流信仰。

第十一章

道教文化与民俗信仰

1. 传统文化孕育的本土宗教

(1)"中国根柢全在道教"

道教是中国本土的宗教。鲁迅曾说:"中国根柢全在道教"[1],可见道教影响之深远。道教文化深深扎根于中国人的文化生活和思维行为方式之中,形成了十分独特的民俗和信仰文化,同时民间原有的风俗习惯和信仰崇拜又丰富了道教本身的内容。

道家的最早起源可追溯到老庄,故道教奉老子为教主。但是,一般认为,道教的第一部正式经典是《太平经》,完成于东汉,因此将东汉时期视作道教的初创时期,正式有道教实体活动则是在东汉末年太平道和五斗米道出现后。汉朝末年,张角成立太平道,后率"黄巾"起事失败,太平道衰败;与此同时出现的"五斗米道"(后更名为天师道,也即正一道)却发展起来。南北朝时期,北朝道教经寇谦之的改造,南朝道教经葛洪、陆修静、陶弘景的改造,一并得

---

[1] 鲁迅《致许寿裳》(1918年8月20日),载《鲁迅全集》第11卷,人民文学出版社,2005年版,第353页。

到了皇帝的支持，有了较大发展，其中，陶弘景为代表的上清派是这一时期的著名道派。

隋唐时期，道教得到进一步发展，产生了诸多小派，修炼方式由修炼外丹向修炼内丹转化。金元时期又产生了一个较大教派——全真教。此后，各派之间逐渐融合，发展至明清时，正一道成为符箓派的代表，全真道成为丹鼎派的代表。民国时期，由于连年战火，道教受到冲击，宫观多被毁，其势渐微。

道教是一种多神教，沿袭了中国古代对于日月、星辰、河海、山岳以及祖先亡灵都奉祖的信仰和风俗习惯，形成了一个包括天神、地祇和人鬼的复杂的神灵系统。

（2）道教丰富了江南民俗信仰

道教一直根植于中华民族传统文化的肥沃土壤中，在历史发展的进程中，可以说道教是从民俗信仰演化发展而来，道教与民俗信仰，两者之间彼此纠缠，存在着千丝万缕的联系。

作为中国土生土长的宗教，大量吸收了中华民族历史上的民俗信仰，并且保留了许多原始巫术和民俗信仰形态。道教在正式形成之前，它本身就是民俗信仰之一种，是作为一种民俗信仰的形态存在的。魏晋之间经历了不断改造和充实，又吸收了大量民间信仰的内容，才实现了由一个地方民间宗教变成具有独立品格和广泛影响的全国性宗教。尽管此后道教得以摆脱民间信仰的身份，但是其与民间宗教和民俗信仰的血脉关系还是难以割舍的。两者在崇奉的神祇方面，仍然存在很多重合和相似之处。

《隋书·地理志》记载:江南吴地"其俗信鬼神,好淫祀"。先秦以来独特而又传承未断的崇巫尚鬼文化奠定了江南民间道教信仰的社会心理基础;与此同时,道教鬼神观念向民间渗透,不断丰富着江南地区的民俗信仰与民间文化。道教为了扩大它的信众,增强其在民众间的影响力,它需要寻找最"接地气"的方式来完善它的存在。民间信仰作为老百姓自发的神灵崇拜,其信奉的神灵也大多要在道教神仙体系中寻找出身,以此来提高神灵的地位,进而获得更为权威的认同。民俗信仰因其普遍性,有着广泛的群众基础和人员构成,并且这种信仰蕴含了最为基础的信仰意愿与情感,可以说为道教提供了众多的信众来源,是道教形成、传播和发展的重要支撑。

例如,上海的"金山神庙"称得上是古代上海地区资格最老的祠庙。它的全名本来叫"金山忠烈昭应庙",又名"捍海神庙",位于金山区的大金山岛。其前身为祀西汉大将军博陆侯霍光,故此该庙又可称为霍将军祠。

孙皓是孙权的孙子,三国时期吴国的末代皇帝。孙皓刚当皇帝时候,也曾施行过明政,但是很快就沉溺酒色,专于杀戮,变得昏庸暴虐,后来被西晋灭国。据说,有一次孙皓病重了,他梦见了汉代大臣霍光附身,侍从告知,金山咸塘风潮为害,民不聊生,霍光是汉代有功之臣,有治理海患的能力,奉他为神,庙以祀之,就可保一方平安。巧合的是,孙皓不久病愈,于是就建立了一座金山神庙("捍海神庙"),也即今日上海城隍庙的前身,而霍光则成了上海资格最老的城隍爷。宋元时期,国内海运繁荣,金山神庙更是一度香火甚旺。原本应划属于民俗信仰范畴的捍海神,明清以后被道教改造,这说明道教与民俗信仰的融合在加强,彼此之间的区别和差异也逐渐减少。受到当地信众们的供奉。最后上海县令张守约索性将它变为上海的城隍庙了。

至于道观正式在上海出现的时间,据说在唐朝初年。《崇明县志》卷三称唐高祖武德(618—626)初曾在西沙建东岳庙。座落在语儿泾东的皋阳庙,相传亦建于唐代。后晋天福年间(936—943),传说有位石姓道人结茅于今浦东杨思桥之地,并在此成仙;清末宣统三年(1911),当地居民周彝训重新修缮此庙,是为石仙庙。[1]

明清以降,道教组织虽有衰落,但在推动民俗信仰方面却呈现出蓬勃的发展趋势。这一时期,道教对民间信仰进行了新的吸纳,也有很多道士参与到民间社会的组织中,二者的交融也更为明显。

道教日常的宗教活动包括方术、清微法事、度亡法事等。道教方术大致可分预测、长生、杂术三部分:预测术主要包括占卜和星相术,长生术主要包括内丹、外丹、气功、服食、符箓等,杂术包括的内容较广。人们试图运用方术以召神劾鬼,达到祈福禳灾、却病延年,或以内炼外养而求长生和疗病健身的目的。随着近代文化科学的发展,道教方术中的精华如养生术得到科学的研究,一些落后于时代的内容已停止流行。清微法事多是用于祈晴祷雨、驱鬼逐妖、行符治病等以"解决"阳世灾祸为目的的法术。度亡法事用于丧葬等与"阴间"有关的法事。信道民众家中若有人亡故,常请道士参与丧仪,企求通过诸般法事,使亡灵得以超度出冥界,往登仙岸。

由于道教文化和江南民俗信仰是共生于江南传统文化的时空

---

[1] 转引自阮仁泽、高振农主编《上海宗教史》,上海人民出版社,1992年7月第1版,第367页。

之中的，所以两者在神祇、组织、修持等方面，有着千丝万缕的联系，最后演变成"你中有我，我中有你"的关系。只不过区别在于：道教是有体系、成建制、有偶像的宗教，而民俗信仰是非宗教信仰，是非官方的、非组织的民众信仰，是民众自发性的一种情感寄托。近年来民俗信仰研究领域大量的实地调查资料显示，历史上道教和民俗信仰的这种交融得以延续至今，其原因在于民俗信仰所崇奉的神灵，大都能在道教信仰体系内找到其出身，两者崇奉同一神灵的现象并不少见。

2. 江南春节与财神

(1) 围绕江南春节的道家文化因子

江南岁时节日与道教文化有千丝万缕的联系,很多节日起源于道教的传说,有的节日本身就纯粹是道教节日。若将目前还在民间传承的岁时节日中的道教文化元素做一番梳理,便可见道教文化对于江南民俗信仰的深远影响。

春节是我国传统节日中最隆重、最热闹、也是最快乐的节日,其间充满了与道教人物诞辰有关的神仙传说和风俗习惯。

腊月二十四(有些地方是二十三)家家户户都要送灶。在道教文化中,灶君又叫东厨司命,既管人间饮食,又代天监察人间善恶,年底向天帝禀报。在送灶神前,人们还要大扫除。传说是因为灶君平时把善恶都记在房梁上,在灶君上天之前把它的账本涂抹掉,他就不好打小报告了。除夕是农历一年中的最后一夜晚,它连接旧岁与新年,带有神秘甚至神圣的气息。接神是过去除夕的重要祭典。相传腊月二十四或二十三诸神升天,回到天庭述职,到了除夕,诸神又回到人间,人们摆设祭品,烧香叩头,迎接诸神的归来。

除夕的气氛是热烈的：燃放鞭炮，接神接祖宗，吃年夜饭，守夜饮屠苏酒，占卜来年收成，这一系列活动构成了除夕特有的民俗氛围。

农历正月初一是我国传统新年，道教有五腊良辰的信仰，正月初一是道教天腊之辰。道教认为一年中的这几天是良辰吉日，适合祭祀祖先和诸神以获得福佑。在民间，大年初一有很多迎接新年的活动。燃放爆竹、喝屠苏酒、挂桃符等风俗都跟道教有关。随着时间的推移，燃放爆竹的意义也发生了巨大的变化，由过去的驱逐山魈恶鬼，变成了迎灶神、接祖宗、接财神的仪式。

腊月二十七前后，许多家庭就开始祭神。大厅中间的太师壁上挂一幅画，上面绘有八仙、二十八星宿、菩萨、金刚等彩色神像，民间称为"神轴"。有些人家受经济条件限制，不挂"神轴"而改用纸码。"神轴"前的长桌上放着十碟素菜，并摆放素馒头、生面等，还有"仙茶"和"仙酒"。供品中的"猪头三牲"，最为考究。古代祭神用的"三牲"是猪、牛和羊，普通人家以猪头、鸡和鱼来代替，称为"猪头三牲"。

"猪头三牲"的摆放有约定俗成的规矩：猪头等物要烧得半熟，一条猪尾巴塞在猪头的嘴巴里，猪头上插两根筷子，筷子上绕一条猪肠。猪头也可以用肋条肉代替。两头微微翘起的肋条肉，形似一只元宝，肉面上放一只猪爪，用猪肠将它盘住，再用一根削尖的筷子将其插牢。祭品所用之鱼一般为青鱼，意为"青云直上""青白做人"。也有用鲤鱼的，讨"鲤鱼跳龙门"的口彩。半生半熟的鱼微微翘起，似元宝状，眼睛贴上红纸片。祭神的鸡，一般为雌雄各一只，也有单独一只。把鸡爪和鸡翅弯曲后夹住鸡头，也成元宝状。鸡嘴里还要衔两根葱，鸡屁股后面放五只煮熟的白焐蛋，取意为

"五子登科"。所有这一切,都是为了讨吉利口彩,求众神保佑家庭安康。

(2)"财神"形象的演化

　　正月初五"接财神",江南吴地所祭拜的路头神(又称五路神),大致是因五路神中的"五"与初五的"五"牵连之故。所谓五路,指东西南北中,意为出门五路皆有财。江南财神崇拜的历史很长,人们所祭祀的神明,也会因人、因时、因地而各有不同。财神可大致分作正财神、偏财神、准财神、文财神与武财神。正财神是神通最大、名分最正、专司人间财富的赵公明,偏财神是主管东西南北中五路神的利市仙官,准财神是撒钱济贫的刘海蟾,文财神是生财有道的陶朱公范蠡,武财神是忠义勇武的关羽关老爷。崇文尚武各有所司、也各有所需,崇文的人家喜祀文财神,尚武的人家爱拜武财神。

　　除此,人们信仰的财神还有五圣、柴荣、财公财母、和合二仙、利市仙官,又有文昌帝君、活财神沈万三等,就其信仰广泛和与道教的关系密切而言,要数文武财神、五圣、和合二仙、文昌帝君了。

　　赵公明,亦称"赵公元帅"。如今道教主要把他作为财神来供奉,但他因曾为张天师守护丹室,后来民间还将其神像贴于门上,作为门神,镇邪祈福。关于其来历,前已有介绍,其所司之职中,除了有"除瘟剪疟,保病禳灾"一项,还有"买卖求财,公能使之宜利和合。但有公平之事可以对神祷,无不如意"之功能。民间普遍祭祀赵公明,大概是明代中叶或稍前开始的,其主要原因就是"买卖求

五路财神。清朝后期,获得武财神之称的赵公明和他的四位部下被并入了五路财神信仰。

财"是他专司的主要职责之一。所供赵公明财神像皆顶盔披甲,着战袍,执鞭,黑而浓须,形象威猛。周围常画有聚宝盆、大元宝、宝珠、珊瑚之类。

据清人顾禄说,吴地以农历的三月十五日为赵公明的生日,每到此日,人们都要谨加祭祀,或立庙祭祀,或在家中塑像祀之。此中商人祭祀财神最为普遍。[1]关公,亦称"关圣帝君",简称"关帝",本为道教的护法四帅之一,如今道教主要将他作为财神来供奉。其职能除了"治病除灾,驱耶辟恶,诛罚叛逆,巡察冥司",还有"司命禄,庇护商贾,招财进宝",又因其忠义,故被奉为财神。一是说关公生前十分善于理财,长于会计业务,曾设笔记法,发明日清簿,这种计算方法设有原、收、出、存四项,非常详明清楚,后世商人公认为会计专才,所以奉为商业神;二是商人谈生意作买卖,最重义气和信用,关公信义俱全,故尊奉之;三是传说关公逝后真神常回助战,取得胜利,商人就是希望有朝一日生意受挫,能像关公一样,来日东山再起,争取最后成功。这种信仰在清代,被各行各业所接受,对其顶礼膜拜尤盛。近代江湖上的哥老会、青红帮特别敬祀关帝,且江湖上结义弟兄,亦必于关帝前顶礼膜拜,焚表立誓,以守信义。

正月初九,传说是玉皇大帝的生日。道教经典说他历经三千二百劫,"渐入虚无妙道",又经过一亿劫,才修成了玉皇大帝;还说他是元始天尊的后代,是太上老君送到人间去的。因此,对这位"总领宇宙主宰之君"的诞辰谁也不敢怠慢。这一天,江南各地宫观要举行神仙大会,善男信女纷纷到宫观去叩头进香。正月十五

---

[1]清·顾禄《清嘉录》卷三。

元宵节,是新年后的第一个月圆之夜,又称"上元节"。道教说,天、地、水为三元,又称三官,主管人间的祸福、鬼神的升转,以正月十五、七月十五、十月十五为三官生日,正月十五就是天官大帝的诞辰。这天,道观常常举行斋会,善男信女也要去三官殿堂进奉香火。正月十五还是厕神紫姑的祭日,人们摆上供物,迎请紫姑,向她占卜蚕桑农事和吉凶祸福。

3. "和合"二仙与"五瘟辟邪"

(1) "和合"二仙的影响力

中华文化从根源上说是农耕文化,千百年来其经济基础乃是自给自足的小农经济。这种文化倚重天时、地利、人和多方面的因素,缺一不可。因此,非常注重人与人、人与环境的和谐。"和合"一词最先出现在《周礼》:"使媒求妇,和合二性。""和合"为男女两性结合成为夫妇,和睦同心,合好相谐。孔颖达解释说:"三十之男,二十之女,和合使成婚姻。"[1]原意指的是家庭伦理关系,中国人讲究社会和谐是在其文明发展之初就注定了的,而今天我们所说的"和谐""家和万事兴""和气生财"等,最初就与这个意思有关。历朝历代的思想家都对"和合"思想作了精到的阐释,孔子说"君子和而不同,小人同而不和"[2],朱熹的注解是君子有和意而心胸开阔,海纳百川;小人仅以一己之见而营私争利,必为不和。"和合"

---

[1]《周礼·地官·媒氏》疏。
[2]《论语·子路》。

源于中国古代"天人合一"的哲学思想,它既体现了儒家的"仁爱"理念、墨家的"兼爱"主张、佛教的"空有不二"本源体观,还体现了道家阴阳调和的"五德始终说"。应该说,"和合"是中国传统文化的主体思想。

至于"和合二仙",则是传统"和合"文化的深刻体现。田汝成《西湖游览志余》记载:"宋时,杭城以腊月祀万回哥哥,其像蓬头笑面,身著绿衣,左手擎鼓,右手执棒,云是和合之神,祀之可使人在万里外亦能回来,故曰万回。"[1]用通俗的话来说,就是和合之神本是一人。

明清之际,"和合神"逐渐由一神演变为二神,"今和合以二神并祀,而万回仅一人,不可以当之矣。"[2]这二神即为唐代贞观年间的僧人寒山和拾得。寒山、拾得两人皆是隐居天台山的僧人,二人经常吟诗唱偈,交情甚好。关于他俩的交情,民间流传着这样一个故事:寒山和拾得同住在一个村子里,两人亲如兄弟。两人同时爱上一个女子,但互相不知道。后来拾得要和那个女子结婚,寒山才知道,于是弃家到苏州枫桥,削发为僧。拾得了解到这件事后,亦舍女来到江南,寻找寒山。探知其住处后,乃折一盛开荷花前往见礼。寒山一见,急持一斋饭出迎。两人相见,乐极,相向为舞,拾得也出家为僧。他们开山立庙,这座寺庙就是赫赫有名的"寒山寺"。直到现在,苏州寒山寺里还存着一块青山碑,碑上刻着兄弟俩的形象,写着寒山、拾得的名字。

清雍正十一年(1733),清帝封唐天台僧寒山为"和圣",拾得为

---

[1] 明·田汝成《西湖游览志馀》卷二三。
[2] 清·翟灏《通俗编》(元不宜斋本)卷十九。

第十一章 道教文化与民俗信仰

"合圣",两人就此成为"和合二圣",道教则将"和合二圣"进一步封为"和合二仙",成为掌管人间婚姻的喜神。无论是万回还是寒山、拾得,他们或能万里致归,家庭团圆,或能重义割爱,和睦相处,所以被民众奉为和合神祇。在佛教信仰中,人们把寒山作为文殊菩萨的化身,把拾得作为普贤菩萨的化身的。有意思的是,寒山与拾得两个人也曾被道教收入下八仙的行列中:"说话间,四灵大仙过去,只见福、禄、寿、财、喜五位星君,同著木公、老君、彭祖、张仙、月老、刘海蟾、和合二仙,也远远而来。"[1]旧时"和合二仙"像常绘作蓬头笑面之二人,一持荷花,一捧圆盒,取"和(荷)谐合(盒)好"之意,于婚礼时陈列悬挂。或常年悬挂于中堂,取谐好吉利之意。

(2) 驱瘟辟邪"五瘟神"

在上古社会,生产力极为低下,对于未来的不测之祸,或者突如其来的灾难,不具备积极的预防能力,而只是祈求上苍的佑护。人们所采取的手段之一,即是驱瘟辟邪。这对有些节日的最终形成,起到了推动作用。例如,每到一年的气候冷热转换之际,空气潮湿,瘟瘴将发,毒气横生,对人的生存极为不利。民间俗信五月是"毒月",此月多灾多难。尽管当时的民众不懂得科学,而古时的医药治疗又大抵与宗教巫术紧密联系在一起,民间只能采取自己的方式来抵御各种瘟疫和邪毒的侵袭。

道教所信奉的瘟神,传说始于隋唐。据《三教源流搜神大全》

---

[1] 清·李汝珍《镜花缘》第一回。

称,隋文帝开皇十一年(596)六月,有五力士出现在空中,距离地面有三至五丈,身披五种颜色的长袍,手中各执一物。其中一人手执杓子和罐子,一人手执皮袋和剑,一人手执扇子,一人手执锤子,一人手执火壶。隋文帝急问太史公,此为何方神圣?主何灾福?太史公告诉他:此为五方力士,在天为五鬼,在地为五瘟。春瘟张元伯,夏瘟刘元达,秋瘟赵公明,冬瘟钟仁贵,中瘟史文业。现天降灾疾,无法逃避。这一年果然出现瘟疫,死去的人很多。于是隋文帝修建祠堂奉祀这些瘟神,并下诏,封五方力士为将军:青袍力士为显圣将军,红袍力士为显应将军,白袍力士为感应将军,黑袍力士为感成将军,黄袍力士为感威将军。并规定五月初五为祭祀五瘟的节日。唐朝承袭隋朝祀奉五瘟神。后来道教匡阜真人于五瘟祠将五瘟收为部将,自此道教将其衍化为在教瘟神。

初夏或者秋冬的气候转换之际,确实是各种病毒猖獗和活跃的时候,民间有"避五毒"(蛇、蝎子、蜈蚣、蜥蜴、癞蛤蟆)之说。江南民间认为此"五毒"都从五月五日午时起开始孳生,通常人们都在这一天午前在屋角以及各阴暗处洒石灰,喷雄黄酒,燃药烟,以灭五毒,驱邪气。并用插菖蒲、悬艾、佩香囊、戴老虎索、贴午时符、沐浴兰汤等习俗来驱瘟辟邪。

在医药卫生相对较为落后的时代,人们采取驱瘟辟邪的各种措施,不失为保护自身、关爱老幼的办法,也是形成端午节和重阳节的深厚基础。如悬挂着的艾草、菖蒲都是古代的药草,雄黄酒也具有消除疫病的功效,菖蒲又象征驱除不祥的宝剑,可驱除阴气;重阳节登高有利健身,菊花食用也可却病疗伤,茱萸则可辟恶气、御初寒。这种驱瘟辟邪的主张与中国传统的医学观念相吻合,反过来更进一步强化了节日的形成与普及。当然,道教中的瘟神,也

第十一章 道教文化与民俗信仰

从一个侧面告诉民众,防止各种流行病的侵袭不能疏忽。

以上所述是江南岁时中,受道教文化影响的一些节日,可见其中一部分岁时节日本身就是道教的节日,由于吸引了大批民众的参与,变得更加热闹和亲民,不再局限于江南某一神祇的祭祀活动,从而演变为中国的传统节日了;另一部分传统的岁时节日是因为有了道教传说和祭祀仪式的参与,从而变得更加丰富多彩。

第十二章

永不谢幕的游艺信仰

1. 叙事歌谣与江南吴歌

（1）蔚为传统的江南歌谣

民间叙事诗，它也是歌谣，叙述着一个较完整的故事，它不依靠文字而流传，却因口耳相传而流播。在漫长的中国历史上，自古就有采诗制度，但罕有叙事诗被采集，长篇更是绝无仅有。叙事歌在底层老百姓之间长相流传，不懂文字的歌手以他们满怀的热情吟咏不受文人重视的故事，歌唱他们的生活，表达他们的思想和情感。从江南三十几部长篇叙事诗中，我们可以看到他们唱山歌的热情、茶点待客的风俗、婚姻礼仪习俗，等等。更重要的是：我们可以从中了解他们的世界观、人生观，了解了"穷帅哥娶富家女"的叙事模式，财富是人们永远的追求目标，富庶繁华的江南地，人们并不掩饰对财富的渴求。"穷汉子配富千金"的情节模式就典型地表现了老百姓的这一心理。根据这种叙事模式，穷汉子大抵是天下少有的大帅哥，高大、英俊、结实；富家千金都赛过西施、娇美、秀丽、窈窕。他们一旦成家，并非王子和公主结婚后没有后文，而肯定会成为天下最幸福的夫妻。穷小子从此摆脱了穷日子,美满富足。富千金从此找到了依靠,被宠被爱,夫妻俩你看着我养眼,我看着你养眼,小日子要多甜美有多甜美!

歌谣是人类与生俱来的本能。古人云:"今夫举大木者,前呼'邪许',后亦应之,此举重劝力之歌也。"[1]后人追溯诗歌起源,常常拿来引用。鲁迅先生受其启发,因此成立了一个"杭育杭育派",这种说法在解释艺术起源时属于劳动发生说。然揣摩这一声"邪许",它可不是那么简单。它可以沟通交际,从而协调动作,共同劳动,由此发展成为日常交流的语言。它更可以减轻疲劳,舒活筋骨,释放感情,使力量大增,从而举重若轻,顺利举起大木。由此发展成为后世之歌谣。当然,歌谣绝不同于日常语言,必然要运气丹田,敞开喉咙,张开大口,大声发音,方能起力量大增的作用。后代人们从举重之歌中惊喜地发现劳动对歌谣的作用,殊不知,前人却恰恰相反,他们的惊喜是发现了歌谣对劳动的作用。而歌谣的功力何止作用于劳动,久不劳动之人如大喊一段歌谣,必也能散发闷气,畅心舒怀。歌,是人类与生俱来的需要和本能。正是从这个意义上,我们才能理解:为什么人们对于歌会如此痴迷。

我们看江南的地方歌谣,就会发现,其内容远不止情与爱。劳动、家庭生活、自然知识、社会状况都是歌谣的内容和主题。勤劳的江南人民一直都在辛苦地耕耘劳作,踏踏实实地活,认认真真地爱。

"山歌"是明代苏州地区流行的时调,又称"吴歌"。冯梦龙《山歌》所收歌词359首系编者采集自苏州地区城镇市民间,多用吴方言。清初文人张子虚曾经选辑了一册《精选时尚侉调太平歌曲》,

---

[1]《淮南子·道应训》。

选入歌词80首,大多写男女情爱。所谓"侉调",当系由北方传入扬州地区的曲调,后来扬州小唱的"侉侉调"可能与其有继承关系。进入民国,江南的歌谣开始多了起来,朱天民编《各省童谣集》(第一集)[1],收集了16个省、市童谣203首,其中江苏省17首,每首歌谣后有方言注释及简单的述评。值得推崇的是著名历史学家和民俗学奠基人顾颉刚编著的《吴歌甲集》[2],此书收录苏州一带歌谣100首,分上、下卷:上卷收儿歌50首,下卷收乡村妇女歌、闺阁妇女歌、男子歌、杂歌共50首;有《自序》及俞平伯、钱玄同、胡适、沈兼士、刘复的序,《附录》5则:顾颉刚《写歌杂记》和《歌谣中标字的讨论》,魏建功《读歌杂记》和《吴歌声韵类》,钱玄同《苏州注音字母草案》,很有历史价值。后有王翼之编《吴歌乙集》[3],收苏州一带歌谣112首。分上、下卷:上卷收儿歌50首,下卷收乡村妇女歌、闺阁妇女歌、男子歌、杂歌共62首。顾颉刚作序并校订。还有伍受真采集编辑的《武进谣谚集》[4],第一辑收歌谣38首,第二辑收谚语582则。编者《引言》称,是书为1920年江苏全省师范附小联合征集各地谚语,以此为基础,加上编者后来搜集的歌谣,编成此书。

1931年王君纲编《吴歌丙集》[5],据编者《前言》所说,书中民歌采集自苏州木渎善人桥(镇),共105首。其中儿歌50首,其他民歌55首。同年江苏宜兴县立民众教育馆编《宜兴歌谣集》[6],

---

[1] 朱天民编:《各省童谣集》(第一集),商务印书馆,1923年版。
[2] 顾颉刚编著:《吴歌甲集》,北京大学歌谣研究会,1926年3月版。
[3] 王翼之编著:《吴歌乙集》,中山大学语言历史学研究所,1928年6月版。
[4] 伍受真采集编辑:《武进谣谚集》,上海泰东图书局,1928年版。
[5] 王君纲编:《吴歌丙集》,《礼俗》,1931年第8—9期。
[6] 宜兴县立民众教育馆编:《宜兴歌谣集》,1931年版。

收宜兴地区流传的歌谣100首,分为"寓意"、"表情"、"风俗"三大类。1933年林宗礼、钱佐元编《江苏歌谣集》[1],收入的歌谣内容相当广博,有3000多首,按金陵区、苏常区、沪海区、淮扬区、徐海区五个区来分类。书中尽可能采用方言土语记录,并加少量注释。

1934年,管思九、丁仲皋采编《江口情歌集》,初刊于《大夏学报》(大夏大学即今华东师范大学的前身,该校很重视民间歌谣的收集与刊行),1935年作为"大夏大学丛刊"第三种单独出版。收入江苏海门和启东地区民间流传私情山歌100首。特地请著名语言学家和音乐家赵元任担任审稿并指正注音。1936年李白英编《江南民间情歌集》[2],收江南情歌96首,多为四句头山歌。歌中方言土语,附有脚注。

总之,江南地区对于歌谣收集与"吴歌"吟唱一直蔚为传统。"山歌勿唱忘记多,大路勿走草蟠踝,快刀勿用黄锈起,河滩勿上出蒿芦","你有山歌你就唱,我有山歌来打发,我口头有棵山歌树,半边含蕊半边开","山歌勿唱寂冬冬,树叶勿动哪来风,六月里无风难过夏,十二月里无被难过冬","一人唱歌勿好听,二人唱歌和声音,三人唱歌能比琵琶、笙、弦子,四人唱歌恰如弹动七弦琴"[3]……人们为唱山歌而骄傲,骄傲于肚里山歌之多,而且一个人唱歌尤嫌不够热闹,多人合唱才觉美妙。

---

[1] 林宗礼、钱佐元编:《江苏歌谣集》,江苏省立教育学院,1933年版。
[2] 李白英编:《江南民间情歌集》,大光书局,1936年版。
[3] 金煦、钱正、马汉民:《苏州歌谣谚语》,江苏教育出版社,1986年版。

（2）吴歌的人文价值

吴歌，又称为江南小调、俚曲、桂枝儿，是古代，特别是明清时期流行。它的全盛时期虽在明清时代，可它的历史却与《诗经》《楚辞》一样古老。"后人考证为渔娘曲的'吴蔡讴'，大约就是吴歌的原生状态。它虽然发源于吴地的水上人家，可从陆机的《吴趋行》和谢灵运的《会吟行》来看，早在魏晋南北朝时期，它就已被士大夫们改编传唱，称为'清商乐'，为雅文化所吸收。它不仅以清丽委婉的吴音引人入胜，还被用于人际交往中的应酬唱和，成为文人雅士的社交礼仪。"[1]

江南一带的汉族民众，同中国其他民族的民众一样，原本也是张扬个性和能歌善舞的民族。白居易的诗中在描写唐代的踏歌，那种热情和万人空巷的场面也是非常生动的。但是，历史发展到宋代，总体的社会风气发生了改变，汉唐以来的尚武精神和张扬的时代个性逐渐消失，劲歌狂舞好像就不那么时兴了，代之而起的是浅吟低唱。哲学家在分析这种时代精神之改变时，将它归结于宋明理学"存天理、灭人欲"的提倡，这种"存天理、灭人欲"的思想成为那个年代社会意识的主流，就极大地钳制了人们的思想。而且，以宗法制为中心的一套社会等级制度，严重束缚了人们的思想与行为。于是，浅吟低唱代替了劲歌狂舞。

当然，宋元时代戏曲的兴起，艺术形式的更新转移了人们唱山

---

[1] 刘志琴：《吴歌与人文启蒙——重识江南小调》，《语数外学习：初中版》，2018年第12期。

歌的兴趣。醉心歌舞的状况虽然有所改变,但作为人们宣泄情感的音乐,其蓬勃的生命力仍在民间积蓄、奔涌着。由于江南吴地的民众,从古到今都有唱山歌的传统风俗,无论是从事水田劳动还是舟楫劳顿的水上作业,如车水、莳秧、耘稻、打场、牵砻,都伴随着歌声,以调剂精神,解除疲劳。过去地主富农在农忙时专门雇用唱歌班,在田头唱山歌,为佃农鼓劲,就是起到这种作用。

苏州有一首古老的吴歌,从南宋流传到现在:"月子弯弯照九州,几家欢乐几家愁,几家夫妇同罗帐,几家飘散在它州。"[1]此即是"舟子之歌",明代叶盛《水东日记》引此歌时作注:"吴人耕作或行舟之劳,多作讴歌以自遣,名唱山歌……"天气热,踩水车时唱个不停;出湖打渔,一个人寂寞害怕,用唱歌来壮胆——江南稻作文化,造就了朗朗上口的吴地山歌。江南有许多地方是著名的歌乡,如常熟的白茆乡、太仓的双凤乡、吴江的芦墟乡、吴县的黄埭乡……历史上歌手辈出,享有盛名。芦墟的老歌手都有响亮的绰号,如"山歌女王""山歌老虎""山歌野猫""山歌知了"等,他们一般不识字,但满腹珠玑,出口成章,是真正的口头文学家。山歌不仅在劳动时唱,逢年过节,迎神赛会,都有较大规模的赛歌会。歌手充分发挥创造才能,能立地编、立地唱,见什么唱什么。

吴歌大多为情歌。以明代的"桂枝儿"为例,它就是江南区域性流行的民间时调歌曲,兴起于明万历年间(1573—1620),到天启、崇祯时代(1621—1644)已风行一时,降及清初,还是余势犹盛。沈德符在《万历野获编》之"时尚小令"里说:"有'打枣竿'、'挂枝儿'二曲,其腔约略相似,则不问南北,不问男女,不问老幼良贱,人

---

[1] 见话本《冯玉梅团圆》。

作为吴歌的杰出代表,苏州常熟白茆山歌传唱至今。图为上个世纪的六七十年代常熟白茆人在一起唱吴歌的情形。

人习之,亦人人喜听之,以至刊布成帙,举世传颂,沁人心腑。其谱不知从何来,真可骇叹!"《挂枝儿》大多描写男女情爱,格调清新质朴,语言大胆泼辣,反映了民间的爱情生活和醉人的市民风情,充满火一般的真情和浓厚的俚俗气息,表现了民众挣脱封建枷锁、追求爱情自由和渴望个性解放的精神,冯梦龙评价其"最浅、最俚、亦最真",是"天地间自然之文"。

明朝是提倡妇女守节最严酷的时代,然而就在这禁锢最严的时期,吴歌迸发出女性要求自主择偶的别样声浪。这些女性不畏众议,不为利诱,敢于走出家门。在吴歌里,被封建礼教长期压抑的人性终于喷薄而出。这与正史宣扬的节烈观形成了强烈的反差。这种对爱情的大胆追求,以吴歌的形式传播于乡间里巷,为妇孺童叟津津乐道。说明民间社会并不都受统治阶级意识的控制,理学家灭人欲的思想在这里遭受到前所未有的挑战。

可以说,正是这一腔充满质朴人生感受的吴歌,萌动着追求人生幸福的渴望,哺育了明清之际的异端思潮,显示了人文意识的觉醒。

江南一带孕育出许多世界级的艺术精品。众所周知,名列世界非物质文化遗产的昆曲就是从江南吴地发源的。享誉世界的十大金曲,有两首在中国,这就是民间小调《茉莉花》与阿炳的《二泉映月》。这两首金曲都产生在江南,它们在江南真是家弦户诵。

(3) 田山歌、宣卷和莲花落

"四月里,麦脚黄,家家田头闹洋洋,三岁孩童寻牛草,八十岁公公送茶汤。"这是一幅热闹的劳动场面,孩童老翁皆积极参加,青壮年是如何卖力地投入劳动就不用说了。然而,劳动不是苦,劳而无获才是苦:"芦花白迷迷,野鸭满天飞,十年九不收,农民流眼泪。"劳而无获还不是多大的苦,最苦的是遭受剥削:"农民头上三把刀:租子重,利钱高,苛捐杂税多如毛!""地主心狠计又毒,重租高利又抽田。""穷人出尽牛马力,财主用尽黑心钱。"农民的苦难,穷人与富人的强烈对比,这是血泪的控诉。

乐也罢,苦也罢,江南民众都在劳动中得到了很多知识。他们用或诙谐或客观的语气唱出了他们的认识:"老天难做四月天,蚕要温和麦要寒。种田哥哥要落雨,采桑娘子要晴干。"[1]"云往南,落满田;云往北,晒坏屋;云往西,披蓑衣;云往东,晒坏葱。"

虽然江南歌谣绝非仅仅只是情歌,但情歌无疑占据最为重要的位置,它是生命中不可或缺的血脉。江南人们所唱的情歌,温婉、秀丽、俏皮、传神,远不是六朝民歌与冯梦龙所收山歌那般的香酥媚骨。江南女子多情思,心儿一旦跟了谁,眼儿即离不了谁:"眼望情哥棒捶手,只怨棒槌不怨郎。"江南女子重情轻财:"登勒屋里好衣好衫不愿着,情愿跟郎着蓑衣。"江南女子热情的心总用冷漠的脸来装扮:"月夜偎坐溪边坡,妹妹话如春水多,既有情来又有意,为啥人前不理我?"江南女子在爱情的道路上绝不退缩:"郎有心来妹有心,不怕山高水又深,山高自有郎行路,水深自有摆渡人。"歌谣还多侧面地反映了人们的家庭生活,甜酸苦辣咸,样样俱全。除了这些歌谣之外,还有几类比较特殊的歌谣:童谣、盘歌、哭

---

[1]《醒世恒言》第十八卷"施润泽滩阙遇友":"江南有谣云:做天莫做四月天,蚕要温和麦要寒。秧要日时麻要雨,采桑娘子要晴干。"有了文人的润色,农谣很像一首诗了,从第一句的"难"改"莫"可以看出,带上了明显的江南特色。

第十二章 永不谢幕的游艺信仰

嫁歌、哭丧歌等。童谣是在儿童之间传唱的没有乐谱的歌谣,比较符合儿童心理,简短精干,生动明快,俏皮有趣,容易传播;盘歌采用一问一答的形式,考的是智慧以及对农村生活的熟悉程度;哭嫁歌源于古老的风俗,具体年代已不可考,新娘的哭嫁以歌代语,又哭又唱,从出嫁前几天就开始,哭的队伍很大,亲属一起作陪,母亲为其中最重要的角色,越伤心越好,主旨在于以悲衬喜讨吉祥,并渲染热烈的婚庆气氛;哭丧歌则比较沉重,大约为散歌、套头和经三部分,散歌主要哭诉痛苦的生活内容,经则结合仪式而唱,宗教情绪较浓厚。上海南汇一些歌手一唱哭歌,则整个感情完全投入,一把鼻涕一把泪不知中断地一首接一首连唱。

宣卷和莲花落,也是江南人们狂欢时期经常上演的节目之一。通俗地说,宣卷与莲花落,都是又说又唱地讲故事。宣卷缘起于唐代寺庙的俗讲,莲花落源于宋代僧尼化缘的唱词。二者脱离佛教文化的母胎,潜入俗世,扮演着双面角色,一则劝导百姓向善,尽心向佛,一则引导人们极力娱乐,尽情狂欢。或者说,虔诚的善男信女在朝佛敬神的过程中,将一些故事与唱词延伸至日常生活中来,一则让生活充溢信仰,一则让平淡的生活增添几分色彩。为此,人们不但复制了佛道的故事与唱词,甚至连木鱼声、佛号声也一起拷贝过来,坚决要让耳根热热闹闹。宣卷与莲花落尤其反映了民众的风俗与信仰,每逢菩萨、老爷的寿诞日,尤其是观音庙会时期,宣卷活动常在香客的进香船上进行。

江南各地的宣卷,是一门非常独特的汉族说唱艺术,主要用于祀神祈福。宣卷到清代臻于成熟,最终演变为曲艺之一种。宣卷的唱本,即卷本,通称"宝卷"。宣卷艺人在演唱时,将卷本放在桌上,照本宣唱,所以被称宣卷。艺人手敲木鱼,眼观宝卷,用一口地道的方言讲述一个情节跌宕起伏、结局发人深省的故事;讲卷者声情并茂,听卷者感染其中。与庙会相连的香汛期,香客乘船接连几天几夜,宣卷活动就越发地活跃。这是江南宣卷的一大特色。它迈出宗教的门槛,跨进民众家庭的民俗信仰活动中。民间拜寿求子、小儿满月周年、结婚闹丧、节日喜庆、结拜兄弟、遭灾生病、新房落成、家宅不安等等,均请宣卷人来"做会"宣卷,为的是图个热闹,图个喜庆。

2. 游戏、游艺与竞技弄潮

(1) 古老的游戏与游艺

人类的祖先很早就开始享受玩的乐趣了。上古时期,环境恶劣,野兽出没,人们食不果腹、衣不蔽体,过着担惊受怕的日子。当他们偶尔获得丰盛的食物,在温暖的篝火旁饱餐一顿之后,肚皮得到安慰,心中难免欢喜,于是情不自禁地手舞足蹈起来,从有韵律的肢体动作中感受到快乐。这与现代人类的婴孩在吃饱喝足之后愉快的嬉戏有什么两样呢?

玩,是一种享受,在某种程度上也是一种奢侈。它必定要在性命无虞、生存无忧的保障下才能真正实现。因此,游戏,作为玩的对象,或者玩的程式,其起源往往是现实的需要。

"昔葛天氏之乐,三人操牛尾,投足以歌八阕:一曰载民,二曰玄鸟,三曰遂草木,四曰奋五谷,五曰敬天常,六曰建帝功,七曰依地德,八曰总万物之极。"[1]葛天氏是传说中的古代部落,其乐舞

---

[1]《吕氏春秋·古乐篇》。

由三个人拿着牛尾巴，象征着耕作的动作，一边"投足"跳舞，一边歌咏其祖先和图腾信仰以及农业生产活动。在当时，这种娱乐活动也是一种宗教仪式。在仪式中传递着共同的信仰，传播着生存的技能和知识，这正是在人类的"文盲"时期极其重要的文化传播活动，对于原始部落而言有着生死攸关的意义。

《河图玉版》[1]中也记载道："古越俗祭防风神，奏防风古乐。截竹长三尺，吹之如嗥，三人被发而舞。"这既是人类艺术的起源，也是游戏的发萌，而其最初的因由却是为了祭祀，祭祀又是为了种族延续和生存。直到后来，人类对自然界的把握和控制能力提高，世间生存不再是如履薄冰，这才发现，在祭祀的歌舞活动中，还有着别样的趣味。再后来，这种别样的趣味，渐渐分离开来，纯粹为了"玩"而存在，由此出现了真正意义上的游戏。

游戏一经诞生，就成了人们平淡生活中的重要调味品，并衍生出一个庞大的游戏家族：棋牌游戏、文字游戏、球类游戏、角色扮演游戏……传统游戏更容易触发人们温馨的情怀。"杨柳青，风筝鸣；杨柳黄，踢毽忙。"这幅画面，是对传统游戏场景的刻画，也是对无忧无虑的童年时光的生动写意。中国传统游戏，以儿童游戏居多，例如捉迷藏、滚铁环、打弹子、丢手绢……也不乏成年人玩乐的项目，例如麻将、台球等；有一些还是女子的专利，例如七夕乞巧；也有许多是老少咸宜的，可以让不同年龄层次的人都能乐在其中，例如风筝、扑克等。从来没有哪一种游戏像麻将这样声名隆盛。长期以来，社会各界对麻将的评价可以说是毁誉参半。毁者，将其视为夺人心志、败家亡国的洪水猛兽；誉者，将其比作"国粹"，与京

---

[1] 汉代谶纬之书《河图》中的一种。

剧、国画、中医等中华优秀传统文化相提并论。其实,是非功过本来是因人而生,麻将本身是无辜的。不过,这样一种牌类游戏,竟能风靡全国乃至海外,并且深入人心,历久不衰,实在是有其值得琢磨之处。

(2) 童嬉与游戏

作为与学习并举的儿童的两种基本活动之一,游戏的重要地位与作用很早就被古代教育家们注意到了。"藏焉修焉,息焉游焉。"[1]即学习时就努力进修,休息时就尽情游乐,将游戏视为学习之余放松、休息的基本方式。清人崔学古明确指出了游戏对儿童发展的作用:"优而游之,使自得之,自然慧性日开,生机日活。"[2]他认为要对儿童进行教育,必须顺应儿童的自然发展规律,游戏则是最主要的手段。在游戏中儿童自主地活动,自得地娱乐,自然会生机勃发,智力悟性也会得到发展。明代著名思想家、文学家、哲学家王阳明早就说过:"大抵童子之情,乐嬉游而惮拘检,如草木之始萌芽,舒畅之则条达,摧挠之则衰痿。"[3]这指明了游戏是适应儿童天性、增进儿童身心与智力发展的活动。这就是说,儿童的天性不可泯灭,应该受到尊重。可是,却有太多的例子告诉我们,很多情况下儿童的天性受到了压制。

鲁迅《五猖会》中提到,"我"被赛会吸引着,可是在出发前却被

---

[1]《礼记·学记》。
[2] 清·崔学古《幼训》。
[3] 明·王守仁《传习录》。

叫到屋内给父亲背书。虽然"我"背下来了,最终也可以去看戏,但"我"已经兴致全无。孩子本来是爱玩耍的,孩子心里一直惦记着这个可以让他开心的活动。这就如同贫苦的岁月里,盼望着过年穿一身新衣、吃一顿白面。甭说孩子,就是大人过年被其他事情所扰,心里也是十分不悦的,何况一个孩子被要挟着背书!

我国历代丹青国手也都很注重儿童游戏这一领域,以儿童游戏情节为题材的绘画可称作"婴戏图"。婴戏图,又称"婴戏画",也叫"童嬉图",宋代的婴戏图就曾经发展到一个高峰,在中国绘画史上占有重要地位。宋代陶瓷婴戏图人物多用白描手法绘制,虽笔法简洁概约,但形体比例准确,衣饰、五官、玩具都以写实的手法描绘,人物造型动感较强,姿态优雅,向我们展示出宋代儿童积极乐观、活泼向上的精神面貌。明代的童嬉图,婴孩形象逐渐由具象向抽象转变,动感较宋代强烈。至明末时,作品中的婴孩形象已极为抽象,甚至简化到难以辨识,豪放挥洒,手和身体甚至只用一笔勾勒,头部只用一个圆表示,进入大写意的抽象境界。先民比较注重儿童身体的发展,因此很重视游戏的体育健身价值,认为在不同的时令让儿童玩不同的游戏,能够强健体魄、促进健康和发育。如古时十月以后流行踢石球游戏,"盖京师多寒,足指皲冻,儿童踢弄之,足以活血御寒";而三月后则多放各种纸鸢(即风筝),儿童除了可于奔跑中锻炼肢体外,还能在追逐空中的风筝时清目健目。另外,如琉璃喇叭,"儿童呼吸之,足以导引清气",此类游戏对儿童身体健康的增进作用,在今天仍受到重视。

而今儿童游戏的现状却是令人担忧的,许多中国传统儿童游戏正与当下的孩子渐行渐远,有的人甚至将儿童的游戏与学习对立起来。这其中有游戏本身的原因,包括内容、场所、手段等;也有游戏与社会各种因素之间的相互关系等原因,譬如说,游戏需要玩伴、需要一定的空间,但有的家长特别在意家里的整洁度,所以不喜欢孩子带同伴儿来家里玩,这样会限制孩子游戏兴趣。还有一些家长整天捧着手机,做"低头族",或者沉迷于时尚的电子游戏中,这些也会影响孩子的游戏观。久而久之,用于电子游戏的玩耍时间就大大侵占了孩子玩传统游戏的时间,而过度沉迷于与冰冷的机器对话,会影响孩子社会性人格的塑造。可见,复兴中国传统文化,提振"中国老游戏"的文化力量该是儿童教育的应有之义。

　　游戏对象自然是以儿童为主,但是成年人也需要游戏。无论耄耋老人还是垂髫小儿,最重要的是要活得单纯,要持久保持一颗童心。童心是初心,最是纯真。像张大千的胡子、于右任的拐杖、郎静山的照相机、陈达的"思想起",这些都是老人的可爱之处。要想持久保持童心与童趣,常怀一颗赤子之心,不妨从这些中国传统游戏中汲取养分。

(3) 麻将的起源

　　关于麻将的起源,众说纷纭,有"太仓鹊说""宁波说""水浒说""郑和说"等,尤以前二者影响较大。麻将的玩法、术语等都与捕捉麻雀有关。譬如筒、索、万:筒的图案是火枪口的形状,几筒表示几具火枪。索即束,是细束捆串起来的鸟雀,所以一索的图案是鸟,二索像竹节,表示鸟雀的脚,官吏验收时以鸟足计数,兵丁将鸟雀集合成束。万,即赏钱。东、西、南、北为风向,火枪发射时要考虑风的阻力。中,即打中,故涂红色。白,即白板,意思是没打中,白开枪了。发,即得赏发财。碰,即"砰",枪声。胡,实为"鹘",是一种善于捕鸟的鹰,有了鹘就不愁抓不到麻雀,故每局牌胜皆曰"鹘"。除此之外,"吃""杠"等术语也都能跟捕捉麻雀挂钩。

麻将也有称做"马吊"的,其实"马吊"二字在江浙一带的口语发音和"麻雀"几乎是一样的。徐珂《清稗类钞》载道:"麻雀,马吊之音转也。吴人呼禽类如刁,去音读。"[1]马吊,是明代的一种纸牌游戏,据说与麻将的形成有着密切关系。顾炎武《日知录》中说:"万历之末,太平无事,士大夫无所用心,间有相从赌博者,至天启中,始行马吊之戏。"[2]马吊纸牌的花色有"万字"、"索子"和"文钱"三种,与麻将相类,可见麻将的基础花样源于马吊。

百余张的麻将牌,玩起来千变万化,丰富多彩。各地根据风俗文化的不同,麻将的规则也各不一样。较之其他地方,江南麻将有几个显著特色。一是麻将里面有一个百搭牌,相当于万金油,可以被当成任何牌,谓作"财神";再是吃和时,四家都要摊牌,以示没有人作弊;还有就是以四圈为限,在一个玩家输完了规定的筹码后,再输就不必付,但赢了却照收不误。如此规则设计,既精明又贴心,显示了江浙人对机会、公平、人情三者兼顾的商业理念。

打麻将不光是一种博弈,更是一项身心体操。娱乐者在其过程中不但要"眼观六路、耳听八方",还要谨守游戏精神。饮酒有"酒品",下棋有"棋品",同理,玩麻将也有"麻品":"入局斗牌,必先炼品,品宜镇静,不宜躁率,得勿骄,失勿吝,顺时勿喜,逆时勿愁,

---

[1] 清·徐珂《清稗类钞》"赌博类"卷五。
[2] 清·顾炎武《日知录》卷二十八"赌博"。

不形于色,不动乎声,浑涵宽大,品格为贵,尔雅温文,斯为上乘。"[1]这段麻将的旨意与精神,有人说是源于三宝太监郑和,不过至今尚未考证确认,能肯定的是——这段话在数百年前就已经流传了。能达到如此境界者,堪称"麻神"也!对于大多数人来说,即使没有这样的水准,能够一边悠然自得地玩玩麻将,一边与牌友聊聊家常、侃侃大山,就足以慰藉为平淡生活所羁绊的身心了。

虽然有玩物丧志的嫌疑,但麻将的娱乐性、益智性、趣味性仍然令无数人为之倾倒,其中不乏社会名流。国学大师梁启超曾自我总结道:"只有读书可以忘记打牌(麻将),只有打牌可以忘记读书"。胡适、徐志摩等文化名人也都是麻将桌上的常客,并且还各有心得:胡适从自己的亲身经验里头求证出"麻将里头有鬼";徐志摩则发展出一套哲学,认为男女之间最暧昧最嘈杂的是打牌。民间老百姓没有这许多妙论,但将打麻将叫做"搓麻将""摸麻将""搬砖""砌城墙",倒也真实反映出麻将的休闲旨趣和健身功用。

(4) 弄潮:手把红旗旗不湿

竞技,本来是可以算作游戏的,如果不必太在乎输赢的话。不过,在成年人的世界里,似乎没有纯粹的游戏,游戏往往承载着各种各样的功利目的,比如健身、联谊、庆祝、宣传,等等。加上对游戏中技术成分的追求和较量,人类争强好胜的本能很容易就被激发起来,从而要在游戏中一决雌雄,这就成了竞技。为健身而发展

---

[1] 转引自姜浩峰《麻将"转正"的内情》,《新民周刊》2012年第7期。

起来的竞技仍然带有十分浓郁的娱乐气息,尤其是那些适合大众参与或观赏的传统项目。江南民众长期与水亲密接触,更是深谙水性,将水当作了玩赏的对象,游泳、泛舟、观涛、弄潮充分享受水之乐。玩得兴起了,专业了,就玩成了水上竞技。汉代已有"游泳比赛"之俗;唐宋时,钱塘江开始流行另一种惊险的水上竞技,即"弄潮之戏"。大浪汹涌而至,弄潮儿偏向涛头立,颇有些悲壮慷慨的味道。"长忆观潮,满郭人争江上望。来疑沧海尽成空。万面鼓声中。弄潮儿向涛头立,手把红旗旗不湿。别来几向梦中看。梦觉尚心寒。"[1]"弄潮儿向涛头立。手把红旗旗不湿"几成名句,有几分向潮挑衅、逗潮嬉戏的机灵劲,既惊险又有趣,弄潮的游戏趣味盎然而生。

弄潮儿也因此博得一个英雄小子的形象。更兼潮汐有时,无欺无误,弄潮儿遂成了姑娘家不错的夫婿人选,唐诗说:"嫁得瞿塘贾,朝朝误妾期。早知潮有信,嫁与弄潮儿。"[2]即以白描的手法叙述了一位商人妇的心声,道尽无数闺中怨妇心声。一诗成名天下知,弄潮儿身价倍增,竟引无数儿郎竞弄潮。南宋偏安江南,杭州成为国都后,弄潮之风更盛。吴自牧《梦粱录》载:"每岁八月内,潮怒胜于常时……其杭人有一等无赖不惜性命之徒,以大彩旗,或小清凉伞、红绿小伞儿,各系绣色缎子满竿,伺潮出海门,百十为群,执旗泅水上,以迓子胥弄潮之戏,或有手执五小旗浮潮头而戏弄。"[3]这是民间的弄潮,既为自娱自乐,又为炫示胆量和技艺,博观者一笑。

---

[1] 宋·潘阆《酒泉子·长忆观潮》。
[2] 唐·李益《江南曲》。
[3] 宋·吴自牧《梦粱录·观潮》。

第十二章 永不谢幕的游艺信仰

此外又有官府的弄潮,据《梦粱录》记载,潮起时又有"帅府节制水军,教阅水阵,统制部押于潮未来时,下水打阵展旗,百端呈拽,又于水中动鼓吹,前面导引,后台将官于水面,舟楫分布左右,旗帜满船,上等舞枪飞箭,分列交战,试炮放烟,捷追敌舟,火箭群下,烧毁成功,鸣锣放教,赐犒等差。盖因车驾幸禁中观潮,殿庭下视江中,但见军仪于江中整肃部伍,望阙奏喏,声如雷震。……其日帅司备牲礼、草履、沙木板,于潮来之际,俱祭于江中。士庶多以经文,投于江内。"[1]对于老百姓,弄潮是玩;对于水军,弄潮可就不单纯是为了玩,而是关系到国家安危了。不管怎样,弄潮对于强身健体、锻炼胆魄大有裨益。

不能下水、不敢弄潮者,只好在岸边观望一番,过一把眼瘾。每逢八月潮汛,"都人自十一日起,便有观者,至十六、十八日倾城而出,车马纷纷……自庙子头直至六和塔,家家楼屋,尽为贵戚内等雇赁作看位观潮。"[2]潮汐可观,弄潮更有看头。弄潮之际,往往险象环生,固然好看,却有代价,不少弄潮儿为此搭上了身家性命,弄潮活动也因此屡遭批判。北宋蔡襄任杭州知府时,写过一篇《戒约弄潮文》:"斗牛之外,吴越之中,惟江涛之最雄,乘秋风而益怒。乃其俗习,于此观游。厥有善泅之徒,竞作弄潮之戏,以父母所生之遗体,投鱼龙不测之深渊,自为矜夸,时或沉溺,精魂永沦于泉下,妻孥望哭于水滨,生也有涯,盍终于天命;死而不吊,重弃于人伦,推予不忍之心,伸尔无家之戒。所有今年观潮,并依常例。其军人百姓,辄敢弄潮,必行科罚。"南宋熙宁时,两浙察访使李承

---

[1] 同上。
[2] 同上。

之也奏请禁止弄潮,然而似乎没什么收敛。

"与潮斗,其乐无穷。"作为一项挑战性极强的娱乐活动,弄潮的魅力经久不衰。"濒江之人,好踏浪翻波,名曰弄潮。"[1]"伺潮上海门,则泅儿数十,执彩旗,树画伞,踏浪翻涛,腾跃百变,以夸材能。豪民富客,争赏财物。"[2]可见,弄潮习俗在明代仍然盛行。直到现代,钱江附近的渔民还有"抢潮头鱼"的习俗。能表演此绝技者,多是深谙水性的年轻渔民,在潮水涌来之前,飞奔到滩涂地上,眼疾手快地将潮头的鱼儿兜到腰间的鱼篓里。待到潮头席卷而至,他们早已脱身上岸。"抢潮头鱼"与历史记载中的"弄潮"虽然形式有异,少了些花哨,更重生计实惠,但其大无畏的勇气和在狂潮间闲庭信步的风度却是一般无二的。时下流行之"搏浪",或可视作"弄潮"在现代之化身。

---

[1] 明·田汝成《西湖游览志》卷二十四"浙江胜迹"。
[2] 明·田汝成《西湖游览志馀》卷二十"熙朝乐事·郡人观潮"。

3. 民间音舞与吹拉弹唱

(1) 人神共娱的江南音乐

风俗与信仰里的民间音乐是一种审美。信仰向往超越,带领人类解脱烦恼,永离痛苦而入神化之境;审美向往忘我,引领人类陶冶精神,净化心灵而入至乐之界。从终极意义上而言,居然殊途而同归,两者的结合,堪称一招完美的双剑合璧。信仰借助音乐,可以在节奏与旋律中,轻松地将痛苦与创伤消弭于无形,轻松地引领人类入圣化之门;音乐借助信仰,可以在肃穆与智慧中,完美地提升人性与人生的境界。民间音乐的首要目的就是:通达神圣。道教音乐的传统就是"作歌乐鼓舞以乐诸神",佛教认为佛乐的主要作用是"赞佛功德"与"宣唱法理"。基督教音乐则"透过庄严的音乐与真美的诗歌来激动信仰者,并当作一种媒介,以虔诚者与上帝灵交"。既如此,民间音乐的核心特征,必然是超越性与神圣性,飘然遁世,虚静自然,变通无碍,化生无尽。然而,宗教圣化神化的最终极原因与最终极目的,并非厌弃人间,而是关怀人间。这就注定了任何宗教的任何活动都必须深入世俗,方能化益众生。所以,任何宗教音乐行至任何地方,都必须与当地声乐文化结合。佛乐西来,于中土经历了漫长的汉化过程。中土本地之道乐,也在每一个区域呈现不同的区域特色。

无论它怎样地方化,其神圣性、超越性总是一种根本,民间的宗教音乐当然也如此。道教追求长生不死,得道成仙,所以就要敬神邀神娱神,与神相通相亲相和。他们认为道乐来自"碧落仙界",操演道乐,就可与上界相通,与神共娱,与仙同在,就可通达"三十六洞天,七十二福地"。道教音乐以宫观为中心而传承,江南地区以苏州玄妙观道乐、句容茅山道乐和上海白云观道乐为代表;其中,尤以苏州玄妙观道乐最为完美、独特,它秉承道教的求仙精神,自具飘逸淡雅、宛转洞彻、清远悠扬之风格,有"姑苏仙乐"之美称。

江苏常州天宁寺被尊为"东南第一丛林",其地处"齐梁故地",人文昌盛,得以成近水楼台;又因持戒森严,弘法得力,历代高僧辈出,而使梵呗古韵长存,并成为江南梵呗的典型代表。著名现代诗人徐志摩曾于1923年听了天宁寺礼忏,深有感触,写下了散文诗,盛赞佛乐:"我听着了天宁寺的礼忏声!这是哪里来的神明?人间再没有这样的境界!"[1]

名曲《二泉映月》,其凝重深沉中不乏清幽恬静。然而,谁又知道,这支蜚声中外的名曲,创自无锡道士阿炳?一个道士竟有此等音乐造诣?如何才能将一个道士炼成音乐奇才?有趣的是:他们并不与世隔绝,相反,他们密切关注世俗人间。因此,他们的音乐,也就充满了民间风味。他们持续而广泛地吸收民间音乐、昆曲、江

---

[1] 徐志摩《常州天宁寺闻礼忏声》。

南丝竹、民歌、小调的精华,使自身与江南民乐相交融。清初叶梦珠曾评论道教音乐"引商刻羽,合乐笙歌,竟同优戏"[1]。

(2)"花鼓灯"与"龙狮舞"

民间舞蹈多达数百种,绚丽多姿,风格各异,而又有机统一。在中国独特的地域环境中,可以反映人民生活的方方面面,堪称"风俗活化石"。这些民间舞蹈恰似朵朵鲜花,深植于民间的沃土之中,盛开在江南的青山绿水之间。中国的民间舞蹈向来有"北歌南灯"之说:即北方多动作夸张,节奏欢快热烈,表演洒脱,风格粗犷豪迈的秧歌舞;南方多舞步轻盈,节奏舒缓流畅,表演细腻,风格清新柔美的花鼓与花灯。

花鼓与花灯又合称花鼓灯。江南花鼓源于安徽凤阳花鼓。明代,太湖富民因依附张士诚,遭朱元璋怨恨,被强迁至凤阳。他们怀念家乡,扮成乞丐,打起凤阳花鼓,偷偷返乡。凤阳花鼓随之流播到江南各地。花鼓一旦在江南生了根,就和江南的文化、习俗紧密交融到了一起,具有了江南的特色:少了些粗犷,多了些柔媚。现今,江南花鼓中有代表性的是《海安花鼓》,因具有独特的艺术风格,已产生国际影响。

《海安花鼓》源于明代,盛行于清中叶,有四百多年的历史。原来是说唱艺术现在,经过精心发展,则有了以歌舞见长,极具艺术魅力的表演形式。在花鼓队伴舞下,主要烘托出女角、男角和丑角

---

[1] 清·叶梦珠《阅世编》卷九。

三个人物。其舞蹈语汇大多取自日常生活和自然景观,有着浓郁的生活情趣,如"三步两搭桥"、"风摆柳"、"撬荷花"、"蝴蝶绕花蕊"等。整个舞蹈表现出清新雅丽、欢快抒情的风格。

在江南,有形式多样、大小不一的各种灯舞,统称为花灯。其演出时间一般在元宵、中秋等佳节良宵,主要包括《荡湖船》《莲湘》《采茶舞》《花篮舞》等。《荡湖船》,又名《旱船》《花船》《摇大橹》等,以竹篾和绸布制作的花船为道具。主角一般都有一位船娘,其他人物或有老艄公,或有老妈妈,或有书生,因地区而异。表演时,有一条到几条花船不等。还可以加入鱼灯、蚌灯、虾灯、蟹灯、龟灯等,以表现兴风作浪、扬波嬉戏、同行偕游等水世界中的各种热闹场面。《荡湖船》生动地反映了太湖地区渔民的生活情趣,也充分表达了水乡人民与水相亲的思想感情。

中国的民间舞蹈尤以"龙舞"和"狮舞"最为引人注意,它们历史悠久、文化意蕴浓厚,广为流传。汉代就有龙舞和狮舞。龙狮舞一开始都是与民间祭祀、祈雨、驱邪、禳灾有关,后来才逐渐发展为表演性的娱乐活动。龙狮舞也极为重要,处处都有它们的身影。龙舞有数十种之多,而狮舞也有十来种。南方龙舞的形式多样、表演细腻灵活等典型特点外,更添了一股清新,一份柔美、一种灵秀。这些特点,可从一些舞种的表演者、舞姿舞韵、道具材料等构成要素中体现出来。一般情况下,由于龙体较长,龙身较重,又要表现龙的威武勇猛,所以需要力量型的男子来挥舞表演;而且,有些地方因俗信,只能由男性来制作和接触龙具,因此,全国各地舞龙者大都是男性。但在江南的不少地区,舞龙是由女性来完成的,别有韵味和特色。江阴的段龙,其龙头、龙身和龙尾互不相连,只在龙头和每节龙身上扎六尺或丈二一片红绸,似断实连。段龙多由妇女上场舞弄。舞步碎小,灵活敏捷;长绸飘舞,游空而灵;轻盈柔美之极,极具江南水乡舞蹈清新雅丽的特色。海安的苍龙,龙具小巧,但色彩艳丽,形体流畅。表演者多为女性,人各一龙,在热烈的民间吹打乐伴奏中,踏着碎步,轻捷灵巧,腾跃翻飞,真如龙"游"江海。"游"是苍龙舞最具魅力的特色。乐平的蚕龙,道具造型新颖别致,通体白色。表演者均为农村妇女。蚕龙舞的套路也与蚕有关,如"盘龙吐丝",将蚕"吐丝"的特点与巨龙蜿蜒盘旋的特征相结合,极富想象力。舞龙的过程中,还有二十个手拿绿色桑条的女子,进退自如地穿梭在蚕龙的周围,以烘托蚕龙,祈望丰收。表演的高潮,是几位采桑姑娘从龙嘴里拉出五彩丝带,以象征乐平人生活美满、多姿多彩。

(3) 道具制作中的江南之美

为什么江南龙舞会有女性的天地呢?这与江南水乡独特环境中的独特生产生活方式有关。在江南水乡,民众的劳作方式也与水系密不可分:采荷、采菱、采藕,织网、摇橹、荡船,抛秧、插秧、收割,采茶、收茶、制茶,养蚕、采桑、缫丝,等等。其步法身形都见轻见巧,从中,人们养成了欣赏秀美(优美)的审美传统;因此,女性在生产劳作中也占有一席之地,有了特殊的地位。

此外,在道具的制作过程和制作用料上,也能够发现江南的独特之美,如江苏无锡洛社的凤羽龙和浙江湖州长兴的百叶龙。凤羽龙的龙体道具有十五节,龙身通体是用各色绸带与紫、红、绿三色公鸡毛,经无锡市洛社镇大树庵村一百多位女子精心缝制而成。

鸡毛料是从一千多斤公鸡毛中精挑细选出来的。凤羽龙有"龙凤呈祥"之寓意做工之精细,用意之深远,是龙舞中的精品。凤羽龙体现出了江南民间舞蹈特有的细腻和优美的风格。百叶龙由十一只花灯组成,其中荷花灯九只、聚宝盆灯或大荷花灯一只、蝴蝶灯一只,另有伴舞花瓶灯六只。表演时,每人手持带木柄的花灯,欢腾歌舞,来回穿插,让人好像看见彩蝶在荷花丛中随风起舞,美丽异常。最后,聚宝盆灯或大荷花灯翻转变作龙头,其他荷花灯组成龙身,蝴蝶灯作为龙尾,三种灯相连,一条奇异秀美的花龙,便腾空而起,飞舞摇摆起来。百叶龙造型独特,舞姿优美,也是龙舞中的珍品。

狮子在中国被认为是神兽,是祥瑞之物。舞狮意在驱邪避害,祝愿吉祥。狮舞大体寓意也是如此。其中,最有意趣的要算源于"双狮宿庙"传说的江苏高邮临泽的"狮盘犼"。相传,从前临泽古庙里来了一对狮子,母狮有孕。它们昼伏夜出,偷食供果。一日,双狮去河边饮水,公狮入河漂走,母狮回庙后即生小狮。庙里供品总是隔夜不见,大家信为神仙所食,于是香火兴旺。一天,几个地痞来庙里闲逛嬉闹,为供桌下猛然发出的震吼所惊而逃。庙里怪"吼"使得香火减少。和尚贴出告示道:"'犼'者,神灵之化也,敬奉神犼,必能逢凶化吉,我镇将永驻太平。"关于"犼",清人志怪小说云:"东海有兽名犼,能食龙脑,腾空上下,骛猛异常。每与龙斗,口中喷火数丈,龙辄不胜。康熙二十五年夏间,平阳县有犼从海中逐龙至空中,斗三日夜,人见三蛟二龙,合斗一犼,杀一龙二蛟,犼亦随毙,俱堕山谷。其中一物,长一二丈,形类马,有鳞鬣。死后,鳞鬣中犹焰起火光丈余,盖即犼也。"[1]狮犼神兽,有扶正压邪之力,

---

〔1〕清·东轩主人《述异记》卷二。

人们模拟狮犼,用丝绸彩缎扎成大、小两狮,并于每年农历二月初二庙会时,进行母狮戏仔的表演,即所谓狮盘犼舞。小狮嘴巴特别宽大,造型介于狮狗之间,称为"犼",寓意可吞噬邪恶。旧时,当地箩行、草行、米行都要请狮盘犼舞队表演,以图吉利。狮盘犼舞也因此长盛不衰。

狮盘犼舞的演出内容主要包括母狮训仔、仔狮孝母,主题一般为不畏强暴、扶正压邪等。舞蹈动作全面,有扑、跳、滚、翻、舔、盘、骑等。演出按顺序有祭庙、游街、闹店三种形式。随场合不同,风格各异,套路繁多,让人目不暇接。祭庙时,难度较大,惊险刺激,有"狮犼盘桌"、"狮犼跳台"等;游街时,则文雅细腻,情趣盎然,有"狮盘犼"、"犼孝母"、"摄食"、"防范"等;闹店时,则喜庆吉祥,欢快热烈,有"狮犼盘斗"、"犼跳龙门"、"狮跳龙门"等。狮盘犼舞演出时,还十分讲究伴奏,有"要想舞得好,苏锣来领导"之说,认为苏锣是"灵魂",要由老艺人来敲奏。有一定的规范,但总体上,伴奏灵活,随机应变。俗话说:"兴化判官高邮船,临泽狮犼沙沟灯。"其中,"临泽狮犼"说的就是狮盘犼舞别有意趣,不同一般,是当地民俗风情的代表。

4. 地方社火与社戏

(1)"乡傩"传统与社日祭祀

我国古代先民以农耕为生,为求风调雨顺,五谷丰登,往往在春秋两季祭祀土地神,即社神,是谓春祈秋酬,并将祭祀的日子称为"社日",于此日备办丰盛的食品供神灵飨口腹之欲,并备歌舞以供神灵作耳目之娱。后世相沿成习,成为一个全民性的盛大节日,不惟官府和农民对社祭备加重视,就连读书人也会在此日举行隆重的集会。宋人孟元老在《东京梦华录》中,对当时乡村学塾的社日活动有过一番描述:"八月秋社……市学先生预敛诸生钱作社会,以致雇倩祗应、白席、歌唱之人。归时各携花篮、果实、食物、社糕而散。春社、重午、重九亦是如此。"社日自上古时代起源,至秦汉初步成型,历经魏晋南北朝,兴盛于唐,及至宋元明清,不断地发展变化。最初为祭祀土地神而举行的"社会"也衍生出许多新的变相,各种祭神送鬼、祈福禳灾的乡村节会、迎神赛会,比如,社火、庙会都与"社会"有着古老的亲缘关系。

民间的传说为社火的发源提供了一些补注,隐隐约约透露出些许更原始的图腾崇拜和火崇拜的印痕。"社火"来历源远流长,原始社会中,人类为战胜野兽,常在猎兽之后庆贺,或聚会扮兽庆贺,教育年轻后生,展示智、勇、谋各方本领。这是最早的扮兽戏和"村傩"活动。史料称:"社火,在节日扮演的各种杂戏";又称:"民间鼓乐谓之社火,不可悉记,大抵以滑稽取笑。"[1]这种会社,每逢迎神报赛、庆贺集会,必然举行游艺活动,锣鼓火把助威,狮子龙灯游行,人群相随,显然是"人威"助长了"神威",就形成了"社火"风俗,它与民间的"香火"还愿风俗(庙会风俗),如同孪生姊妹。民谚云:"社火娱神,香火娱人",此之谓也。

以逐鬼仪式为中心,逐渐形成一个庞大的傩文化体系,流布广泛,影响深远。"扬州好,古礼有乡傩。面目乔装神鬼态,衣裙跳唱女娘歌。逐疫竟如何?"[2]这被除邪祟的精神和程式在人们趋吉避凶的心理定式下年复一年地传承沿袭下去,并且渗透到深层的民间信仰中去,由此也与许多信仰民俗产生了千丝万缕的联系,其艺术风格浓郁的表演成分更是为各种祭祀活动所借鉴。

"击器而歌,围火而舞",驱鬼除疫,求吉避凶,且与社日的祭祀活动融合,是为春节期间闹社火。以其喧腾热烈,故曰"闹",非"闹"不足以驱邪逐疫也。光是围着火堆吵吵嚷嚷地蹦来跳去,初时新鲜,久了大约也是无趣的。漫漫长夜,穷极无聊,人们开始寻思着玩些花样出来,使得社火的趣味性大大加强。因此,闹社火变成了耍社火。扬州俗话云:"我乐你,你乐我,敲起锣鼓耍社火。"江苏溧水等地也有"不点花灯月不圆,不耍社火难过年"的说法。从"闹"

---

[1] 宋·范成大《上元纪吴中节物俳谐体三十二韵》。
[2] 清·黄惺庵(又名黄鼎铭)《望江南百调》。

到"耍",恰如其分地点出了人们观念的转变,以及社火格调的转化。

要想热闹,锣鼓开道。又由于"锣鼓不响,庄稼不长"的传统影响,耍社火,首先是耍锣鼓,因此社火又有社鼓之称。溧水拓塘镇的社火干脆就以打鼓庆祝为主,谓作"打社火"。其独有的打鼓技巧将锣鼓的妙处发挥得淋漓尽致。拓塘"打社火"的大鼓直径大的有七八十厘米,须由两人扎起马步用肩悬空扛起,击打时必须两人互相配合,控制平衡度。社火队伍扛着大鼓从街头跑到街尾,在每一个店铺门前停留,随着店家的鞭炮点燃,鼓声也一起炸响,有惊天动地之威武;在表演的高潮,还有甩鼓和抛鼓的绝活亮相,打鼓之人将鼓抛过头顶,甩向前方,在一片叫好声中,再用肩膀稳稳当当地承住,有惊心动魄之壮美。

耍开了锣鼓,又在歌舞上做文章,随后又加入杂耍百戏,社火也由最初的"击器而歌,围火而舞"变成一种集祭祀与表演为一体,包括了歌舞、戏剧、杂耍等诸多艺术形式的大型社会活动。如果撇开祭祀的成分来看,社火完全就是一出近似全民狂欢的文艺大汇演。"轻薄行歌过,颠狂社舞呈。"[1]可见,至晚到了宋时,社火就以这种载歌载舞、风风火火、一哄而过的游艺形式流行开了。南宋临安元宵社火的情景:"姑以舞队言之,如清音、遏云、掉刀、鲍老……神鬼、十斋郎各社,不下数十。"[2]在那个朝代,社火在全国方兴未艾,大有燎原之势,江南巫风炽盛,文风醇厚,社火更是"高烧不退"。

自三国东吴以来,当地民众在佛教信仰流行的氛围下逐渐发展出五花八门的多神信仰,但凡有点灵异,辄修庙供养。民间村野

---

[1] 宋·范成大《上元纪吴中节物俳谐体三十二韵》。
[2] 宋·吴自牧《梦粱录》卷一。

随处可见城隍庙、菩萨庙、山神庙、将军庙、龙王庙,还有各种娘娘庙、老爷庙、相公庙,等等,不计其数。在浙江宁波,"今之庙,即古之社也。古者,人民聚落所在必奉一神以为社,凡期会要约,必于社申信誓焉。故村社之多寡,即可觇其时民户之疏密……然神庙多处,其民居亦盛……"[1]江南乃烟柳繁华地、温柔富贵乡,民间信仰之兴盛、庙宇之稠密也就不足为奇了。由于信仰的随意,江南社火要得也随意。祭祀的对象不限于土地神,举办的时间也不限于社日。逢年过节,或遇旱涝灾害,都可拉出队伍敲起锣鼓耍上一场。这时的社火,改叫庙会或许更为贴切,都是古时"社会"的流变,皆属迎神赛会一类的活动。及至明清,江南民间的社火、庙会活动臻于鼎盛,其功能也从驱鬼、娱神为主的祭祀活动转变成明为祀神、实为娱人的游艺活动。

在明人的笔下,苏州迎神赛会也是非常兴盛:"凡神所栖舍,具威仪、箫鼓、杂戏迎之,曰'会'……会有松花会、猛将会、关王会、观音会,今郡中最盛曰五方贤圣会",会社举行之时,"优伶伎乐,粉墨绮缟,角觚鱼龙之属,缤纷陆离,靡不毕陈,香风花霭,迤逦日夕,翱翔去来,云屯鸟散"。[2]好一个"缤纷陆离,靡不毕陈"!这一场视觉盛宴,与平日规规矩矩过日子的寡淡滋味相比,真叫人不知今夕何夕,虽则名为迎神,但与狂欢何异?

迎神赛会为的是祈神保佑"国泰民安,风调雨顺",这样的口号既响亮又赤诚,也让旧时的统治者对民间"淫祀"网开一面。迎神赛会的行伍,少不了以会旗、头牌、马队前导,然后是装扮得富丽堂

---

[1] 民国《鄞县通志·舆地志·庙社》。
[2] 明·王稚登曾《吴社编》卷三。

皇的神轿,抬出神气活现的菩萨,或别的什么神,前后左右仪仗护卫,敲锣打鼓、耀武扬威。往往有许愿的男女扮成伏罪的"囚犯"形象,架枷上铐,或双手反绑,甚至点着肉身灯,亦步亦趋跟着神轿行进。又有各种民间艺术竞相亮彩,常见的有抬阁、高跷、狮子舞、龙舞、大头和尚、老汉背妻,等等,还有包括走马灯在内的各式灯彩。一时犹如百花竞放,争奇斗艳。一些富有地方特色的民间表演艺术,例如宁波的造跃、扬州的跳判也往往出现在当地社火和庙会的盛况中,令人叫绝。

(2)"社日儿童喜欲狂"

说到社火和庙会,不得不提的是江南的社戏。鲁迅先生的一篇《社戏》,让多少江南游子梦回江南,梦回记忆里的社戏台子。鲁迅用最无邪、柔情的笔调回忆童年与故乡:

"至于我在那里所第一盼望的,却在到赵庄去看戏……当时我并不想到他们为什么年年要演戏。现在想,那或者是春赛,是社戏了……最惹眼的是屹立在庄外临河的空地上的一座戏台,模糊在远处的月夜中,和空间几乎分不出界限,我疑心画上见过的仙境,就在这里出现了。这时船走得更快,不多时,在台上显出人物来,红红绿绿的动,近台的河里一望乌黑的是看戏的人家的船篷……"[1]

"太平处处是优场,社日儿童喜欲狂。"[2]"空巷看竞渡,倾社

---

[1] 鲁迅短篇小说集《呐喊》,新潮出版社,1923年8月版。
[2] 宋·陆游《春社》。

观戏场。"[1]陆游早就有对社戏的题咏,考其发源,更是由来已久。社戏,原是指在社中进行的戏艺活动。回顾"社"的初始含义,可知社戏生来就带有一些神秘色彩,与上古时期的巫觋歌舞和社火不无关系,并受秦汉的百戏伎艺以及宋元的杂剧、南戏等民间文艺的影响和滋养而成形,有庙会戏、年规戏、祠堂戏、平安戏和偿愿戏等不同类型。到了明、清时期,江南地区的社戏演出已经非常盛行,尤其是庙会戏。在江南水乡,社戏的舞台就更有特色:水乡社戏的舞台都搭在祠庙里,一般正对着大殿和神像;也有将舞台放在祠堂里,成为宗族祠堂内的戏台形式;也有搭在河岸边的河台(水台),是一种极具水乡特色的伸出式舞台,充分体现水乡特色的一种社戏戏台形式,一般称之为"水上舞台",后台在岸上,前台在水中,为观众创造了一种水上、岸上同时观看演出的条件;街台,搭在临街,是城镇中演出社戏时经常使用的一种舞台形式,一般都设立在比较繁华热闹的地区,比如人流密集的街心或路口;草台,临时于旷野或广场中搭起的戏台,而在草台上演出的社戏,也称之为"草台戏"。

  庙会戏是指在各种神灵如关帝、包公、东岳、五猖、城隍、土地等的诞辰祭祀活动中演出的戏,可在庙会期间单独举行,也可作为迎神赛会的一个节目上演。庙会做戏,被视为农村祭祀的盛大庆典,通常轰动方圆数里乃至十数里,每每吸引不少远近乡亲前来观戏。顾禄《清嘉录》状每年东岳神会之景:"在娄门外者,龙墩各村人赛会于庙,张灯演剧,百戏竞陈,游观若狂。"[2]寥寥数语,呈现出庙会社戏的受欢迎程度。

---

[1] 宋·陆游《稽山行》。
[2] 清·顾禄《清嘉录》卷三。

主要参考文献

林耀华著《原始社会史》,中华书局,1984年版
李学勤著《东周与秦代文明》,文物出版社,1984年版
李学勤著《中国古代文明十讲》,复旦大学出版社,2003年版
童书业著《春秋史》,山东大学出版社,1987年版
翦伯赞著《秦汉史》,北京大学出版社,1983年版
乌丙安著《中国民间信仰》,上海人民出版社,1996年版
姜彬主编《稻作文化与江南民俗》,上海文艺出版社,1996年版
丁乃通著《中国民间故事类型索引》,中国民间文艺出版社,1986年版
刘锡诚著《象征——一种对民间文化模式的考察》,学苑出版社,2002年版
吕微著《隐喻世界的来访者——中国民间财神信仰》,学苑出版社,2001年版
袁珂著《中国古神话传说词典》,上海辞书出版社,1985年版
张紫晨著《中国民俗与民俗学》,浙江人民出版社,1990年版
钱穆著《中国文化史导论》,商务印书馆,1994年版
费孝通著《乡土中国与生育制度》,北京大学出版社,1998年版
费孝通著《乡土中国》,北京大学出版社,2012年版
林语堂著《吾国吾民》,陕西师范大学出版社,2002年版
胡朴安著《中华全国风俗志》,上海书店出版社,1986年版
高敏著《云梦秦简初探》,河南人民出版社,1981年版
王力等著《中国古代文化史讲座》,广西师大出版社,2003年版
文史知识编辑部编《古代礼制风俗漫谈》(一)(二),中华书局,1986年版

文史知识编辑部编《佛教与中国文化》,中华书局,1986年版
乔志强著《中国社会近代史》,人民出版社,1992年版
秦永洲著《中国社会风俗史》,山东人民出版社,2000年版
陈顾远著《中国婚姻史》,商务印书馆,1937年版
邓子琴著《中国风俗史》,巴蜀书社,1998年版
李少兵著《民国时期的西式风俗文化》,北京师范大学出版社,1994年版
张亮采著《中国风俗史》,生活·读书·新知三联出版社,1988年版
费孝通著《乡土中国生育制度》,北京大学出版社,2003年版
钟敬文主编《民俗学概论》,上海文艺饭社,1998年版
乌丙安著《中国民俗学》,辽宁大学出版社,1985年版
仲富兰《中国民俗文化学导论》,浙江人民出版社,1998年版
王娟著《民俗学概论》,北京大学出版社,2002年版
仲富兰著《中国民俗学通论》(三卷本),复旦大学出版社,2015年版
夏之乾著《中国少数民族的丧葬》,中国华侨出版公司,1991年版
宋兆麟著《中国生育信仰》,上海文艺出版社,1999年版
柳诒徵著《中国文化史》,中国大百科全书出版社,1988年版
[日]直江广治著《中国民俗文化》,上海古籍出版社,1991年版
朱介凡著《寿堂杂忆》(上下册),台湾文史哲出版社,1999年版
许平著《馈赠礼俗》,中国华侨出版公司,1990年版
翁敏华著《古剧民俗论》,上海古籍出版社,2012年版
李天纲著《金泽:江南民间祭祀探源》,生活·读书·新知三联书店,2017年版
张本高著《磐安佳村:龙灯的故乡》,浙江工商大学出版社,2013年版
仲富兰著《上海民俗:民俗文化视野下的上海日常生活》,文汇出版社,2009年版
仲富兰著《图说中国人生礼仪》,学林出版社/上海人民出版社,2018年版

后记

"江南民俗与信仰",这个题目在我心里酝酿了多年。这次有幸列入上海文艺出版社"十三五"出版计划的收官之作,令我感到很荣幸。在写作过程中,我深刻地感受到,经由历史时空沉淀积累存留的风俗信仰,在大时代的变革中,发生着怎样的起伏激荡。

我研究了一辈子的民俗学,"民俗信仰"是我们国家和民族的传统。传统是什么?传统是一国民族振兴之基,民族守望之魂,是民族精神,更是民族魂。我们说文化自信,就一定要坚守这个中国人世世代代凝结起来的文化传统。

而传统是一直处于激荡之中的。"激荡"的过程,用得上一个哲学名词——"扬弃",是既有克服又有保留:既要克服那些过时的、不适应当今发展的、阻滞我们前进的旧习惯、旧势力、旧风俗,也要保留我们民族的文化精髓,使之成为我们民族伟大复兴的现实力量。

"传统"在"激荡",眼下显得很是急迫。就现实的社会文化来说,当今互联网与数字技术已经深刻改变了我们的社会,成为"激荡"传统民俗的重要因缘。四十多年来,亿万人民在中国共产党的领导下进行的改革开放的伟大实践,也是在新的历史条件下进行的一场伟大社会革命,更是我们中华民族历史上一次伟大的文化觉醒。

一百多年前,当我们民族还处于积贫积弱的时代,许多前辈与先贤都为中国的现代化,为国家富强、民族振兴和人民幸福,开出过许多良方。有的先贤与学者通人也试图以西方文化模式代替中国的传统,但事实证明,"全盘西化"在我国是一条走不通的死胡同。只有坚信我们的文化传统,才能弘扬民族精神,提振民族之魂。这是我撰写本书的一个基本信念。

然而,坚信传统的力量,并不是说要故步自封,传统不是也不可能是一成不变的。当今世界,新一轮科技革命和产业革命的大规模快速发展,巨大的数字位移与应用,已经深刻改变了社会生活的方方面面,包括民俗信仰在内的中国传统。

激荡传统,是为了更好的复兴传统。为此,就迫切需要改变传统文化传播的僵化理念与模式,那种一成不变的形式与传承方式,很难在新时代引起年轻人的共鸣。而当古老的传统文化与当代最新的数字化技术互动时,让人们追溯历史,重拾古人趣味,也让当代年轻人喜爱我们的传统,让古老的遗产和文化传统"活"起来,重塑新时代中国民俗信仰的仪式感,留住中国文化根脉的初心,将大有可为。

这些年,我一直在试图阐释自己的一些看法,在各种媒体上也发表过一些观点与见解。这次在做"民俗信仰"课题研究时,也做了一些整理。为了在理论上做点铺垫,本书前二章说了一些关于"江南文化"与"民俗信仰"的理论与观点,从第三章起,就基本上在铺陈我对于江南民俗信仰各个领域的看法了。这些观点与看法,是不是有些许新意,能不能得到读者们的赞同,还是让读者自己去分析和批判吧。

为了提升阅读效果,我力求将文字写得通俗一些,所引用的资料也都尽量做了脚注,主要参考文献附在文末,以便读者进一步延伸阅读。同时也参考了许多学者的研究成果,在此谨致谢忱。

杜工部诗云:"文章千古事,得失寸心知。"最后,我要深切感谢上海文艺出版社各位同仁的帮助,使我完成了这本书的写作任务。限于作者的学识水平,恳请广大读者朋友不吝赐教,以便将来再版时修改。谢谢!

仲富兰
2020 年 10 月 10 日于沪上五角场凝风轩

图书在版编目（CIP）数据

江南风俗与信仰/仲富兰著. -- 上海：上海文艺出版社，2021
（中国礼乐文化丛书）
ISBN 978-7-5321-7852-0
Ⅰ.①江… Ⅱ.①仲… Ⅲ.①风俗习惯－介绍－华东地区
②信仰－民间文化－介绍－华东地区 Ⅳ.①K892.45②B933
中国版本图书馆CIP数据核字(2020)第243162号

发 行 人：毕　胜
责任编辑：胡远行　张艳堂
封面设计：钱　祯

书　　名：江南风俗与信仰
作　　者：仲富兰
出　　版：上海世纪出版集团　上海文艺出版社
地　　址：上海市绍兴路7号　200020
发　　行：上海文艺出版社发行中心发行
　　　　　上海市绍兴路50号　200020　www.ewen.co
印　　刷：启东市人民印刷有限公司
开　　本：890×1240　1/32
印　　张：11.25
插　　页：2
字　　数：252,000
印　　次：2021年7月第1版　2021年7月第1次印刷
ＩＳＢＮ：978-7-5321-7852-0/G·0306
定　　价：52.00元
告 读 者：如发现本书有质量问题请与印刷厂质量科联系　T：0513-83349365